BASTEI
LÜBBE
TASCHENBUCH

Yiğit Muk
mit Lars Wandke

Muksmäuschenschlau

Wie ich als Hauptschulproll ein Abi mit 1+ hinlegte

BASTEI
LÜBBE
TASCHENBUCH

BASTEI LÜBBE TASCHENBUCH
Band 60855

MIX
Papier aus verantwortungsvollen Quellen
FSC® C014496

Dieser Titel ist auch als E-Book erschienen.

Originalausgabe

Textredaktion: Viola Krauß, Köln
Titelbild: © Manfred Esser, Bergisch Gladbach
Umschlaggestaltung: Jeannine Schmelzer
Satz: hanseatenSatz-bremen, Bremen
Gesetzt aus der Adobe Garamond Pro
Druck und Verarbeitung: GGP Media GmbH, Pößneck
Printed in Germany
ISBN 978-3-404-60855-3

1 3 5 4 2

Vorwort

Am 26. Juni 2012 berichtete der *Tagesspiegel* von einem jungen Deutschtürken aus Berlin-Neukölln. Das Foto zeigt diesen jungen Mann auf einer Parkbank, er hat ein freundliches Gesicht – und die Statur eines Türstehers. Neben dem Bild ist zu lesen: »Nach Empfehlung seiner Lehrer hätte Yiğit Muk die Hauptschule besuchen sollen. Jetzt hat er das beste Abi seit Gründung der Kant-Oberschule absolviert und will Wirtschaft studieren.«

Der junge Mann auf der Parkbank, das bin ich.

Der Bundestagsabgeordnete Özcan Mutlu schrieb noch am selben Tag auf Facebook: »Yiğit Muk ist ein Vorbild, bestes Abitur!«

Dass ein Abitur für jemanden wie mich keine Selbstverständlichkeit ist, zeigte erst im September 2014 der Bildungsbericht der OECD (Organisation für wirtschaftliche Zusammenarbeit und Entwicklung) wieder: Zwar erlangen so viele Deutsche wie nie zuvor einen Hochschulabschluss, doch »gerade für Schüler aus sozial schwachen Familien bleibt das Versprechen Aufstieg durch Bildung häufig in weiter Ferne«, so Heino von Meyer, Leiter der deutschen OECD-Niederlassung in Berlin.

Wie fern und müßig dieser Aufstieg tatsächlich ist, davon will ich in diesem Buch erzählen. Ich will davon erzählen, wie es war, in Neukölln aufzuwachsen, Berlins notorischer Problemzone. Hierhin waren meine Eltern – türkische Einwanderer – nach einem Start im Bezirk Wedding schließlich gezogen. Wenn Politiker von einer »Parallelgesellschaft« sprechen, meinen sie einen Ort wie diesen: Türken und Araber haben sich im Norden Neuköllns eine komplette Infrastruktur geschaffen, vom eigenen Kindergarten über Rechtsanwälte und Reisebüros bis hin zur Altenpflege. Man kann hier bequem ein ganzes Leben verbringen, ohne jemals ein einziges deutsches Wort in den Mund zu nehmen. So war es keineswegs aus der Luft gegriffen, als der Neuköllner Bürgermeister im Jahr 2004 beklagte, es kämen in seinem Bezirk »Kinder in die Schule, die mit sechs Jahren kein Wort Deutsch sprechen«. Siebzig Prozent der Schüler verlassen ihre Bildungsstätte ohne jeglichen Abschluss – oder nur mit dem geringsten, dem Hauptschulabschluss.

Ein Schicksal, das auch mir geblüht hätte – wäre es nach meinen ersten Lehrern gegangen. Nach der Grundschule sprachen sie mir eine Hauptschulempfehlung aus. Ich sollte zur »Hans-Geiger«, einer Gesamtschule, die über Neuköllns Grenzen hinaus bekannt ist für ihre Unruhestifter. Sie ist vor allem für jene eine gute Adresse, die ihre berufliche Zukunft in der Schutzgelderpressung sehen, und gewissermaßen das Falludscha der Bildung, Frau Freitag würde hier keinen Tag überleben.

Zuhause bricht meine Mutter in Tränen aus. Sie will eine bessere Zukunft für ihren Sohn. Und so geht die Frau, die ohne ihren Mann eigentlich nicht mal die Wohnung verlassen darf, heimlich mit mir zu einer Realschule. Sie fleht die Direktorin an, ihren Sohn aufzunehmen – und es gelingt. Ich aber sehe weiterhin wenig Sinn in der Schule. Stattdessen gründe ich mit einigen Kumpels die »R44«, eine Straßengang, die alles andere als zimperlich ist. Schlägereien und Messerstechereien gehören bereits kurze Zeit später für uns zur Tagesordnung.

Erst als der Bruder eines Freundes stirbt, gerate ich ins Grübeln. Ich ändere mein Leben, strenge mich zum ersten Mal im Unterricht richtig an. Dann ereilt mich eine schwere Krankheit. Ich fehle wochenlang in der Schule und kann den Stoff nicht wieder aufholen. Am Ende steht der Hauptschulabschluss, mit einem Notenschnitt von 4,9.

Es hätte das Ende meiner Schulkarriere sein können.

War es aber nicht.

Kapitel 1

Kaltstart

Mit der Einschulung ändert sich alles. Es gelten andere Maßstäbe. Vorbei die Zeiten, in denen es reicht, einfach nur niedlich zu sein. Aus Kindern werden Mitglieder der Leistungsgesellschaft. Wer jetzt noch nicht mit dem Puddinglöffel den eigenen Mund trifft, der hat es schwer. Und mit einem Gedicht, das nicht in Mandarin vorgetragen wird, rührt man nun bestenfalls noch die Großmutter zu Tränen.

Bei meiner Einschulung war ich extrem aufgeregt. Das erste größere Zusammentreffen mit anderen Kindern stand bevor. Wie ein Kinder-Konvent, organisiert von der Berliner Schulbehörde. Das war etwas vollkommen Neues und Abenteuerliches für mich. Ich war zuvor nicht mal im Kindergarten gewesen. Für ein deutsch-türkisches Kind ist das nicht weiter ungewöhnlich. Meine Mutter blieb 24 Stunden am Tag zu Hause und durfte ohne Begleitung meines Vaters praktisch nicht vor die Tür. Hätte ich zum Kindergarten gewollt, hätte ich schon heimlich mit dem Bobby Car hinfahren müssen.

Verlockend war es, keine Frage. So sehr ich meine Mutter liebte, gerne hätte ich mit den anderen Kindern im Haus getauscht, die morgens ihre Kinderzimmer verließen und mittags zurückkehrten. Wie kleine Berufspendler. Sie konnten am Mittagstisch guten Gewissens den halbleeren Teller Spinat wegschieben und sagen: »Mutti, ich leg mich zwei Stunden aufs Ohr, es war ein harter Vormittag. Erst morgens haben wir erfahren, dass es drei Grundfarben gibt. Gegen Mittag hieß es dann, dass man sie auch mischen kann. Wo führt das noch hin?«

Nachmittags hörte ich sie dann im Treppenhaus auf dem Glockenspiel *Alle meine Entchen* üben und war neidisch. Die Sehnsucht nach nur einem einzigen Tag im Kindergarten wurde beinahe überwältigend: Vielleicht, so grübelte ich, würde ich es mit dem Bobby Car ja tatsächlich bis dorthin schaffen.

Rückblickend weiß ich natürlich, dass ich nicht die geringste Chance gehabt hätte. Nicht im Berliner Straßenverkehr. Mir hätte dasselbe Schicksal geblüht wie jedem Türken, und ich wäre mit meinem Bobby Car keine zwei Straßen weit gekommen, ohne von der Polizei herausgewunken zu werden: »Kann ickma Führerschein und Fahrzeugpapiere sehen, bitte? Ihnen ist schon aufgefallen, dass die Rücklichter defekt sind, wa? Ditt sind ja praktisch nur Aufkleber.«

Prompt hätte ich wieder zu Hause bei meiner Mama gesessen – oder »Anne«, wie es auf Türkisch heißt. Am Tag meiner Einschulung konnte ich somit nur hoffen, dass keinerlei Vorkenntnisse vorausgesetzt wurden hinsichtlich der Mischung von Grundfarben, dem Glockenspiel im Allgemeinen oder *Alle meine Entchen* im Besonderen. Da hätte ich alt ausgesehen. Gleiches galt für den Unterrichtsstoff der Vorschule, die ich ebenfalls nie besucht hatte. Denn als wir 1993 aus dem Türkeiurlaub zurückkamen, wollten meine Eltern mich zwar an einer Vorschule anmelden, doch die Anmeldefrist war bereits abgelaufen. Zudem herrschte schon damals chronischer Platzmangel an Berliner Vorschulen.

Und während jedes andere Kind sich an dieser Stelle vermutlich gefreut hätte wie Bolle, noch ein weiteres sorgenfreies Jahr verbringen zu dürfen, war ich am Boden zerstört. Ich flehte meinen Vater an, einen Stuhl für mich zu kaufen, damit es einen Platz mehr gäbe in der Vorschule und ich doch noch hinkonnte. Aber es half nichts. Es mangelte nicht am Sitzmobiliar, wie mir mein Vater erklärte. »Deutschland ist ein reiches Land«, sagte er, »es gibt hier für jeden einen Stuhl. Nur nicht für jeden einen Platz.«

Kinder, die nicht in der Vorschule waren, mussten vor der Einschulung noch eine Art Eignungstest absolvieren. Die Lehrerin, die den Test durchführte, war eine Türkin, und ich erinnere mich bis heute an ihren Namen. Auch erinnere ich mich noch genau an die Aufgabe, die es zu lösen galt: Ich musste nacheinander einen Kreis, ein Dreieck und ein Quadrat auf ein Blatt zeichnen. Ohne die Reihenfolge zu ändern: Kreis, Dreieck, Quadrat, Kreis, Dreieck, Quadrat. Immer und immer wieder. Ich fragte mich schon damals, was der Test sollte. Ich war sechs! Ich wollte auf die Grundschule, nicht auf die Kunstakademie. Entsprechend ließ meine Konzentration auch irgendwann nach. Doch vielleicht ging es genau darum. Ich machte einen Fehler, dann war der Test vorüber. Die Kunstakademie musste warten. Dem Besuch der Grundschule und dem offiziellen Start meiner Schulkarriere aber stand nun nichts mehr im Weg.

Die Eindrücke während der ersten Wochen auf der Rathenau-Grundschule in Nord-Neukölln waren überwältigend. Allein visuell war es berauschend, die ganze Schule war derart übersät von Graffiti, dass eine große Zeitung damals sogar titelte: »Würden Sie Ihr Kind auf diese Schule schicken?« Dazu lauter fremde Kinder um mich herum und immer etwas zu tun. Ich merkte nicht mal, dass kaum ein deutsches Kind unter den Schülern war. Deutsch natürlich nicht im staatsbürgerlichen Sinne; der ein oder andere hatte sicher den Adler im Kinderpass. Deutsch mehr im Sinne von Lichtschutzfaktor dreißig, sobald die Sonne durchkommt.

Insgesamt befanden sich in meiner Klasse vielleicht fünf deutsche Kinder, von circa 30 Schülern. Das war gar nicht mal schlecht. Mein zehn Jahre älterer Bruder, der ebenfalls auf die Rathenau-Grundschule gegangen war, hatte nicht ein einziges deutsches Kind als Mitschüler. Zu seiner Zeit wurden die ausländischen Kinder noch in einer extra Klasse gesammelt und getrennt von den deutschen Kindern unterrichtet, konzentriert sozusagen. Denen war das natürlich egal, ihren Eltern meistens ebenso. Sie dachten vermutlich: Was soll's, ist wenigstens Deutschland. Umso mehr Irritation rief bei den Eltern dafür ein bestimmter Lehrer an der Rathenau-Grundschule hervor. Er trug einen Zwirbelbart und war meistens von oben bis unten in Samt gekleidet. Denjenigen, die aus einem anatolischen Bergdorf nach Deutschland gekommen waren, mutete diese Gesamterscheinung also einigermaßen skurril an. Dazu sein kauziges Verhalten. Wenn er in ein Klassenzimmer kam, ging er stets ein wenig in die Hocke, legte die Hände auf die Kniescheiben und machte mit seinen Knien dann diese kreuzende Bewegung, die man sonst nur aus Filmen mit Charlie Chaplin kennt. Synchron zu dieser Slapstick-Nummer sang er: »Rock the microphone!« Die Zeile stammte aus einem Breakdance Song, was die Sache keineswegs besser machte.

Außerdem fasste er den Schülern auf die Schulter, wenn er hinter ihnen stand, um ihre Arbeitsweise zu kontrollieren. Das mochte nicht jeder. Und die Erweiterung dieser pädagogischen Berührung auf eine Schulter*massage* schon gar nicht. Das hat er bei einem Schüler tatsächlich einmal getan. Fehlte nur noch, dass er Öl rausholte und sich die Hände damit einrieb. Der Betroffene machte jedenfalls die nachhaltige Erfahrung, dass Massagen nicht zwangsläufig entspannend sein müssen. Seinem Gesichtsausdruck zufolge sah er eher aus, als würde er gleich anfangen zu weinen. Wenig später wurde das Auto dieses Lehrers von einer Gang geklaut und zerstört. Bestimmte Leute mögen es eben nicht, wenn man ihre kleinen Brüder massiert. Ob mit Öl oder ohne.

Gelegen war die Schule für mich denkbar günstig, nämlich direkt hinter unserem Wohnhaus. Ich musste einfach nur den Block umkreisen und nicht mal eine Straße überqueren. Dabei kam ich an zahlreichen Gebäuden vorbei, die seit ewigen Zeiten dort standen. Das waren hauptsächlich heruntergekommene Altbauten, deren Fassaden mit Graffiti beschmiert waren. Der gesamte Schulkomplex, der sowohl die Rathenau-Grundschule als auch die Max-Planck-Oberschule umfasste, lag etwas nach hinten verlagert. Der Weg von der Straße zum Pausenhof und den anliegenden Klassenräumen führte von der Seite des Rathenauplatzes zwischen zwei großen Wohnhäusern hindurch. Unmittelbar vor dem Durchgang zum Schulgelände lag ein kleiner Vorplatz, auf dessen Kopfsteinpflaster ich mich im weiteren Verlauf meiner Schulkarriere noch oft prügeln sollte. Auf der gegenüberliegenden Straßenseite, auf dem Rathenauplatz, steht noch heute eine kleine Imbissbude, die bereits seit etwa vierzig Jahren vom selben Eigentümer, einem Deutschen mit zerzaustem, rotem Vollbart, betrieben wird. Schon die Mutter eines Kumpels von mir, die ebenfalls zur Rathenau-Grundschule gegangen war, hatte sich dort ungesund ernährt. »Transfettsäuren seit zwei Generationen«, so könnte der Slogan der Bude lauten. Täglich standen mindestens zwanzig Kinder gleichzeitig in der Warteschlange auf der Mittelinsel.

Aufgrund der Nähe zu meinem Zuhause war es jedenfalls vollkommen unnötig, dass meine Eltern mich brachten. Stolz wie Oskar ging ich also alleine zur Schule. Nur wenn ich an dem kleinen Vorplatz mit dem Kopfsteinpflaster ankam und sah, wie die anderen Kinder zum Abschied von ihren Eltern noch ein Küsschen auf die Wange bekamen, trübte sich mein Gemüt etwas. Eigentlich verdiente ich das Küsschen von allen am meisten, fand ich. Denn ich war mit Abstand der kleinste Junge in der Klasse. Manchmal überlegte ich, mich beim Abschiedszeremoniell der anderen Kinder kurzerhand hinten anzustellen. Ich würde einfach die Wange hochrecken und das Küsschen entgegennehmen. Wer würde einem kleinen süßen Türken schon widerstehen können?

Allerhöchstens Kurden.

Ich war so klein und dünn, dass meine Lehrerin Frau Schulte einmal zu mir sagte: »Yiğit, wärst du so lieb? Du bist doch so klein.« Dann zeigte sie mit ihrem Zeigefinger auf die Schere, die ihr unter den Tisch gefallen war. Und während ich brav ihrem Wunsch entsprach und die Schere holte, rief mein Mitschüler Moritz von hinten: »Yiğit ist der Kleinste der Schule!« Am liebsten hätte ich die Schere vom Boden aufgenommen, mit aller Kraft in seine Richtung geworfen und gesagt: »Frau Schulte, wärst du so lieb? Du bist doch so stark.« Dann hätte ich auf Moritz blutenden Bauch gezeigt: »Kannst du die Schere rausziehen? Ich bin noch nicht fertig mit Basteln.«

Stattdessen bemalte ich mit meinen Buntstiften weiter irgendwelche Ostereier und verdammte Moritz in Gedanken. Er war ein Lügner. Ich wusste genau, dass Selin viel kleiner war als ich. Leider nur war sie ein Mädchen. Aber Sami ... er war auch nicht viel größer. Allerdings brachte er immer die tollsten Spielzeuge mit zur Schule, weshalb sich Moritz davor hütete, ihn öffentlich zu diskreditieren. Spielzeuge waren schließlich unsere Währung. Wer die meisten besaß, hatte die größte Gefolgschaft. In den Pausen spielten Sami und seine Entourage dann damit. Als ich einmal total verschlafen zur Schule kam und ihn im Kreise seiner Leute mit einer Spielzeugpistole spielen sah, wollte ich mich dazugesellen. Doch Sami rief: »Verpiss disch, Yiğit!«

Er mochte mich offensichtlich nicht. Egal, ich hatte selber ausreichend tolles Spielzeug! Ich nahm mir vor, es ihm heimzuzahlen. Früh am nächsten Morgen baute ich mein riesiges Spielzeuggewehr zusammen, schmiss freudig meinen Ranzen über die Schultern und flitzte zur Schule. Weil das Zusammenbauen etwas länger gedauert hatte als geplant, war ich einige Minuten zu spät. Ich machte die Klassentür auf, und alle Kinder saßen bereits im Kreis auf dem Boden. Sie sahen mich mit großen Augen an, auch Sami.

Da stand ich, mit einem mächtigen Gewehr, das fest von meinen kleinen Händen umschlossen wurde. Ich sah den Neid in Samis Augen und grinste – vielleicht eine Spur zu diabolisch. Denn während ich Sami noch tief in seine neidvollen Augen blickte und meinen Triumph genoss, sprang schon Frau Schulte auf, um mir das Gewehr zu entreißen. Es geschah so schnell, ich bekam es nicht mal richtig mit. Eine geschlagene Stunde hatte ich damit zugebracht, das Gewehr zusammenzubauen. Jetzt war alles innerhalb weniger Sekunden vorbei. Frau Schulte legte das Gewehr auf den höchsten Schrank, unerreichbar für meine kurzen Arme. »Kriegst du an Ostern wieder«, sagte sie und ließ mich stehen, ohnmächtig und entwaffnet. Mist, dachte ich, Frau Schulte ist echt ein Brocken. Außerdem ist sie gemein. Wahrscheinlich bekommt sie morgens auf dem Vorplatz mit dem Kopfsteinpflaster auch kein Abschiedsküsschen. Und musste sich deshalb nach der Schule täglich mit einer großen Pommes trösten. »Transfettsäuren seit zwei Generationen.« So sah sie zumindest aus.

Da ich mich nach der Schule nahezu jeden Tag auf dem Spielplatz in der Rathenaustraße vergnügte und sehr kontaktfreudig war, hatte ich recht viele Freunde, darunter auch deutsche Kinder. Alle waren damals wie besessen von Caps. Dabei handelte es sich um kleine runde Pappscheiben, die in den Neunzigern die Schulhöfe auf einmal nur so überfluteten. Es gab die »Original Pogs« und die »Mad Caps«, aber auch solche von bestimmten Firmen oder Produkten, beispielsweise ChupaChups, Coca-Cola oder Nutella. Die Spielregeln waren denkbar einfach: Jeder Spieler stapelte seine Caps mit dem

Bild nach unten. Dann schnippte der Gegenspieler den sogenannten Slammer gegen den Stapel. Das konnte irgendein fester, dicker Wurfgegenstand sein oder auch einer der offiziellen Plastik- oder Metallslammer, wie sie zum Beispiel von ChupaChups erhältlich waren. Die Caps, deren Bilder nach dem Wurf nach oben zeigten, konnten vom Werfer behalten werden. Bis er sie wieder an einen anderen verlor.

Ließ mal einer seine Caps versehentlich auf den Boden fallen, stürmten von überall Kinder herbei, um sie zu stehlen. Blind vor Gier trampelten sie aufeinander herum, schubsten sich mit den Ellbogen weg und schrien: »Vallah, Caps für umsonst!« Es spielten sich Szenen dabei ab, gegen die die Fütterung eines Piranha-Beckens wie eine hochgradig zivilisierte Angelegenheit anmutet.

Ich hielt mich meistens raus aus dem Getümmel. Erstens war ich immer noch recht klein, zweitens machte ich durchaus noch den ein oder anderen Fehler, wenn ich mich verbal auf Deutsch zur Wehr setzen musste. Das bot den deutschstämmigen Mitschülern dann nämlich einen willkommenen Anlass, sich über mich lustig zu machen. Zumal ich stark lispelte und etwas undeutlich sprach. Von diesen Einschränkungen abgesehen, entsprachen meine Deutschkenntnisse und Umgangsformen aber denen der anderen ausländischen Schüler, lagen sogar etwas darüber. Nur zum Vergleich: Ein türkischstämmiger Mitschüler, der erst seit wenigen Jahren in Deutschland lebte, kam eines Tages zu spät zum Unterricht, klopfte an die Tür, betrat den Klassenraum und sagte: »Entschüldigung wegen zu spät, isch hab' noch ProSieben geguckt!« Das wäre mir nicht passiert. Ich guckte lieber RTL 2.

Natürlich hatten viele von uns sprachlich noch aufzuholen. Wer bis zur Einschulung die deutsche Sprache fast nur aus dem Fernsehen kennt, wird diese nicht innerhalb weniger Monate fehlerfrei sprechen. Wenn dem so wäre, gäbe es längst keine Dialekte mehr in Deutschland. Und im Gegensatz zu den deutschen Muttersprachlern haben wir als Migranten wenigstens eine Entschuldigung: In unserem Kulturkreis ist Deutsch nicht erste Amtssprache! Wie aber erklären die Menschen aus Sachsen-Anhalt oder Baden-Württemberg ihre Ausdrucksweise? Besonders jene, die im Fernsehen am lautesten Deutschtests für Ausländer fordern, versteht man oft nicht ohne Untertitel.

In meiner Klasse waren wie gesagt nahezu nur Ausländer. Kaum einer von ihnen sprach auch nur ein einziges Wort deutsch. Das war in gewisser Weise mein Vorteil, denn so konnte mich niemand verpetzen. »Frau Schuuuuuulte … Yiğit maaacht …«, protestierte Ali einmal, als ich ihm sein Radiergummi weggenommen hatte. Die Lehrerin hakte nach: »Ja, Ali, was macht er denn?« Doch erneut stieß Ali vorzeitig an die Grenzen seines Vokabulars: »Er maaacht …« Wo kein Kläger, da kein Richter.

Nicht zuletzt mangels Kläger und potenzieller Denunzianten wurde ich in der dritten Klasse zunehmend frecher und selbstbewusster. Ich entwickelte mich zu einer Art Klassenclown, ärgerte die Lehrer, wo ich nur konnte, und war für jeden Unsinn zu haben. Meine Zeugnisnoten bekamen das zu spüren: eine Fünf, der Rest Vieren. Für eine Versetzung hätte es gereicht. Doch meine Eltern fanden es nach einem Gespräch mit den Lehrern besser, mich die dritte Klasse wiederholen zu lassen. Sie machten es mir schmackhaft, indem sie mir erzählten, dass es dort auch gleich zu Beginn eine Klassenfahrt geben werde. Eben diese hätte ich dann allerdings fast nicht erlebt.

In den Sommerferien reisten wir nämlich in die Türkei. Wir kamen mitten in der Nacht in Izmir an und fuhren gleich zu meinem Onkel weiter, der einen Sohn in meinem Alter hatte. Wenn mein Cousin Gökhan und ich um die Häuser zogen, war keine Fensterscheibe sicher. Schon zur Morgendämmerung gingen wir mit unseren Wasserpistolen raus, um zu spielen. Erstens waren wir ungeduldig, zweitens wurde es im Verlaufe des Tages immer dermaßen heiß, dass das Wasser aus den Pistolen schon verdampfte, bevor es sein Ziel traf. Wer sich bei dieser Hitze freiwillig bewegte, riskierte entweder einen Hirnschaden oder hatte längst einen.

Direkt am ersten Morgen nach unserer Landung in Izmir ärgerten wir einen Mann, der auf der gegenüberliegenden Seite unseres Hauses während der Morgendämmerung seinen Rasen mit Wasser sprengte. Zwischen den Grundstücken verlief nur eine schmale Einbahnstraße. Wir versteckten uns und beschossen den Mann mit unseren Wasserpistolen, während meine Tante uns vom Balkon beobachtete. Der Mann, der sich ebenfalls einen Spaß erlauben wollte, spritze mit dem Schlauch auf mich, und ich sprang reflexartig zurück auf die Straße. Alles, was ich dann spürte, war eine heftige Erschütterung. Die Welt um mich herum wurde zuerst leicht und blau, dann schwer und grau.

Ich lag auf dem Boden. Als ich aufschaute, konnte ich gerade noch den Traktor erblicken, der mit hoher Geschwindigkeit davonfuhr. Ich war beim Rückwartsprung voll von ihm erwischt und mehrere Meter durch die Luft geschleudert worden, bevor ich mit dem Kopf gegen einen großen Stein knallte. Der Traktor hatte mich seitlich erwischt. Wäre ich den Hauch einer Sekunde eher abgesprungen, hätte er mich frontal vor der Haube gehabt. Einen kleinen Moment später, und sein riesiger Reifen hätte mich überrollt. Die Aufregung war entsprechend groß. Meine Tante schrie vom Balkon: »ER WURDE ÜBERFAHREN!« Meine Mutter wurde kreidebleich und schaute entsetzt umher. Was war da passiert? Wer war überfahren worden? Dann sah sie mich auf dem Boden liegen und rannte los.

Als sie bei mir angelangt war, hatte ich mich bereits wieder aufgerappelt. Ich sah, wie mein Onkel meinem Cousin mit harten Schlägen den Hintern versohlte. Als sei Gökhan es gewesen, der den Traktor fuhr. Mein Cousin protestierte lautstark, doch es half wenig. Wir überließen die beiden sich selbst und fuhren ins Krankenhaus. Die Blutung wurde gestillt und die Wunde an meinem Kopf zugenäht. Heute erinnert nur noch eine Delle im Schädel an die Geschichte. Ich hatte einen Tag lang Kopfschmerzen, das war's. Gökhan dagegen konnte drei Tage lang nicht sitzen und sein Essen nur im Stehen einnehmen. Wenigstens bekam er während dieser Zeit kein Lätzchen umgebunden wie sonst immer. Meine Tante legte ihm stattdessen einfach eine Serviette über seine Schuhe.

Die Tage vergingen, Gökhan und ich tollten herum und machten viel Unsinn. Doch der Spaß sollte nicht lange halten, denn ich kannte den eigentlichen Grund für unsere Türkeireise: Ich sollte beschnitten werden. Meistens beschneiden Muslime ihre Söhne (wie auch die Juden) nach dem Vorbild Abrahams im Säuglingsalter. Dadurch wird die bei männlichen Säuglingen natürliche Vorhautverengung aufgehoben, welche zu Harnwegsinfektionen oder Entzündungen führen kann. Doch an uns Türken ging dieser Brauch wohl vorbei … wir machen es traditionell im Alter von sechs bis zehn Jahren. Nach vielen Streitereien über den »Austragungsort« einigte man sich auf das Sommerhaus meiner Oma. Es versammelten sich also alle möglichen Verwandten, von denen ich die meisten noch nie in meinem Leben gesehen hatte, und feierten, dass mein bestes Stück künftig ohne Kapuze durchs Leben gehen würde. Ich wusste im Grunde überhaupt nicht, was mich genau erwartete. Ich kannte nur die Rahmenbedingungen und freute mich darauf, feierlich auf einem Pferd zu reiten. Oder im Autokonvoi durch die Stadt gefahren zu werden, je nachdem was das Protokoll zu meinen Ehren vorsah. Bei offenem Fenster, so meine Vorstellung, würde ich auf dem Beifahrersitz des Autos sitzen und mein Beschneidungszepter hochhalten. Das hatte ich bei anderen schon oft gesehen. Und es sah nach jeder Menge Spaß aus.

Am Abend zuvor gab es ein großes Fest. Es wurde getanzt,

gegessen und gesungen. Ja, selbst der Morgen darauf ließ sich gut an. Denn nun bekam ich auch noch Geld! Von Leuten, die ich wie gesagt noch nie zuvor gesehen hatte. Dann erschien der Beschneider. Er gab mir kein Geld. Das verriet ihn. Er musste irgendetwas im Schilde führen.

Plötzlich erinnerte ich mich wieder daran, was ein älterer Junge mir daheim in Berlin einst von seiner Beschneidung erzählt hatte. Auch sein Fest war zuerst sagenhaft schön gewesen – bis die Geschichte dann eine unerfreuliche Wendung nahm. Alle Details seiner Erzählung tauchten nun in ihrer ganzen Unappetitlichkeit vor meinem geistigen Auge auf. Ich sagte meinem Cousin, dass ich abhauen werde, zuvor müsse ich nur noch aufs Klo. Als ich meine Blase entleert hatte (mit voller Blase flieht es sich schlecht) und die Klotür öffnete, konzentrierte ich mich auf den Ausgang an der gegenüberliegenden Seite des Raums und schritt los. Nicht zu schnell, um keine Aufmerksamkeit zu erregen. Nicht zu langsam, um nicht doch noch abgefangen zu werden. Tatsächlich rückte die Tür immer näher und mit ihr ein weiterer Tag Aufschub. Ich wusste, ich konnte nicht ewig fliehen vor der Beschneidung. Schließlich wollte auch ich irgendwann meinen Autokonvoi. Doch das hatte Zeit. Wenn einem das Bauchgefühl unmissverständlich zu verstehen gibt, dass der Tag noch nicht gekommen ist, an dem man seine Vorhaut endgültig an den Nagel hängt, dann sollte man auf dieses Bauchgefühl hören.

Nur noch wenige Schritte …

Dann plötzlich packte mich ein Mann von links, ein anderer von rechts. Ich versuche zu rennen, doch die Männer hoben mich hoch, und meine Beine strampelten ins Leere. Ich verlor nicht nur den Boden unter den Füßen, sondern auch jegliche Contenance. Zur schieren Panik gesellte sich Wut. Mein Cousin musste mich verraten haben, nur deshalb hatten sie meiner Flucht zuvorkommen können. Ich wurde aufs Beschneidungsbett gelegt. Der Mann, der kein Geld mitgebracht hatte, knetete sich die Hände und ließ keine Zweifel daran aufkommen, dass es nun tatsächlich losging. Ich zappelte und wehrte mich und beleidigte den Mann sowohl auf Deutsch als auch auf Türkisch. Von seinen Großeltern bis zu seinen Kindern, keiner blieb von meinen Flüchen verschont. »Ich ficke deine Mutter. Deine Kinder sollen von Eseln vergewaltigt werden.« Die türkische Sprache ist reich an kreativen Beleidigungsmöglichkeiten.

Ich fluchte selbst dann noch, als alles längst vorüber war. Mein Adrenalinpegel war so hoch, ich hatte nicht den geringsten Schmerz verspürt oder sonst irgendwas mitbekommen. Selbst an die Betäubungsspritze konnte ich mich im Nachhinein nicht mehr erinnern. Erst nachdem das Adrenalin wieder auf ein normales Maß gesunken war, wurde ich still. Dann schlagartig müde. Ich dämmerte weg. Einige Zeit später kam der Beschneider, um zu sehen, ob alles in Ordnung war. Mit letzter Kraft und halb im Schlaf nahm ich seinen Arm, um ihn etwas an mich ranzuziehen. Ich flüsterte: »Warte, bis ich groß geworden bin, du Bastard. Ich finde dich!« Ein paar letzte Beleidigungen, die sich schwerpunktmäßig mit dem Sexualverhalten seiner Mutter befassten, gab ich ihm außerdem noch mit auf den Weg, dann schlief ich wieder ein.

Viele Jahre später hat derselbe Herr meine Cousins beschnitten. Als ich ihn erkannte, klopfte ich ihm auf die Schulter und fragte: »Na, kennst du mich noch? Ich habe doch gesagt, ich finde dich.« Als ich auflöste, wer ich war, lachten wir uns gemeinsam halb tot. Er war heftige Gegenwehr ja gewohnt, doch wie er mir erzählte, hatte er selten ein so großes Schandmaul unterm Messer gehabt wie mich.

Nach diesen in jeder Hinsicht traumatischen Sommerferien ging für mich die dritte Klasse los, zum zweiten Mal, wie gesagt. Doch war das nicht weiter schlimm, ich traf sehr viele alte Freunde. Und fand neue. Damir zum Beispiel. Er würde später mehrere Jahre hinter Gittern verbringen. Jetzt in der dritten Klasse galt es jedoch zunächst, sich den gänzlich unschuldigen Dingen des Lebens zu widmen, einer selbstgebastelten Kladde beispielsweise. Inwieweit einen solche Übungen auf das wahre Leben vorbereiten, speziell wenn man beträchtliche Teile davon im Gefängnis verbringt, mag fraglich sein. Wenigstens hatte er im Knast später keine Entschuldigung dafür, seine schönsten Erlebnisse aus der Gemeinschaftsdusche nirgendwo schriftlich festzuhalten. Ein Tagebuch aus einer Rolle Klopapier und etwas Garn konnte er bis dahin locker herstellen. Im Kunstunterricht der dritten Klasse sollten wir nun jedenfalls eine solche Kladde anfertigen und die einzelnen Blätter mit einer Schnur verbinden. Damir verstand nicht, wie das gehen sollte, auch nicht nach zahllosen Erklärungen der Lehrerin, was diese dazu bewog, ihre ganze pädagogische Finesse anzuwenden – und Damir einfach so lange anzuschreien, bis er weinte. Weil er eine Schleife machte statt des vorgeschriebenen Doppelknotens. Sie stellte ihn vor der versammelten Klasse bloß und brüllte: »Keine Schleife! Das ist doch kein Schnürsenkel!«

Nun, sollte sie Damir jemals wieder über den Weg laufen und sich danach mit einem Doppelknoten um die Handgelenke am Boden eines Baggersees wiederfinden, würde sie sich bestimmt wünschen, sie hätte es damals bei der Schleife belassen. Denn um einen Doppelknoten aufzufummeln, braucht man Zeit. Und hinreichend Sauerstoff. Nicht jeder ist schließlich so schlau wie ich und trägt bereits seit der dritten Klasse ein kleines Butterflymesser am Schlüsselanhänger herum. Im Grunde war es nur ein Spielzeug und die Klinge kaum größer als die eines Nagelknipsers, dennoch bot es mir beispielsweise die Möglichkeit, kleinere Mitschüler damit zu bedrohen. Mit irgendwas musste ich mir schließlich die Pausen vertreiben. Schaukeln oder einen Fußballplatz – wie es sie heute dort gibt – hatten wir damals nicht. Das Einzige, was den tristen Pausenhof der Rathenau-Grundschule seinerzeit zierte, war eine hohe, schlanke Bronze-Skulptur, die aussah wie eine in die Länge gezogene Vase. Abgesehen von diesem Irrtum der plastischen Kunst war der Platz trostloser als jeder Gefängnishof. Wen wunderte es da, dass wir die Pausen attraktiver gestalteten, indem wir unsere eigenen Spielgeräte mitbrachten? In meinem Falle war es eben ein kleines Butterflymesser. Ich verletzte ja niemanden, ich drohte nur damit. Und auch das nur zum Spaß. Ein Spaß, der irgendwie auffallend einseitig blieb. Viele Jahre später, in der zehnten Klasse, kam während einer Schulkonferenz plötzlich der Vorwurf auf, ich hätte in der Vergangenheit bereits Mitschüler mit einem Messer bedroht. »Entschuldigung«, entgegnete ich, »die einzige Gefahr, die meinen Mitschülern dadurch drohte, war die akkurater Fingernägel! Und wo, frage ich Sie, kommen wir hin, wenn wir selbst die Maniküre kriminalisieren? Es kann doch nicht unser Ziel sein, die thailändische Minderheit in diesem Lande quasi geschlossen in die Erwerbslosigkeit zu überführen.«

Danach war nie wieder die Rede davon.

Ein weiterer neuer Freund war Elias. Nach der Schule gingen wir oft zu ihm, um das zu tun, was Drittklässler eben so tun: Nintendo zocken, mit Spielzeugsoldaten spielen, Wasser auf Passanten schütten. In den Schulpausen spielten wir ausnahmslos jeden Tag Fangen, mit der Sonderregel, dass der Gefangene anschließend selbst zum zusätzlichen Fänger wurde. Am Ende blieb meistens Erhan übrig. Er war die totale Sportskanone und eigentlich viel zu groß für sein Alter. Wir gingen oft gemeinsam Fußball spielen, und auch ich wurde dadurch immer mehr zum Sportler und gewann in der vierten Klasse sogar einen Preis beim Ein-Kilometer-Waldlauf in Neukölln. Was mich daran am meisten überraschte, war gar nicht mal meine sportliche Leistung. Sondern die Tatsache, dass Neukölln über ausreichend Wald verfügte für einen solchen Lauf. Der Stadtbezirk ist nicht gerade die grüne Lunge Berlins, auch Naturschutz ist hier ein eher abstraktes Problem. Flora und Fauna kamen in unserer von Beton geprägten Lebenswelt praktisch nicht vor. »Flora« war für uns eine Margarine und »Fauna« eine Black Metal Band, die von Kindern in Kutten gehört wurde. Kurzum: Hätte uns jemand erzählt, er sei von einer Zecke gebissen worden, hätten wir geglaubt, ihn hätte in Kreuzberg ein Soziologie-Student angefallen.

Ich war jedenfalls so gut im Dauerlauf, dass meine Sportlehrerin eines Tages tatsächlich zu uns nach Hause kam und meine Mutter zu überreden versuchte, mich in einem Leichtathletik-Verein anzumelden. Doch selbst meine Mutter musste gedacht haben: »Ein türkischer Junge beim Leichtathletik? Das klingt einfach nicht richtig.« Und auch meine Antwort war eindeutig: »Ich will Fußballer werden!«

So wurde ich stattdessen im Fußballverein angemeldet, und die sportliche Betätigung tat mir extrem gut. Irgendetwas schien sie in mir freizusetzen. Denn auch meine Noten wurden besser. In der vierten Klasse war ich einer der besten Schüler, nur noch die absoluten Streber lagen vor mir. Ich gönnte ihnen ihren Erfolg. Dafür würden sie es beim Ein-Kilometer-Waldlauf höchstens dann unter die ersten Drei schaffen, wenn sie ihrem Asthma-Spray hinterherliefen.

Trotz ihrer Unsportlichkeit grenzten wir die Streber aber niemals aus – einzig Pamela wurde manchmal beschimpft, wenn sie wieder eine Eins schrieb. Sie war eine Wiederholungstäterin, das konnte nicht ungestraft bleiben. Von ihr abgesehen wurden die Streber jedoch voll integriert, zum Beispiel bei Alu. Ein Spiel, von dem ich nicht ohne Stolz behaupten kann, es erfunden zu haben. Eines Tages nämlich wollte ich meine Alufolie vom Pausenbrot wegschmeißen, war aber zu faul, um aufzustehen. Ich knüllte die Folie also zusammen und warf sie auf einen Klassenkameraden. Der guckte mich verdutzt an, und ich erklärte ihm freundlich den Sachverhalt: »Alta, du hast zuletzt berührt. Du musst wegwerfen.«

Er überlegte kurz, nahm die Folie und drehte sich in Richtung Mülleimer. Dann warf er sie kurzerhand auf einen anderen Mitschüler – leider auf Erhan. Die gesamte Klasse verstummte, als hätte jemand einen Fernseher auf lautlos gestellt. Erhan war bekannt für seine kurze Zündschnur. Es reichten Kleinigkeiten, und schon rastete er aus. Als er sich vor dem Werfer aufbäumte, wies dieser bereits mit zitterndem Zeigefinger auf mich: »Vallah, er hat angefangen.«

»Es ist ein neues Spiel«, sagte ich. Ich hatte keine Angst vor Erhan. Schließlich spielten wir zusammen Fußball.

»Ach ja, und wie heißt es?«, wollte Erhan wissen.

Alu war sofort der absolute Knaller. Wir spielten es jede Pause und schwänzten manchmal sogar den Unterricht deswegen. Die Regularien wurden dabei der jeweiligen Situation angepasst. Das heißt, es musste sich bei dem Müll nicht zwangsläufig um Alu handeln. Wir waren nicht besonders anspruchsvoll. Oft tat es auch die Federmappe von Pamela. Für den Zeitvertreib zwischen den Unterrichtsstunden war somit ebenfalls gesorgt, und ich lebte das sorgenfreie Leben eines Grundschülers. Eigentlich war alles bestens.

Dann kam Andi.

Andi war eigentlich in der Nachbarklasse. Doch eines Tages stand die Lehrerin plötzlich mit diesem blonden, spindeldürren Jungen in der Tür. In seinen strahlend blauen Augen funkelte die Angriffslust. Nun stand seiner Klasse eine Klassenfahrt bevor. Und Andi sollte daheim bleiben. Nicht weil seine Eltern kein Geld hatten oder so. Der blonde, spindeldürre Junge bedeutete entgegen seiner vordergründig braven Erscheinung einfach nichts als Ärger. Regelmäßig lief er total Amok. Einer wie Erhan war wenigstens berechenbar, Andi dagegen verbreitete einen Terror, der praktisch aus dem Nichts kam. Ohne Anlauf.

Er hatte es allerdings auch wahrlich nicht leicht gehabt in seinem kurzen Leben, wie wir später erfuhren. Als er drei Jahre alt war, brannte die Wohnung seiner Eltern komplett nieder. Im Krankenhaus angekommen, dachte seine Mutter, ihre Kinder seien im Feuer ums Leben gekommen – was für ein Schreck! Nichtsdestotrotz hatte die Familie durch den Brand ihr gesamtes Hab und Gut verloren, weshalb sie alle zu Andis Oma zogen, wo sie mit fünf Leuten in einer Zweizimmerwohnung lebten. Später wollte sein Vater mit ihm abhauen, doch seine Oma rief die Polizei und ließ ihren Enkel zurückholen. Der Vater verschwand nach der Aktion komplett aus Andis Leben, was ihn mit großen Schuldgefühlen zurückließ und extrem traurig machte. Dass sich diese Traurigkeit und Ohnmacht irgendwann in Aggressivität umwandeln würde, war im Grunde nur eine Frage der Zeit.

Einmal boxte er ein Mädchen in den Bauch, weil er nicht wusste, wie er ihre Freundschaft gewinnen sollte. Dass er mit einer Tafel Schokolade vermutlich weitergekommen wäre, hatte ihm niemand beigebracht, woher sollte er es wissen. Auch ich hatte bereits eine nachhaltige Erfahrung mit ihm gemacht, bevor er in unserer Tür stand und von seiner Lehrerin abgeschoben werden sollte. Es geschah in der zweiten Klasse: Mit einem Lutscher im Mund stand ich während der Pause am Rande des Hofs auf der kniehohen Bronzeskulptur und war scheinbar so exponiert, dass ich Amok-Andi ins Auge fiel. Er kam auf mich zu, schubste drei, vier Kinder weg und hielt schließlich direkt zu meinen Füßen an. Sein Kopf war ungefähr auf Höhe meines Brustkorbs, da er weiterhin ebenerdig stand. Er langte hoch, zog mir den Lutscher aus dem Mund und warf ihn weg. Ohne Begründung. Dann drehte er sich um und ging wortlos davon. Hätte er den Lutscher wenigstens genutzt, um die Gunst eines

Mädchens zu gewinnen! Darum schien es ihm jedoch nicht zu gehen. Nein, es missfiel ihm einfach nur, dass ich meinen Lutscher so genoss. Fertig.

Andi wurde später einer meiner besten Freunde. Trotz der unfreundlichen ersten Begegnung auf dem Pausenhof. Jeder kriegt im Leben eben eine zweite Chance.

Kapitel 2

Yiğitt-Igitt

Die fünfte Klasse: Ich war immer noch recht klein, gemessen an den anderen. Umso größer war daher meine Freude, wenn ich mal auf jemanden traf, der noch kleiner, dünner oder weiblicher war, ohne dabei ein Mädchen zu sein. Den verprügelte ich dann. Oder ärgerte ihn bis an die Grenze des Verträglichen. Wer wusste schon, wann ich wieder Gelegenheit dazu bekommen würde?

Manchmal verlangte die Situation aber auch einfach danach. Bei Görkem zum Beispiel, auf den ersten Blick ein denkbar ungeeigneter Kandidat, um mich mit ihm anzulegen. Er war größer und kräftiger als ich und bekam regelmäßig Karateunterricht. Es gab somit viele Gründe, ihm *nicht* die Hose runterzuziehen – aber auch drei, die uneingeschränkt dafür sprachen: Die drei Klassenkameradinnen standen neben ihm, sie kicherten und nestelten sich an ihren Haaren, während Karate Kid sie mit Erzählungen von seinen heldenhaften Leistungen zu beeindrucken versuchte. Und während er da am Schwadronieren war, flüsterte der Teufel auf meiner Schulter mir ins Ohr: »Komm schon, zieh ihm die Shorts runter! Sie schreit förmlich danach. Siehst du, wie locker sie sitzt? Außerdem ist er ein Angeber!«

Der Engel auf der anderen Schulter widersprach: »Wahrscheinlich überspielt er nur seine Unsicherheit. Und Shorts trägt man dieser Tage nun mal so.«

Der Teufel: »Oh, wir haben einen Fashion-Blogger unter uns! Wie auch immer, wenn er so gut im Karate ist, wie er behauptet, wird er den Versuch eh bemerken und dich kampfunfähig machen, bevor du deine Griffel an die Hose kriegst.«

Der Engel: »Das klingt fair. Auf geht's, Yiğit!«

Nachdem das geklärt war, ging ich von hinten auf Görkem zu und zog an seiner Hose. Sie rutschte. Ohne den geringsten Widerstand. Görkem drehte sich nicht einmal um. Er verstummte einfach nur und schaute runter zu seinen Knöcheln, wo sich der Bund seiner Hose inzwischen befand. Er bückte sich, zog die Shorts hoch bis zu den Knien, machte zwei Schritte nach vorne und hielt kurz inne – dann rannte er heulend zum WC, die Hose noch immer in seinen Kniekehlen hängend.

Auf der Gegenspur kam bereits unser Lehrer Herr Ahl auf mich zugerannt. Im Eilverfahren bestrafte er mich noch an Ort und Stelle und verbot mir die Teilnahme am bevorstehenden Ausflug in den Nike Park, eine Art Fußballfreizeitpark mit verschiedenen Stationen, an denen Jugendliche zeigen konnten, was sie so alles mit dem Ball drauf hatten. Herr Ahl wusste, wie er wen am besten bestrafte. Fußball bedeutete mir alles! Ich war so am Boden zerstört, am liebsten wäre ich ebenfalls zum WC gerannt, um zu heulen. Doch das besetzte Görkem ja bereits. Mir schnürte sich nun allerdings so der Hals zu, dass mir die Tränen in die Augen schossen. Der Nike Park war das Paradies für jeden Straßenfußballer! Und ich war aus diesem Paradies verstoßen worden.

Ich verfiel in eine tiefe Depression. Ich erklärte meiner Mutter, in Anbetracht dieser Bestrafung sei mein Leben praktisch sinnlos geworden und jeder weitere Atemzug absurd. Meine Mutter riet mir, etwas zu tun, das Herrn Ahl versöhnlich stimmen und eine Aufhebung der Strafe bewirken könnte. Ich überlegte. Ich war leidenschaftlicher Fan der Simpsons. Im Vorspann der Serie steht Bart Simpson bekanntlich an der

Tafel und tut Buße, indem er mit Kreide immer wieder aufschreibt, was er nie wieder tun wird. Also tat ich das Gleiche. Ich nahm mir ein Blatt Papier und schrieb hundert Mal darauf: »Ich werde nie wieder einem anderen Schüler die Hose runterziehen.«

Als ich am Morgen des Ausflugs in die Schule kam, warteten meine Klassenkameraden – allen voran Görkem – bereits auf mich und suhlten sich in Schadenfreude: »Duuu darfst nicht mit, du Opfa!«

Ich schwieg und wartete auf Herrn Ahl. Der kam schließlich in kurzen Hosen, offenbar von Kopf bis Fuß auf Vergnügen eingestellt. Er sah mich, stieß einen lauten Pfiff aus und wies währenddessen mit dem ausgestreckten Finger zur Seite. Das Zeichen war eindeutig: Ich sollte verschwinden.

»Herr Ahl«, versuchte ich dennoch mein Glück, »ich hab das hier gemacht!« Ich hielt ihm das Blatt Papier mit meinem hundertfachen Gelöbnis hin. »Bitte lass mich mitfahren.« Er sah das unfassbare Leid in meinen Augen. Mein Blick hätte es mit jedem Hundewelpen aufnehmen können. Wenige Minuten später saß ich mit meinen Klassenkameraden im Bus. Gemeinsam mit Elias und Erhan ärgerte ich während der kompletten Fahrt zum Nike Park den zuvor noch schadenfrohen Görkem. Dennoch hatte ich aus der ganzen Sache meine Lehre gezogen: Görkems Karatekünste waren vor allem eines … nicht real.

In der fünften Klasse zog meine Klasse dann aus dem Neubau der Schule ins eigentliche Schulgebäude. »Neubau« klingt fein, doch streng genommen handelte es sich dabei um nichts anderes als einen Container. Im Grunde der Traum eines jeden Rechtspopulisten: ein Haufen Migrantenkinder in einer Blechbüchse, verladefertig für ein Containerschiff mit Kurs auf die Ägäis. Alles was noch fehlte, war der Versandaufkleber: »Das geht als Retoure. Porto zahlt Empfänger.«

Doch diese Chance war nun für immer vertan. Jetzt residierten wir im richtigen Schulgebäude. Neuer Raum, teilweise neue Lehrer, neue Fächer. Trotz allem hatte ich immer weniger Freude an der Schule und keine Ahnung, wieso ich überhaupt hinging. Bis auf wenige Ausnahmen gaben sich die Lehrer auch keinerlei Mühe, etwas an dieser Orientierungslosigkeit zu ändern. Sie verwalteten einfach stur den Schulalltag, exekutierten Schulpflicht und Lehrpläne, mehr aber auch nicht.

Natürlich machten wir es ihnen dabei nicht sonderlich leicht, und mit steigendem Alter wurden auch unsere Streiche und Pöbeleien rücksichtsloser. Wurde uns langweilig, schmissen wir Dinge durch die Gegend oder schubsten uns gegenseitig rum, insbesondere wenn wir im Kreis sitzen mussten, wie im Musikunterricht. Einmal hatte die Lehrerin bereits Deniz nach draußen geschickt, nachdem er den Mülleimer komplett in der Klasse entleert hatte. Wir fanden die Aktion super, nur leider zu kurz. Schnell wurde uns wieder langweilig, also schubsten wir uns in der Gegend herum. Schließlich kam es zu einem regelrechten Tumult. Die Lehrerin versuchte uns gerade zu trennen, als Deniz von außen die Tür öffnete, um zu fragen, ob er wieder reinkommen könne. Blitzartig erfasste er die Situation: wie alle kämpften, außer ihm. Das konnte er nicht dulden. Ohne zu zögern, rannte er in die Klasse und schlug einen Schüler nach dem anderen. Er ließ keinen einzigen aus. Was das anging, war er sehr akkurat.

Wurden wir dann mal in die Aula gelassen, ging es so richtig ab. Alles, was uns in die Hände kam, warfen wir durch die Luft und gegen die Wände: Tassen, Spiele, Sessel, ganze Landkarten. Alles flog über unseren Köpfen quer durch den Raum. Die Aula sah immer wie das reinste Schlachtfeld aus. Zurück in der Klasse hörte das Werfen natürlich nicht auf. Einmal nahm Andi einen Besen und katapultierte ihn mit dem Stil voran in die Klassentür. Es entstand ein Loch, eines mit Mehrwert. Denn immer, wenn fortan jemand rausflog, konnte er den Unterricht weiter stören, indem er Gegenstände durch das Loch schmiss oder die Lehrer dadurch beleidigte.

Wir machten die Lehrer teilweise so rund, dass ihnen praktisch nur noch die Flucht blieb. Frau Utern beispielsweise, eigentlich eine sehr liebe und aufgeschlossene Lehrerin, war irgendwann derart fertig mit den Nerven, dass sie sich eine andere Schule suchte. Damit taten wir uns selbst nicht unbedingt einen Gefallen. Denn im Grunde mochten wir Frau Utern, auch wenn wir es nie zugegeben hätten. Stattdessen machten wir uns darüber lustig, dass es unter ihren Achseln nicht nur so aussah, als würden dort Tiere leben, sondern auch so roch. Ihre Beine waren ebenfalls nicht rasiert, weshalb wir sie ab einem gewissen Zeitpunkt nur noch »OrangUtern« nannten.

Kurz vor ihrem endgültigen Weggang platzte dann ein erstes und einziges Mal die ganze aufgestaute Wut aus ihr heraus. An sich hatten wir nichts Ungewöhnliches getan, sondern nur erneut während der Pause den Inhalt der verschiedenen Mülleimer in der Klasse verteilt. Als sie zum Unterricht durch die Klassentür kam und den ganzen Kompost auf den Tischen sah, schrie sie: »Ihr elendigen Hundesöööhhhnnnneeeeee!« Sie machte auf der Stelle kehrt und ward nie wieder gesehen. Einige von uns spekulierten, sie sei vielleicht in den Urwald zurück. Andere tippten auf den Berliner Zoo.

Einzig unser Klassenlehrer Herr Ahl genoss einen gewissen Respekt unter den Schülern, das aber vor allem, weil er tolle Ausflüge wie den zum Nike Park mit uns unternahm. Eine andere Klasse hat er mal ins Blubb Hallenbad eingeladen. Dass er es nicht mit seinem Geld, sondern aus der Klassenkasse finanzierte, hatte dabei wohl keiner auf dem Schirm. Wir fanden ihn großartig. Dabei war sein pädagogischer Ansatz durchaus streng. Wenn er den Klassenraum betrat und »Aufstehen!« rief, folgten wir stets ohne zu mucken.

»Guten Morrrrgen, liebe Schüler!«

»Guten Morrrrgen, Herr Aaaaal!«

»Setzen!«

So lief das jeden Morgen ab.

Wir liebten den Kerl wegen seiner lustigen Art. Er schickte zwar öfter als jeder andere Lehrer Schüler zur Strafe vor die Tür, doch die Art und Weise, mit der er dies tat, machte die Sache absolut lohnenswert. Er pfiff, kreiste den Finger zur Tür und sagte: »Räus!«

Leider waren die wenigsten Lehrer so engagiert wie er. Herr Neubarth zum Beispiel setzte sich nur stumpf vor uns hin und las irgendwelche Geschichten vor, in denen abwechselnd Ausländer oder Neonazis verprügelt wurden. Ob er damit vorrangig sich selbst beglücken wollte oder uns, die wir mehrheitlich Abkömmlinge von Migranten waren, konnte keiner sagen. Auch war nicht auszumachen, woher die Geschichten eigentlich stammten, ob aus der Presse oder einem fiktionalen Werk. Wir machten eine kleine Umfrage in der Klasse: »Was glaubt ihr, woher Neubarths Geschichten stammen?« Die am weitesten verbreitete Annahme war: Jim Beam erzählt sie ihm.

Als zwei Mitschüler sich einmal stritten, der eine davon Deutscher, der andere Rumäne, sagte Herr Neubarth: »Entweder ihr kämpft jetzt, oder ihr haltet die Schnauze.« Die beiden guckten kurz verdutzt und gingen dann aufeinander los. Herr Neubarth legte seine Füße auf den Tisch und schrie: »Los, Stefan, hau den Zigeuner, los!« Das ist wirklich passiert.

In seiner Tasche trug er immer ein Schweizer Taschenmesser mit sich rum. Seine Kleidung war zudem stets einheitlich beige, insgesamt war er eine sehr unangenehme Erscheinung. Seine ganze Art war unheimlich, psychopatisch irgendwie.

Einmal erlaubte er uns, einen ausgemusterten Schrank zu zerstören. Wir trugen ihn raus, und innerhalb von fünf Sekunden war das Möbel nur noch Brennholz. Herr Neubarth stand daneben und lachte. Selbst als ein Mitschüler von mir eines Tages spontan zu einer Flasche Spiritus griff und die Wand damit bespritzte, um sodann sein Feuerzeug drunterzuhalten, blieb der Lehrer erschreckend ruhig. Er schien fast noch mehr Freude am Zerstören zu haben als wir. Vermutlich fragte er sich noch nicht einmal, warum ein Grundschüler ein Feuerzeug mit in die Schule nimmt. Wir waren uns einigermaßen sicher, dass er zu Hause mit seinem Schweizer Taschenmesser die merkwürdigsten Sachen anstellte, vielleicht schälte er Eichhörnchen bei lebendigem Leibe oder Ähnliches. Dann tauchte er sie in heißes Wachs und verkabelte sie mit einer Autobatterie, wer konnte das schon wissen? Zu den Sachen, die er mit seinem Taschenmesser veranstaltete, davon waren wir überzeugt, würden selbst IS-Terroristen staunend sagen: »Alter, was hattest denn du für 'ne Kindheit?« Und darum, dass auch unsere nicht allzu sorgenfrei blieb, kümmerte sich Herr Neubarth. So trug ein Mitschüler beispielsweise einige Zeit lang einen eingegipsten Arm und blätterte kurz vor dem Unterricht einmal unerlaubt im Klassenbuch. Als Herr Neubarth das sah, schlich er sich von hinten heran und verpasste ihm einen gezielten Schlag direkt auf den Gips.

Ich dagegen bekam seinen Sadismus überwiegend psychisch zu spüren. Seitdem ich schreiben kann, habe ich eine sehr unschöne Handschrift. Als Herr Neubarth beim Verteilen der Klassenarbeiten meine in die Hand bekam, rief er: »Yiğit, deine Handschrift ist ja genau so eklig wie dein Name … Yiğitt-Igitt.« Die gesamte Klasse lachte. Es war die Art von Lachen, in das auch Erwachsene verfallen, wenn ihr fieser Chef einen schlechten Witz reißt. Der Gag ist mies, man ist einfach nur froh, ausnahmsweise mal nicht den Arsch aufgerissen zu bekommen – eigentlich aber ist die Situation zum Heulen. Von dieser Klassenarbeit an hatte ich jedenfalls zufällig jedes Mal Magenschmerzen, wenn Neubarths Unterricht auf dem Stundenplan stand, und ging nicht zur Schule – zumindest nicht zu jener, wo Lehrer und Lehrplan auf mich warteten. Stattdessen ging ich zur »neuen Schule«.

Sie befand sich auf einem Gelände, auf dem früher ein Spielplatz gelegen hatte. Er war riesengroß und schön, ein richtiger kleiner Freizeitpark. Wir waren immer zum Spielen dorthin gegangen. Eines Tages dann wurde der Spielplatz geschlossen und machte Platz für die »neue Schule«. Was uns nicht davon abhielt, uns weiterhin dort zu treffen, auch als wir älter wurden. Statt auf der Schaukel zu wippen, schmissen wir jetzt eben Steine gegen die Fenster der Schule, die in ihrer schmucklosen Erscheinung eher an ein Amt erinnerte. Unser Spielgerät hatte sich also deutlich vergrößert. Und es verfügte über einen eigenen Hausmeister, was den Spaßfaktor nochmals erhöhte! Wir verteilten uns kurz nach Unterrichtsschluss an verschiedenen Ecken des Geländes, schmissen Steine auf die Schule und warteten, bis der Hausmeister auftauchte. Er war kurz vor der Rente, leicht untersetzt und hatte kategorisch üble Laune. Wir tauften ihn auf K. Toffel, denn er war eine deutsche Kartoffel, wie sie im Buche stand: blass, rund und ungenießbar, wenn man sie vorher nicht ordentlich weichkochte. Also taten wir genau das. Zuerst schmiss jemand einen Stein aus der einen Ecke des Geländes, nach ein paar Minuten dann einer aus der nächsten Ecke, und so weiter. Nach den ersten Würfen war K. Toffel bereits auf 180 und rannte los, um den Übeltäter zu erwischen. Für sein Alter war er ziemlich fit, wahrscheinlich scheuchte er auch in seiner Freizeit Ausländerkinder von öffentlichen Plätzen, um in Form zu bleiben.

Wenn er zu einer Wurfstelle hastete, um den Werfer zu schnappen, flüchteten wir dennoch ohne jede Schwierigkeit, da wir trotz allem natürlich viel schneller waren als er. Dann warf der Nächste seinen Stein. Und der Hausmeister rannte zur neuen Abwurfstelle. Es war wie ein Tierexperiment im Labor, bei dem die Ratte idiotisch im Kreis läuft. Bis sie stirbt. Am liebsten hätten wir K. Toffel mit Dioden versehen und seinen Puls gemessen, um sein Leiden besser zu kontrollieren. Blieb er schließlich stehen und stützte erschöpft die Hände auf die Knie, gab es das große Finale: Wir feuerten alle gleichzeitig aus unseren Ecken und schrien: »Fickt ihhhhn!« Hoch über K. Toffels gebeugtem Körper konnte man die Flugbahnen der Steine sehen, die auf die »neue Schule« niedergingen wie ein Asteroidenhagel. Im Spätsommer, wenn die Sonne tief stand und die gläserne Fassade der Schule in ein tiefes Rot tauchte, war es ein Schauspiel von infernalischer Schönheit. Wir waren K. Toffels persönliches kleines Armageddon.

Unsere Gruppe wuchs schnell auf vierzig Kinder an, ein halbes Jahr später müssen es an die hundert gewesen sein. Deutsche waren kaum noch welche darunter. Wir hatten jetzt das Alter erreicht, in dem die gesellschaftliche Ausgrenzung erste Früchte trug. Und gab es tatsächlich mal einen Deutschen unter uns, dann war er komplett »integriert«, beherrschte womöglich sogar in Bruchteilen Arabisch, Türkisch oder Albanisch. Alle anderen waren nur »Opfa«. Denn langsam ging auch die Verbal-Athletik über in solide körperliche Ertüchtigung, sprich: Prügeleien. Ich war nach wie vor recht klein für mein Alter und hielt mich dabei meist auf den Zuschauerplätzen auf. Es sei denn, ich wusste, dass ich gewinnen würde. Weil der andere noch kleiner war als ich. Doch immer öfter kam es vor, dass Streitigkeiten schnell eskalierten, sodass ich auf Anraten älterer Kumpels zusah, den ersten Schlag im Gesicht meines Gegenübers zu platzierten. »Denn wer den ersten Schlag setzt, gewinnt den Kampf meistens«, sagten sie.

Ich konnte mich jedoch auch verbal bestens behaupten,

besser jedenfalls als die anderen. Das brachte mir den Ruf eines Diskussionsführers bei Streitereien ein. Es ging bei diesen Auseinandersetzungen nie um komplizierte Sachverhalte, wir diskutierten nicht den Kosovokrieg oder so. Dafür aber Fußballregeln. Und die konnten in akuten Fällen, wenn etwa ein albanischer Junge von einem Serben gefoult worden war, durchaus über Krieg und Frieden entscheiden, zumindest auf diesem unseren Fußballplatz im Norden Neuköllns. In der Schule dagegen brachte ich meine verbalen Fähigkeiten höchst selten zur Anwendung. Warum auch? Ich sah nach wie vor keinen Grund, warum ich mich anstrengen sollte. Also machte ich nicht mal das Nötigste. Das ging auch die meiste Zeit gut – bis die Elternabende anstanden.

Sie stellten für mein Leben die einzig echte Bedrohung dar, folglich musste ich etwas unternehmen gegen sie. Natürlich konnte ich die Elternabende nicht komplett verhindern. Doch ich erinnerte mich an eine philosophische Frage, die ich mal irgendwo gehört hatte: »Wenn in einem Wald ein Baum umfällt, und niemand ist da, der es hört – gibt es dann überhaupt ein Geräusch?«

Ich übertrug das auf meine Situation: Wenn in meiner Schule ein Elternabend stattfindet, und niemand bei mir zu Hause hört davon – gibt es dann überhaupt ein Problem?

In der Folge fing ich alle Briefe von der Schule ab, die zu uns nach Hause kamen. Das war nicht sonderlich schwer, nur meine Schwester musste ich entweder einweihen oder austricksen. Denn wie in vielen Familien mit Migrationshintergrund waren auch bei uns die Kinder für die Post zuständig. Die Eltern können sie sowieso oft nicht lesen. Das überträgt den Kindern zwar schon früh eine große Verantwortung für die gesamte Familie, aber eben auch Macht. Wer die Informationen kontrolliert, kontrolliert das System. Und Elternabende waren in meinem System nicht vorgesehen. Ich entschied mich dafür, meine Schwester nicht einzuweihen. Stattdessen erklärte ich ihr, künftig allein die Post machen zu wollen. Es sei immerhin an der Zeit für mich, endlich erwachsen zu werden.

Das klappte perfekt. Meine Schwester war stolz, und ich kontrollierte den Informationsfluss.

Nur Herr »Aaaaal« machte seinem Namen alle Ehre und schlüpfte mir durchs Netz. Er machte von einem Kommunikationsweg Gebrauch, den selbst Migrantenkinder nie zu hundert Prozent in ihre Gewalt bringen: das Telefon. Denn wenn dieses klingelt, könnte es sich theoretisch um einen Notruf aus der alten Heimat handeln. Also geht man ran. Diesen neuralgischen Punkt im System nutzte Herr Ahl: Nachdem meine Eltern bei drei Veranstaltungen in Folge gefehlt hatten, griff er einfach zum Hörer. Mein Vater flippte total aus: »Ich habe dich bis heute noch nie geschlagen!!! ABER NOCH EIN EINZIGER VORFALL, UND DU BIST FÄLLIG!« Das sollte ich in der Zukunft noch öfter hören. Allein schon die Drohung versetzte mich in Schrecken. Er war zwar zu allen Menschen stets freundlich, doch war er groß, sehr breit und hatte einen Schnurrbart der bis zum Unterkiefer reichte. Und nun ging er schließlich zum Elternabend. Dort angelangt, offenbarte Herr Ahl ihm dann auch gleich, dass ich eine Hauptschul-Empfehlung bekommen werde. Von meiner schulischen Leistung aus gesehen ging das vollkommen in Ordnung. Allein mein Vater wollte es nicht einsehen. Er diskutierte an diesem Abend so lange mit Herrn Ahl, dass sie irgendwann kurz davor gewesen sein dürften, sich eine Pizza zu bestellen.

Schließlich bekam ich Herrn Ahls Segen und bewarb mich an drei Realschulen. Von allen dreien erhielt ich eine Absage. Das war nicht gut. Denn wenn die drei gewählten Schulen einen nicht nahmen, wurde man einfach einer Schule zugeordnet. In meinem Fall war dies die Hans-Geiger-Oberschule. Die Gesamtschule war damals berüchtigt. Es wurden ihr derart viele Problemschüler zugeteilt, dass die Einrichtung über Neuköllns Grenzen hinaus bekannt wurde für ihre Unruhestifter. Sie stellte in bestimmten Kreisen damit durchaus eine gute Referenz dar, quasi wie Harvard, nur eben am anderen Ende der Skala. Eine »gute Adresse« war die Hans-Geiger seinerzeit somit vor allem für jene, die ihre berufliche Zukunft im Bereich illegaler Boxkämpfe sahen. Oder in der Schutzgelderpressung.

Die Schule bestand aus vier riesigen Containern, in denen insgesamt etwa zwanzig Klassen untergebracht waren. Einen zweiten Stock gab es nicht. Die Schüler konnten aus dem Fenster steigen und waren direkt auf dem Schulhof. Am Eingang des Areals standen Polizisten, die die Ausweise kontrollierten. Sie prüften, ob der jeweilige Schüler tatsächlich dort zur Schule ging und ob ein Haftbefehl gegen ihn vorlag. Wer also massive Scheiße gebaut hatte, machte besser einen Bogen um die Schule. Oder er kam direkt mit seinem Anwalt.

Ich hatte bereits einen Haufen Freunde an der Hans-Geiger. Auch Andi war dort gelandet, nachdem er zuvor von der Grundschule in der Rathenaustraße und einer weiteren Grundschule geflogen war, wo er Lehrer wie Mitschüler wie gewohnt derbe beleidigt und angegriffen hatte. Unter anderem hatte er auf die Frage eines Lehrers, was »Ruhe« auf Englisch heißt, geantwortet: »Halt die Schnauze, und nerv jemand anderen!« Das war natürlich sehr frei übersetzt. Und es bedeutete den 27. Tadel für Andi. Zum endgültigen Schulverweis führte aber eine andere Aktion: Eines Tages verteilten Leute von Radio Energy Berlin Kondome und Kugelschreiber an seiner Schule. Und wie jedes gute Straßenkind schnappte sich auch er so viele von den Give-aways, wie er nur greifen konnte. Als er mit seiner Beute über den Schulhof lief, stoppte ihn jedoch ein anderer Junge und verlangte, dass ihm die Sachen ausgehändigt werden. Andi meinte: »Hol dir dein eigenes Zeug!« Der Junge allerdings bestand auf seinem Wunsch und schlug ihm mit der Faust ins Gesicht. Sie fingen an zu kämpfen und die Schüler riefen: »Einzelkampf, Einzelkampf.«, was wiederum einen Lehrer auf den Plan rief, der ebenfalls auf dem Pausenhof herumstand. Er warf sich auf Andis Rücken und rang ihn nieder. Und während dieser kampfunfähig am Boden lag, nutzte der andere Junge die Gelegenheit und trat ihm mit der Pike vier bis fünf Mal ins Gesicht. Andi sah dann seinen einzigen Ausweg darin, sich aus dem Klammergriff des Pädagogen loszureißen und sein Gesicht vor der endgültigen Zerstörung dadurch zu bewahren, dass er dem Lehrer einen satten Kopfstoß verpasste. Sodann konnte er sich wieder dem anderen Jungen zuwenden und ihn mit gebührender Härte bestrafen. Andis Tage an der Schule waren danach gezählt.

Doch auf der Hans-Geiger war er nun unter seinesgleichen. Hier waren die Lehrer schon froh, wenn sie in einer Sprache beleidigt wurden, die sie verstanden. Und Gewalt war an diesem Ort nicht die Ausnahme, sondern die Regel. Andi erzählte mir, wie er am ersten Tag nach den Osterferien in der Pause mal einen Freund an sich hatte vorbeirennen sehen, der eine Schusswaffe in der Hand hielt. Als Andi ihn fragte, was denn los sei, meinte der Typ: »Nichts. Ich hau kurz jemanden.« Daraufhin rannte er auf einen Jungen zu, schlug ihm mit dem Griff der Waffe so fest ins Gesicht, dass er umfiel, und trat danach so lange auf seinen Kopf ein, bis der Junge bewusstlos wurde. Dann schoss er ihm aus nächster Nähe ins Gesicht. Es handelte sich um Schreckschussmunition. – Doch an der Hans-Geiger war damals nichts unmöglich.

Meine Mutter war wegen meiner Zuweisung zur stadtbekannten Problemschule entsprechend aufgelöst. Sie sorgte sich so sehr, dass sie sogar gegen den Willen meines Vaters alleine mit mir die Wohnung verließ und mich zur Max-Planck-Oberschule brachte, eine Realschule, die ihren Pausenhof mit meiner ehemaligen Grundschule teilte. Meine Mutter brach vor der Direktorin in Tränen aus und flehte sie an, mich vor der Hans-Geiger zu bewahren. Daraufhin wurde ich tatsächlich an der Max-Planck-Oberschule genommen. Ich konnte gut damit leben. Wobei man deutsche Mitschüler dort vermutlich mit derselben Wahrscheinlichkeit antraf wie an der Hans-Geiger eine Lehrkraft, die nicht an Selbstmordgedanken litt. Die Lehrer dort konnten einem wirklich nur leidtun. Der Schulleiter hatte bereits mehrfach Morddrohungen erhalten, und auch seine Kollegen waren im Grunde bemitleidenswerte Kreaturen, die offenbar keine Möglichkeit hatten, an einer anderen Schule zu unterrichten.

An meinem ersten Tag an der Max-Planck-Oberschule versammelten sich alle neuen Schüler mit ihren Eltern in der Turnhalle, die ich bereits aus meiner Grundschulzeit kannte. Frau Koch stellte sich ans Mikrofon und rief alle Schüler auf, die zu ihrer Klasse gehören sollten. Meine Mutter berichtete mir später, wie sie in dem Moment gebetet hatte, dass auch ich aufgerufen würde. Ihr hatte Frau Koch direkt gut gefallen. Und genau so kam es dann auch: Ich wurde aufgerufen, ging nach vorne, und Frau Koch sagte: »Hmm, sportlich!«

Stolz stellte ich mich zu denen anderen Kindern. Sie durften nun meinen Anzug bewundern, den ich extra für diesen Tag herausgelegt hatte: einen nigelnagelneuen Nike Trainingsanzug.

Als Wahlpflichtfach hatte ich Arbeitslehre gewählt. Unser Lehrer war Herr Burkart. Er war Ende vierzig, trug einen Vollbart und jeden Tag Cowboystiefel. Außerdem schielte er mit dem einen Auge, was ihn in Verbindung mit den Cowboystiefeln und dem Bart ein bisschen aussehen ließ wie den Bösewicht in einem Spaghetti-Western. Einmal schrie er einen Mitschüler an, fixierte dabei allerdings mit dem Schielauge dessen Sitznachbarin. Die schrie zurück: »WAS HAB ISCH GEMACHT?« »NICHT DU!«, rief Herr Burkart nur noch lauter,

»DER DUMMKOPF NEBEN DIR!« Fairerweise muss man sagen, Herr Burkart war nicht immer ein Schreier gewesen. Wir hatten ihn erst dazu gemacht, ihn gewissermaßen so erzogen. Eigentlich war er ein gutmütiger Mensch. Er war nur einfach zur falschen Zeit am falschen Ort. Mit »Zeit« meine ich dabei morgens von 8:00 bis mittags 14:30 Uhr und mit »Ort« das Schulgebäude an der Rathenaustraße. Die gesamte Straße war einfach eine für Herrn Burkart komplett ungeeignete Umgebung. Wie Stilettos für den Hindukusch. Ein Beispiel: Es gab in Neukölln eine Gang namens R44, ich komme später noch darauf zurück. Das R jedenfalls stand nicht für »Reihenhäuschen«. Es stand für Rathenaustraße. Speziell nach Sonnenuntergang konnte es hier recht gefährlich werden. Da halfen auch keine Cowboystiefel – es sei denn, sie kamen im Paket mit einem Colt und einem Pferd daher. Das Pferd für die Flucht, der Colt für den Fall, dass die Flucht nicht gelang. Das nebenbei vielleicht als Tipp für alle »Touristen«, die bei Dunkelheit in der Rathenaustraße mal zufällig in die Hände einer Straßengang geraten und selbst mit einer Handfeuerwaffe ausgestattet sind: Es reicht im Prinzip, einen einzigen Schuss abzugeben, den aber möglichst gezielt. Und mit der Mündung am eigenen Gaumen. Alles andere verlängert die Qualen nur unnötig.

Berlin-Neukölln ist kein Ort, an dem Honig und Milch fließen. Politiker sprechen mit Hinblick auf solche Gegenden und die Menschen, die hier leben, gerne von Existenzen am Rand der Gesellschaft. Doch Neukölln ist nicht der Rand. Neukölln ist das, was hinter dem Rand kommt. In der Rathenaustraße beispielsweise gab es eine Erdgeschosswohnung, in der lebte ein Mann namens Kleinmann, den aber alle nur »Psycho« nannten. Wenn wir uns langweilten, klingelten wir Sturm bei Kleinmann, woraufhin dieser stets mit einem Küchenmesser herausgerannt kam und uns jagte wie ein Wilder. Als wir eines Tages mitbekamen, wie Kleinmann in Handschellen abgeführt wurde, machten wir uns noch in derselben Nacht daran, in seine Wohnung einzubrechen. Vom Hinterhof aus schlugen wir ein Fenster ein und stiegen in die Wohnung. Wir wollten nichts stehlen, sondern waren einfach nur neugierig, wie der »Psycho« wohl lebte.

Drinnen wurde es von Raum zu Raum dunkler, bis wir rein gar nichts mehr sahen. Wir tasteten uns an den Wänden entlang, und ich fand schließlich einen Lichtschalter. Ich betätigte ihn und bekam einen Schock fürs Leben: Der gesamte Fußboden war bedeckt mit benutzten Heroinspritzen. Nirgendwo gab es auch nur den winzigsten freien Fleck am Boden. Wir sahen uns weiter in seiner Wohnung um und fanden die verschiedensten Pillen und Fäkalpornos, deren Cover alleine schon so ekelhaft waren, dass ich mich fast erbrochen hätte. Wer behauptet, der Mensch sei die Krone der Schöpfung, hat offenbar nicht die Bekanntschaft mit Kleinmann gemacht.

Einige Monate nach unserer Visite wurde er tot in seiner Wohnung aufgefunden. Als wir anlässlich seines Todes im Bekanntenkreis von unseren Erlebnissen erzählten, berichtete ein anderer von einer anderen Wohnung in der Rathenaustraße, in der die Polizei Abertausende Bierflaschen gefunden hatte. Es gab praktisch keine Einrichtungsgegenstände, nur eine Badewanne. Sie war als einzige frei geblieben, schien also als Schlafstätte zu dienen. Überall sonst in der Wohnung stapelte sich das Leergut, hauptsächlich besagte Bierflaschen, hier und da auch eine größere Flasche, deren Inhalt nur auf den ersten Blick nach Fanta aussah. Die Wohnung wurde zwangsgeräumt. Und ich frage mich bis heute, ob der Mieter wohl vom Heimweh gepackt wird, wenn er an einem Altglascontainer vorbeikommt.

Trotz allem gab es selbst in dieser Gegend natürlich auch kleine Inseln des Friedens und der unbedarften Glückseligkeit, zum Beispiel den Comenius-Garten, eine öffentliche Gartenanlage am Böhmischen Rixdorf in Neukölln. Die Gegend hat ihren Namen dem Umstand zu verdanken, dass sich im 18. Jahrhundert Böhmische Glaubensflüchtlinge an diesem Ort ansiedelten, deren Nachfahren bis heute dort leben. Auch der Anteil von Flüchtlingsfamilien aus aktuellen Konfliktregionen ist in diesem Teil Neuköllns sehr hoch. Die Tradition des Ortes setzt sich also bis in die Gegenwart fort. Der Comenius-Garten selbst liegt mitten in Neukölln. Das Grundstück umfasst mehr als einen Hektar und wurde in den Neunzigern zu einer Gartenanlage umfunktioniert, nachdem das Comenius-Denkmal auf dem damals noch brachliegenden Gelände eingeweiht worden war. Im Zentrum der Gestaltung stand der »Lebensweg«, dem die Besucher des Gartens als Rundgang folgen können. Gesäumt ist dieser Weg von Beeten, Bäumen, Wiesen, einem Teich und einer Laube. Der gute Geist des Comenius-Gartens war und ist Herr Vierck, ein studierter Botaniker/Philosoph und ehemaliger Kickboxer. Seine Größe von zwei Metern und sein roter Bart lassen ihn tatsächlich aussehen wie eine geländegängige Version von Johann Amos Comenius, dem Namensgeber des Gartens, der im 17. Jahrhundert die Pädagogik umkrempelte, indem er sie als einer der Ersten quasi vom Kind her dachte. Das brachte Comenius viel Respekt ein, ironischerweise natürlich hauptsächlich unter den Erwachsenen. Bei Kindern aus Neukölln erreicht man einfach mehr, wenn man mal Kickboxer war.

Wir hatten zumindest allergrößte Achtung für Herrn Vierck. Er war stets ein herzensguter Mann, behandelte die Pflanzen wie seine Kinder, und wenn wir auf einen »seiner Bäume« kletterten, hob er uns anschließend hoch und schüttelte uns. Sanft, aber bestimmt. Wir laden ihn noch heute zu allen Festen ein, Hochzeiten, runden Geburtstagen, was auch immer so anfällt.

Als ich noch zur Grundschule ging, kam einmal ein Junge in den Comenius-Garten und rempelte mich im Vorbeigehen an. Er war etwas kleiner als ich. Ich drehte mich um und rief ihm hinterher: »Pass doch auf, du Dreckskind.« Daraufhin machte er eine Drehung um 180 Grad und kam zurück. Er baute sich vor mir auf und zog sogar seinen Gürtel. Das schien er von seinem Papa zu kennen.

»Warum ziehst du dich aus?«, fragte ich. »Zeit, ins Bett zu gehen?«

Er schnaubte. Ich legte nach, diesmal körperlich. Ich schlug ihm drei Mal ins Gesicht, und wir prügelten uns kurz. Seine Schwestern, die nicht unweit gestanden und gewartet hatten, rannten los und riefen nach jemandem. Wenige Sekunden später kam bereits ein dicker Junge mit tiefschwarzem Haar und einer Kartoffelnase auf seinem Fahrrad angerauscht. Er stieg ab und bewegte sich selbstsicher und mit bösem Blick in meine Richtung. Mittlerweile waren auch seine Schwestern wieder zugegen. »Hakan ist daaa! Hakan ist daaa!«, riefen sie, als wäre es nur eine Frage weniger Faustschläge, bis wieder Ordnung im Comenius-Garten herrschte. Ganz so einfach war es aber nicht. Hakan kam auf mich zu. Unter seinen buschigen Augenbrauen funkelten mich zwei kleine mandelförmige Augen an. Er scheuerte mir eine, und wir schlugen uns. Der Junge mit dem Gürtel war sein kleiner Bruder.

An einem der nächsten Schultage kam Herr Ahl morgens in den Klassenraum und sagte, wir bekämen einen neuen Klassenkameraden. Hinter ihm ging die Tür erneut auf, und da stand er: Hakan.

Einige von uns meinten, man müsse den Neuen standesgemäß begrüßen. Für schöne Gesten dieser Art war traditionell Andi zuständig. Jemand rief: »Andi, steh mal auf und gib ihn 'ne Bombe!« Gesagt, getan. Andi stand auf und verpasste Hakan einen Schlag in die Fresse. Hakan setzte sich hin, und Andi erntete einen Tadel. Täglich grüßt das Murmeltier.

Wenige Tage später kam ich in die Turnhalle, und das Erste, was ich erblickte, war Hakan, wie er Andis Kopf auf den Fußboden knallte. Immer und immer wieder. Hakan war in Neukölln angekommen!

Andi seinerseits wurde kurz vor der Zeugnisausgabe der Schule verwiesen. Er kam auf die »neue Schule«. Dort prügelte er sich seelenruhig weiter. Im Grunde war es schade, dass er nicht ebenfalls zur Max-Planck-Oberschule kam. Denn dort wurde nun auf unserem Pausenhof eine Art Holzring mit einem Durchmesser von ungefähr fünf Metern gebaut, dessen pädagogischer Sinn sich mir bis heute nicht erschlossen hat. Streng genommen war es kein Ring, sondern ein Sechseck, das an jeder Seite durch zwei horizontal übereinander angebrachte, armdicke Holzstämme begrenzt war und an ein Tiergatter erinnerte. Das Ganze war etwa hüfthoch. Andi hätte seine wahre Freude an dem Ding gehabt, denn der Ring schrie förmlich danach, zum Boxring umfunktioniert zu werden. Als sich einmal zwei Schüler stritten, kam ich auf die absolut naheliegende Idee, dass sie ihren Streit doch in dem hölzernen Sechseck austragen könnten. Die beiden zögerten kurz, ließen sich dann aber von mir überreden und prügelten sich im Ring weiter. Drum herum versammelten sich die Zuschauer. Wer immer sich das Konstrukt erdacht hat, er hätte uns keine größere Freude machen können.

Schnell wurde ein richtiges Event aus solchen Kämpfen. Jede Schulpause gingen zwei neue Schüler in den Ring und traten gegeneinander an – meistens um zu beweisen, dass sie keine Schisser waren. Da der Holzring etwas abseits und in der Nähe der heimlichen Raucherecke lag, bekamen die Lehrer von alldem rein gar nichts mit. Wären sie aufmerksamer gewesen, hätte ihnen natürlich auffallen können, dass das reguläre Areal des Pausenhofs praktisch entvölkert war. Aber vermutlich verbrachte die eine Hälfte des Lehrerkollegiums die Zeit im Lehrerzimmer damit, sich mit Irish Coffee das Leben erträglich zu trinken, während die andere Hälfte die

Pause nutzte, um auf dem Klo beherzt und hemmungslos zu heulen. Unsere kleinen Box-Events wurden jedenfalls von niemandem gestört. Vielleicht dachten sie sich auch: »Lass sie nur machen! Wenn zwei sich prügeln, hält hinterher im Unterricht wenigstens einer die Fresse, nämlich der, dem sie blutet.« Ich hatte mittlerweile einen ziemlichen Wachstumsschub bekommen, und wenn jemand von meinen Freunden Ärger hatte, war ich stets zur Stelle, um ihm beizustehen. Mittlerweile fast ausschließlich körperlich, sei es auf dem sandigen Boden des Holzrings oder auf dem Kopfsteinpflaster des Vorplatzes.

Später wurde aus dieser Not eine Tugend. Es wurde für uns immer »cooler«, sich zu prügeln.

Als wir eines Tages vor einem Playstation-Laden in der Rathenaustraße standen, kam ein Typ Mitte zwanzig vorbei und schrie herum. Ohne lange zu zögern, griff Hakan ihn an, und die anderen stiegen mit ein. Dabei interessierte uns auch gar nicht, was er brüllte, genau genommen erinnere ich mich auch gar nicht mehr an den Inhalt. Was zählte, war einfach nur seine zu hohe Lautstärke. »Das ist unsere Straße«, bläuten wir dem Schreihals ein, während wir ihn schlugen. »Wenn hier einer brüllt, dann sind das wir!« Unsere Kampfrufe brachten uns ins Grübeln. Wir wollten tatsächlich, dass jeder wusste, wer in der Rathenaustraße das Sagen hat. Also gründeten wir bereits erwähnte Gang. Hakan gab uns den Namen »R44«: »R« für Rathenaustraße und »44« für die alte Postleitzahl von Neukölln. Kurze Zeit später begannen auch andere Jungs, sich in Gangs zu formieren und sich ihrer Gegend entsprechend zu taufen: »Schierker«, »Schiller«, »Pannier« und so weiter. Vorreiter waren unter anderem die »Spinne-Gang« und die »Hertzberger« gewesen. Die Namen klingen verhältnismäßig harmlos, doch Erpressung, illegaler Waffenbesitz, bewaffneter Raub und versuchter Totschlag waren später durchaus Alltag für jede dieser

Gruppierungen. Es war dabei für die wenigsten eine bewusste Entscheidung, nach dem Motto: »So, jetzt lasst uns mal kriminell werden.« Erstens entwickelte es sich peu à peu in diese Richtung; es hatte gewissermaßen mit dem Vandalismus in der Schule begonnen und sich dann immer weiter ausgeweitet, wie ein Geschwür, das nicht therapiert wird. Zweitens war es eben das, was wir von den Älteren vorgelebt bekamen. Die Gewalt wird in einer Gegend wie Neukölln praktisch von Generation zu Generation weitergegeben. Und wer nicht doppelt ausgegrenzt werden will – von den Deutschen *und* den eigenen Leuten –, der tritt dieses Erbe irgendwann an. Lange bevor das Bewusstsein für Recht und Unrecht, Sinn und Sinnlosigkeit die nötige Reife erlangt hat.

Ich schnitt mir die Haare, legte mir eine Boxerfrisur zu und ließ mir die Zähne richten. Bis dahin hatten sie mehr oder minder Ruinen dargestellt. Rückblickend war es vielleicht nicht der beste Zeitpunkt für zahnkosmetische Maßnahmen, denn die Auseinandersetzungen wurden zunehmend heftiger. Und die Verletzungen ernster. Eines Tages, ich war gerade auf dem Weg zur Rathenaustraße, da kamen mir auf der Friedrich-Engels-Straße drei Nazis entgegen. Bereits aus der Ferne waren sie unschwer als solche zu erkennen: Glatze, Springerstiefel, Bomberjacke. Sie unterhielten sich nicht miteinander, sondern starrten mich einfach nur stumm an. Als wäre ich ein Insekt. Ich wechselte nicht die Straßenseite, wich ihnen nicht aus. Als einer von ihnen mir dann im Vorbeigehen viel zu nahe kam und sich dabei zu mir drehte, schlug ich ihm direkt ins Gesicht. Es war die Flucht nach vorne. Doch sie überwältigten mich auf der Stelle und traten auf mich ein, bevorzugt auf Kopf und Oberkörper. Einer zielte wiederholt auf meinen Kiefer. Ich hob die Hände zur Abwehr, doch seine Springerstiefel trafen meine vorderen Schneidezähne. Sie wurden vollständig zerstört.

Dass meine Gesundheit nicht noch größeren Schaden nahm, war allein dem Zufall geschuldet. Einige Mitglieder der R44 kamen plötzlich die Straße entlanggeschlendert und sahen, was geschah. Sie schritten sofort und mit Nachdruck ein. Kurze Zeit später lagen die Skins bewusstlos am Boden. Wir traten noch einige Male kräftig zu, und einer meiner Jungs stach einem von ihnen noch mit seinem Messer ins Bein. Dann flohen wir in die angrenzende Rathenaustraße.

Ich erhielt Zahnkronen für alle vier Schneidezähne und begriff, dass der unbeschwerte Teil meines Lebens offenbar endgültig vorbei war. Ich war nun kein Kind mehr. Das war amtlich. Dank der Nazis. Die abschließende Aktion mit dem Messer hatte ich zwar krass gefunden, doch blieb mir wenig Zeit für grundlegende Zweifel an der Verhältnismäßigkeit unserer Mittel. Denn binnen weniger Wochen gehörten Massenschlägereien und Messerstechereien beinahe zur Tagesordnung. Irgendwann flatterte logischerweise die erste Anzeige ins Haus. Meine Eltern waren komplett überfordert. Mein Vater arbeitete zwölf Stunden am Tag, kam spätabends hundemüde nach Hause. Meine Mutter war nicht minder ohnmächtig. Sie war als Jugendliche in ein fremdes Land gekommen und seitdem faktisch zu Hause eingeschlossen. Wirklich etwas ausrichten konnte sie nicht. Beide hatten also kaum noch Einfluss auf mich. Außerdem unterschätzten sie die Situation sehr, denn sie wussten sehr lange nichts von der Gang. Sie dachten im Grunde, dass ich gemeinsam mit einigen Freunden hin und wieder Mist baute. Doch das war leider nicht ganz der Fall. Folglich litt auch die Schule unter meiner »Freizeitgestaltung«, und es lief schließlich auf das Unvermeidliche hinaus: Ich musste die achte Klasse wiederholen. Nicht, weil ich den Unterrichtsstoff nicht hätte beherrschen können. Er erschien mir nicht einmal sonderlich anspruchsvoll. Ich ging einfach nur zu selten zur Schule. Sie langweilte mich maßlos. Es sei denn, wir machten Blödsinn. So nutzte ich zum Beispiel eine Exkursion zum Rathaus Schöneberg, um mich als Glöckner zu versuchen. Anlass der Exkursion war eigentlich eine im Rathaus stattfindende Veranstaltung, auf der sich Schüler über verschiedene Ausbildungsmöglichkeiten informieren sollten. Ich verspürte allerdings keinen dahingehenden Informationsbedarf. Und so stahl ich mich mit zwei meiner Mitschüler davon und kletterte auf den Glockenturm. Dort angekommen, läuteten wir, was das Zeug hielt. Dann erblickten wir einen Feuerlöscher. Wir besprühten zuerst die Glocke mit dem Löschschaum und dann die Leute, die unten auf der Straße standen. Ein tierischer Spaß. Der Lehrer allerdings fand die Aktion nur mäßig amüsant. Er war stinkesauer und schrie, wenn wir nicht sofort runterkämen und uns entschuldigten, gäbe es ernsthafte Konsequenzen. Er brüllte durchgehend, bis wir den kompletten Glockenturm wieder abgestiegen waren. Dann wurde er heiser. Als wir schließlich vor seinen Füßen zu stehen kamen, war seine Stimme endgültig einem hohlen Pfeifton gewichen. Seine Tiraden waren für menschliche Ohren nun nicht mehr wahrnehmbar. Wenn seine Beschimpfungen jemanden trafen, dann waren es die Fledermäuse oben im Glockenturm. Wenige Tage später stand eine Chemie-Arbeit auf dem Programm. Ich hatte denkbar wenig Bock darauf, zumal ich seit der Sache im Schöneberger Rathaus im Unterricht überall in der vordersten Reihe sitzen musste. Das war an sich nicht weiter schlimm, weil es mich eh nicht davon abhielt, irgendeinen Mist zu bauen. In Chemie allerdings war ein Platz in der ersten Reihe tatsächlich die Höchststrafe, da unser Lehrer beim Reden fürchterlich spuckte. Ich war immer froh, wenn ein Experiment anstand, bei dem wir uns vorne am Lehrertisch versammeln mussten. Selbst wenn der Versuch vorbei war und wir wieder auf unseren Plätzen saßen, ließ ich die zuvor an jeden Schüler ausgehändigte Schutzbrille einfach auf.

»Yiğit, du kannst die Brille absetzen«, sagte der Lehrer dann. »Das Experiment ist vorbei.«

»Für dich vielleicht«, erwiderte ich. »Ich will trocken nach Hause kommen.«

Die permanente Befeuchtung wider Willen jedenfalls weckte Rachegelüste in mir. Und so brachte ich zur nächsten Chemie-Arbeit zwei Furzkissen mit. Keine von diesen Dingern, die Geräusche machen, sobald sich einer draufsetzt. Wir waren ja schließlich nicht im Kindergarten. Meine Furzkissen verfügten über ein Druckplättchen, das die Kissen so lange zum Aufblähen brachte, bis sie letztlich platzten und eine grauenhaft riechende Flüssigkeit im Raum verteilten. So würde ich es meinem Lehrer mit gleicher Münze heimzahlen, ganz nach dem Motto: Auge um Auge, Flüssigkeit um Flüssigkeit.

Als alle angefangen hatten zu schreiben, flüsterte ich einem meiner Mitschüler zu, er solle den Lehrer ablenken. Unter dem Vorwand, eine der Fragen in der Arbeit nicht zu verstehen, bat er ihn zu sich an den Tisch, und der Lehrer stand auf. Ich nahm die beiden Furzkissen, betätigte die Druckplättchen und warf sie in die offenstehende Tasche des Lehrers. Es dauerte ein bis zwei Minuten, dann platzten sie. Alles in der Tasche war hinüber, und rasend schnell verbreitete sich der Gestank in der gesamten Klasse. Es roch wie in einer Klärgrube.

Der Lehrer flippte völlig aus. Er schrie: »Schließt die Fenster!« Dann stürmte er raus und verschloss die Tür von außen. Natürlich schlossen wir die Fenster nicht. Für wie dumm hielt er uns? Stattdessen entleerten wir seine Tasche über dem Waschbecken und spülten alles sorgfältig mit reichlich Wasser ab. Reine Schadensbegrenzung, versteht sich. Anschließend stellten wir die triefende Tasche zum Trocknen über einen Bunsenbrenner. Wir schalteten ihn nicht ein, wir hatten ja sowieso nicht den erforderlichen Schlüssel für den Gasanschluss. Uns reichte es vollkommen, wenn der Lehrer bei seiner Rückkehr die Installation erblickte und für einen kurzen Augenblick panisch wurde. Für uns ein weiterer kurzer Augenblick des Glücks.

Mit solchen Dingen versuchten wir, den Schulalltag lebendiger zu gestalten, damit die Langeweile nicht die Oberhand gewann. Ein anderes Mal fingen wir aus Spaß mal wieder an, uns grundlos zu schubsen und ein wenig zu schlagen. Doch dann holte einer meiner Mitschüler seinen Teleskopschläger raus, um damit durch die Luft zu fuchteln. Als der Lehrer das sah, rannte er aus der Klasse und zum Schuldirektor. Wir waren also ohne Aufsicht.

»Kommt«, rief ich, »wir werfen alle Stühle und Tische direkt an die Tür, damit er nicht mehr ins Klassenzimmer kann.« Als wir die Barrikade fertiggestellt hatten, kratzten wir in aller Seelenruhe mit Schleifpapier »R44« in die Fensterscheiben, warfen den Schrank um, kokelten das Klassenbuch an und schmissen es vom Fenster aus aufs Dach. Dann schauten wir, ob im Flur die Luft rein war, hasteten aus der Klasse und gingen in die Schulkantine. Wenige Minuten später kam die Sekretärin des Direktors, die uns offensichtlich gesucht hatte, ebenfalls in die Kantine gerannt. Mit Tränen in den Augen schrie sie: »Was habt ihr getan?«

Wir antworteten: »Wir waren das nicht!«

Doch die wenigsten Schultage waren so unterhaltsam. Es blieb demnach unserem Sinn für Freizeitgestaltung überlassen, für Abwechslung zu sorgen. Als wir uns beispielsweise eines gewöhnlichen Nachmittags wie so oft mit rund zwanzig Jungs in der Rathenaustraße versammelt hatten und nicht wussten, was wir mit unserer Zeit anstellen sollten, schlug Hakan plötzlich vor: »Ey Jungs, lass die Bullen anrufen und sagen, Massenschlägerei in Rathenaustraße. Wenn die kommen, hauen wir ab.« Alle sahen zuerst Hakan an, befanden die Idee für gut und blickten dann rüber zu Andi. Jeder ging davon aus, dass er der Auserwählte sein würde, der die Polizei anruft. Immerhin hatten wir mit ihm in unseren Reihen einen Bio-Deutschen. Wenn er anrief, so unser erster Gedanke, würde es wohl am glaubwürdigsten wirken. Je länger wir allerdings darüber nachdachten, desto größer wurden die Zweifel. Denn tatsächlich hatte Andi die deutsche Sprache mittlerweile praktisch verlernt. Weil er nur mit Ausländern herumhing. Seine Sprache war ein richtiger Bastard geworden, bestand zu einem Viertel aus Türkisch, zu einem Viertel aus Arabisch, zu einem Viertel aus Deutsch. Das letzte Viertel war nicht identifizierbar. Hochdeutsch war es jedenfalls nicht.

Also beschlossen wir, dass Hakan es selbst machen soll. Gesagt, getan. Hakan rief die Polizei an und sagte hektisch: »In der Rathenaustraße kämpfen vierzig Männer mit Messern und Macheten gegeneinander. Kommen Sie schnell!« Sie kamen. Und zwar mit drei großen Mannschaftswagen. Kaum, dass wir in ihr Blickfeld geraten waren, rannten wir weg. Das war unsere Version von »Räuber und Gendarm«. Sie hatten natürlich keine Chance, uns zu erwischen, wir kannten die Gegend schließlich in- und auswendig.

Das Gleiche ließ sich leider auch über den Schulstoff in meinem Wiederholungsjahr sagen. Ich hörte nun alles zum zweiten Mal, was meine Begeisterung für die Schule nicht eben steigerte. Die neue Klasse war viel ruhiger und braver als meine vorherige, doch wie sich herausstellte, warteten auch sie nur auf einen Anführer, der ihnen den Weg zu einem verpfuschten Leben aufzeigte. Die einzige Abwechslung bestand darin, dass die Lehrer andere waren. Meine Klassenlehrerin kannte ich noch aus dem Vorjahr, sie war meine Deutschlehrerin gewesen. Wir mochten sie und ließen sie weitgehend in Ruhe. Dagegen hatte es Herr Düring ungleich schwerer. Er war ein Vertretungslehrer so um die vierzig und nicht die Spur durchsetzungsfähig, außerdem Fahrradfahrer. Überflüssig zu erwähnen, dass diese Wahl der Fortbewegung unsere Achtung vor ihm nicht gerade steigerte. Er hatte wahrlich keinen leichten Stand. Als er dann eines Tages von einem meiner Mitschüler im Straßenverkehr auch noch dabei erwischt wurde, wie er vorm Abbiegen ein Handzeichen setzte, war sein Untergang endgültig besiegelt. Allein die Tatsache, dass er Fahrrad fuhr, strapazierte unsere Toleranz schon aufs Äußerste. Aber Handzeichen setzen … Das war für uns der Inbegriff von Schwäche! Und wie sein Fahrrad in besagtem Moment an der Kreuzung, so schlug jetzt auch das Leben von Herrn Düring eine andere Straße ein, nämlich eine Einbahnstraße Richtung Untergang. Schon während der nächsten Unterrichtsstunde bewarfen wir ihn mit Papierkügelchen.

Nun ist es natürlich höchst ärgerlich, wenn man von Schülern beworfen wird, sobald man sein Gesicht der Tafel zuwendet. Das kann jeder nachvollziehen. Doch ärgern wollten wir Herrn Düring nicht – wir wollten ihn demütigen. Also warteten wir nicht, bis er sein Gesicht der Tafel zuwandte. Wir warfen ihm die Papierkügelchen einfach so an den Kopf. Während er uns in die Augen sah. Anfänglich versuchte er noch, die Werfer zu tadeln und sie vor die Tür zu schicken. Die aber interessierte das nicht. Also drohte er, »dann eben selber den Tadel zu holen«. Wir hatten keine Einwände. Schließlich ging er tatsächlich selbst vor die Tür. Er machte sie hinter sich zu und kam erst nach einigen Minuten wieder zurück. Ob er auf dem Flur heulte oder seinen Kopf in einen Eimer Rum tauchte, uns kümmerte es nicht. Immerhin erfuhren wir in seinem Unterricht, dass auf der ersten Seite des deutschen Grundgesetzes steht: »Die Würde des Menschen ist unantastbar.« Das gefiel uns. Und um zu zeigen, dass uns der Unterrichtsstoff entgegen Herrn Dürings Meinung nicht vollkommen egal war, trennten wir selbige Seite vorsichtig aus der Bindung. Dann machten wir Papierkügelchen daraus und bewarfen ihn damit. Wollten wir doch mal sehen, wie unantastbar die Würde des Menschen wirklich war.

Einen anderen Lehrer hatten wir mittlerweile so weit, dass er überhaupt nichts mehr sagte, solange nicht alle in der Klasse ruhig waren. Also bauten wir in jeder Stunde bei ihm erst mal gepflegte zwanzig bis dreißig Minuten Scheiße. Dann beruhigten wir uns, setzten uns auf unsere Plätze, schwiegen demonstrativ und starrten den Lehrer an. Kaum öffnete er seinen Mund, um in der letzten Viertelstunde ansatzweise so etwas wie Unterricht zu machen, lachten wir ihn lauthals aus. Daraufhin schwieg er wieder. Nicht wenige Lehrer weinten, wenn sie vor uns saßen. Fast täglich. Sie hatten endgültig »Opfa«-Status. Uns konnte keiner mehr was, nicht einmal die Schulleitung. Sie wusste sehr gut, dass das, was wir mit Herrn Düring und anderen veranstalteten, noch vergleichsweise harmlos war. Unsere Gewaltbereitschaft, auch meine, war mittlerweile allen bekannt. Wenn wir eine Rechnung offen hatten, klärten wir das notfalls auf dem Schulhof, zwischen zwei Unterrichtsstunden. Außerdem wusste jeder, dass ich Mitglied der R44 war. Wen das nicht per se einschüchterte, dem verpasste ich notfalls meine eigene kleine Nachhilfestunde. Meistens reichten aber fünf Minuten. Als die Schulleitung davon erfuhr, zitierte sie mich persönlich herbei. Sie zogen eine Art Tribunal auf und verhörten mich. Doch gemessen an mir hätte selbst Gandhi gewirkt wie ein notorischer Gewalttäter. Ich war die Sanftmut in Person: »R44? Isch schwöre: nie gehört, ist das der neue Renault?« Die Schulleitung fiel auf mein Schmierentheater tatsächlich rein.

Von ihrem Büro ging ich direkt in die Raucherecke, man erwartete mich dort bereits. Ein Mitschüler war gegenüber den Mitgliedern der R44 zuletzt etwas übermütig geworden, man könnte auch sagen: unkonzentriert. Ich hatte somit noch Nachhilfe zu geben. Eigentlich regelte Hakan alles, was sich nicht nur um einzelne Mitglieder, sondern um die Gang als Ganzes drehte. Er war unser Anführer. Doch an diesem Nachmittag fehlte er. Erst Tage später erfuhren wir den traurigen Grund: In seiner Familie war jemand schwer erkrankt.

Kapitel 3

Tagesgeschäft

Unter meinen Jungs waren mittlerweile sehr viele Straftäter, unter anderem Räuber, Drogendealer, Erpresser und Waffenbesitzer. Mangels »ziviler« Vorbilder genossen sie großen Respekt bei den Jüngeren. Einige von ihnen kamen später wegen versuchten Totschlages, Erpressung, Drogen, sexuellen Missbrauchs und anderen Delikten ins Gefängnis. Ich persönlich rührte nie eine Zigarette an, geschweige denn einen Joint oder gar Tilidin. Schon damals war mein sportlicher Ehrgeiz so groß, dass ich gar nicht in Versuchung kam, irgendetwas auszuprobieren. Dennoch war ich täglich damit konfrontiert. Wenn wir in Gruppen von vierzig bis fünfzig Leuten abhingen, machte sich von irgendwo immer ein fetter Joint auf die Reise durch die Reihen. Allen war klar, dass man ihn an mir vorbeireichte. Ich war mittlerweile bekannt als der Neuköllner, der weder rauchte noch kiffte. Eine Rarität.

Ab und zu trank ich Alkohol, doch selbst das nur auf Partys. Eines Abends – Andi und ich waren gemeinsam auf einer Hausparty und bereits recht angetrunken – kamen uns auf dem Weg zum Spätkauf, wo wir unseren Alkoholvorrat auffüllen wollten, zwei kräftig gebaute Männer entgegen. Unser prolliger Gang machte sie auf uns aufmerksam. Sie starrten uns an, und einer der beiden suchte offensichtlich Streit. Damit war er bei Andi und mir genau an der richtigen Adresse. Wir waren nicht das Böse schlechthin. Wir vermochten schon, zu selektieren. So halfen wir jederzeit Frauen mit Kinderwagen irgendwelche Treppen hoch, halfen älteren Damen aus der Straße beim Tragen ihrer Einkaufstüten und kümmerten uns regelmäßig um ein älteres Ehepaar, das ebenfalls in der Rathenaustraße wohnte. Beide, Frau und Mann, saßen im Rollstuhl, und wir schoben sie, wenn wir sie zufällig trafen, bis nach Hause, wo wir uns höflich verabschiedeten. Wir waren keine Unmenschen. Doch wenn uns jemand anstarrte und offensichtlich Ärger wollte wie die beiden in der Nähe des Spätkaufs, dann zeigten wir ebenso gerne unser anderes Gesicht. Sehr kontrovers, doch so waren wir … Nach einer kurzen Erörterung des Sachverhalts, wer hier wen zuerst angeguckt hatte und vor allem wieso, schlug Andi dem einen der beiden jedenfalls mit seinem Schlagring ins Gesicht. Dieser stürzte sofort zu Boden, blieb liegen und gab merkwürdige Geräusche von sich. Ich vermutete, dass sein Kiefer gebrochen war, hatte aber nicht die Zeit für medizinische Differentialdiagnostik und schlug dem anderen einfach ebenfalls ins Gesicht. Auch er fiel so schnell um, dass man den Eindruck gewinnen konnte, dies sei kein Straßenkampf, sondern ein getürkter Boxkampf – so wehrlos, wie die beiden auf die Matte gingen. Ich schaute überrascht zu Andi rüber. Der starrte mich nur entsetzt an: »Yiğit … was machst du da?«

Ich wunderte mich über diese Frage, schaute runter zu dem Mann und bemerkte dann erst, dass er zwei stark fehlgebildete Hände hatte. Es war ihm gar nicht möglich gewesen, sich zu wehren. Ich hatte einen Behinderten verprügelt. Der uns zu allem Überfluss weder was getan hatte noch hätte tun können. Das Einzige, was man ihm vorwerfen konnte, war die Auswahl seiner Freunde. Wir verdrückten uns, doch die Ereignisse verfolgten mich die ganze Nacht, ich machte vor lauter Scham kein Auge zu. Klar, ich war sehr aggressiv und eben das, was man gemeinhin »gewaltbereit« nennt. Doch so eine Aktion ging selbst für unsere Verhältnisse zu weit. Ich schämte mich auch dafür, dass Andi und ich uns einfach umgedreht hatten und gegangen waren. Das Ganze beschäftigte mich lange Zeit.

Nach dieser Aktion schwor ich schließlich dem Alkohol komplett ab. Es war bis heute der letzte Tag, an dem ich auch nur einen Tropfen Alkohol getrunken habe. Allerdings änderte der Vorfall leider wenig an meiner allgemeinen Gewaltbereitschaft, vor allem gegen rivalisierende Jugendgangs. Die Anerkennung auf der Straße ließ sich nach wie vor nahezu ausschließlich und am effektivsten über Gewalt erreichen. Es galt schlicht und ergreifend das Recht des Stärkeren. Wer damit nicht klarkam, musste wegziehen. Wie er von seinem Taschengeld allerdings die Miete zahlen würde, die woanders deutlich höher war, musste er dann eben sehen. Faktisch war Umzug also keine Option. Doch das hatte vielleicht auch etwas Positives: Ernährungswissenschaftler beklagen ja immer, die Jugendlichen würden sich heutzutage viel zu wenig bewegen. Das konnte man von uns nicht behaupten. Wir betätigten uns körperlich, wo immer sich uns die Gelegenheit bot. Wir ließen keine Ausreden gelten, selbst der kleinste Anlass genügte, in uns die Lust auf körperliche Betätigung zu wecken. Eines Morgens, es war Pfingsten, rief mich beispielsweise Taylan an und berichtete, dass einer aus der sogenannten G-Eyes-Gang nahe Lichtenrade seine Freundin angegraben hatte. Taylan war eigentlich sehr wohlbehütet aufgewachsen. Er war Einzelkind, und es mangelte ihm an nichts. Er trug stets gute Klamotten und hatte ein großes eigenes Zimmer, das nahezu komplett mit Postern von Britney Spears tapeziert war. Nichtsdestotrotz war er temperamentvoll genug, die Nummer mit seiner Freundin nicht so einfach auf sich beruhen zu lassen. Normalerweise war das Angraben der Freundin kein Grund für eine Schlägerei zwischen

Jugendbanden. Mädchen wurden als Trophäe oder Besitz gesehen. Wollte sich einer ihretwegen prügeln, hieß es: »Leute, doch nicht wegen eines Mädchens ...« Anders verhielt es sich natürlich, wenn es um die eigene Verlobte oder gar um die eigene Ehefrau ging. Freundinnen aber kamen und gingen. Im Falle von Taylan machten wir ganz einfach eine Ausnahme. Schließlich hatten wir an besagtem Morgen sowieso nichts vor und beschlossen daher, nach Lichtenrade zu fahren. Hätte man Taylan beim Bäcker das letzte Schoko-Croissant weggeschnappt, wären wir wohl auch gefahren. So aber fühlte es sich irgendwie runder an.

Taylan hatte bereits in Erfahrung gebracht, wie der Typ hieß und wo er wohnte, und so klingelten wir am Pfingstmontag gegen halb zehn gemütlich bei einem gewissen Arda. Zu fünft. Er kam in Hausschuhen runter, und wir gingen ein Stück mit ihm. Wir mochten hemmungslose Schläger gewesen sein, doch es ist alles andere als leicht, jemanden zu verprügeln, der seine Hausschuhe trägt. Wir gingen also mit Arda um die nächste Ecke und baten ihn, die Hausschuhe auszuziehen und uns zu überreichen. Dann stellte Taylan ihn schon zur Rede, ob das stimme, was seine Freundin ihm erzählt hat. Doch als Arda seinen Mund öffnete, um zu antworten, pfefferte Leroy ihm von der Seite einen Schlag ins Gesicht und wir prügelten mit den Teleskopschlägern los.« Er versuchte zwischenzeitlich zu fliehen, doch wir holten ihn direkt wieder ein, woraufhin er sein Messer zog und damit auf Leroy zielte. Andi, der das bemerkte, zog ebenfalls sein Messer und warf es auf Arda, nur wenige Zentimeter an seinem Schädel vorbei.

»Was war das denn?«, fragte ich Andi, »bist du beim Zirkus? Sollen wir ihn an eine Drehscheibe fesseln, damit du noch mehr Messer nach ihm werfen kannst?«

»Ich dachte, er will Leroy abstechen. Ich bin nur meiner

Fürsorgepflicht nachgekommen.« So absurd das klang, es entsprach der Wahrheit. Ein Großteil unserer Handlungen resultierte einfach daraus, dass wir aufeinander aufpassten. Wurde einer von uns angegriffen, war das ein Angriff auf uns alle. Dies war unsere Familie. Wir waren füreinander zugleich Eltern und Kinder. Und wer würde in größter Not nicht zum Messer greifen, wenn das eigene Kind attackiert wird? Klar waren uns auch unsere eigentlichen Familien heilig. Von unserem »echten« Leben auf der Straße aber waren sie zu jener Zeit meilenweit entfernt. Und wir hatten keinen Schimmer, was wir ihnen da antaten.

Arda stand nach der Wurfaktion noch immer regungslos da, die Augen weit aufgerissen. Er hatte in seinem Leben sicher schon vieles erlebt. Dass aber einer ein Messer nach ihm warf, als handle es sich bei seinem Kopf um eine verdammte Dart-Scheibe, das war neu. Nach weiteren Sekunden in totaler Schockstarre ließ er plötzlich sein eigenes Messer fallen und unternahm einen zweiten Fluchtversuch, der jedoch erneut von uns vereitelt wurde, da ich ihn jedesmal sofort wieder einholte und aufhielt. Als wir schließlich mit ihm fertig waren, ließen wir ihn auf dem Boden liegen und gingen fort.

Gegen Abend meldete sich Arda bei Taylan, um sich mit ihm zu treffen. Taylan war so dumm und ging tatsächlich hin, in Begleitung eines Kumpels wenigstens. Irgendwann muss sie dann allerdings das Gefühl beschlichen haben, dass es bei dem Treffen wohl eher nicht darum gehen würde, Telefonnummern auszutauschen, um sich künftig besser abzustimmen, wer wann an Taylans Freundin ran darf. Die beiden fanden also im letzten Moment zur Vernunft zurück, riefen den Rest der Truppe von unterwegs an und baten uns, dass wir uns in der Rathenaustraße für den Fall der Fälle bereit halten. Wir wussten natürlich, was Phase war und mobilisierten einige Jungs. Wir versammelten uns an dem zwischen Rathenaustraße und

Friedrich-Engels-Straße gelegenen Kino. An demselben Platz liegt ein gemütliches Café mit sehr kultivierten Gästen, auch ein kleines Theater befindet sich dort. Nach gediegener Abendunterhaltung war allerdings keinem von uns. Vielmehr nach körperlicher Ertüchtigung.

Hakan und ich warteten neben dem Café auf die G-Eyes, die irgendwann wie erwartet aus der Friedrich-Engels-Straße zum Vorplatz des Kinos abbogen. Es waren um die zwanzig Leute. Wir hatten in zehn Minuten ebenso viele Leute aufgetrieben – nur sollte das nicht direkt für jeden ersichtlich sein. Unsere Leute standen deshalb um die Ecke und warteten geduldig in der Rathenaustraße. Die G-Eyes mussten somit annehmen, wir wären nur zu zweit. Als sie nahe genug herangekommen waren, schrie Hakan: »FICKT SIE!«

Während unsere Leute heranstürmten, nahmen Hakan und ich die Stühle des Cafés, zogen sie den Gästen teilweise unter den Hintern weg und warfen sie auf die G-Eyes. Als uns die Stühle ausgingen, griffen wir zu den Zuckerstreuern. Die G-Eyes rannten zurück zur Friedrich-Engels-Straße, wir hinterher. Die komplette Meute trieb quer über die Straße in Richtung U-Bahnhof, über unseren Köpfen flogen die Zuckerstreuer. Einer der Dinger landete auf der Windschutzscheibe eines vollkommen Unbeteiligten, der sich mit diesem Status aber offenbar nicht bescheiden wollte. Statt das in dieser Situation einzig Richtige zu tun und sich möglichst tief in den Fußraum seines Autos zu verkrümeln, stieg er aus und versuchte, jemanden von uns festzuhalten. Keine gute Idee. Zivilisten hielten wir stets so gut es ging aus unseren Kämpfen raus. Doch wenn sie aktiv um Teilnahme baten, konnten wir für nichts garantieren. Der Zivilist rannte jedenfalls hinter uns her und erwischte Hakan direkt vor den Treppen des U-Bahnhofes an der Friedrich-Engels-Straße, doch dieser konnte sich losreißen und rannte die Treppen hinunter. Als Nächstes griff er nach mir, doch auch ich schubste ihn weg, und so schnappte er sich Andi. Doch Benni, Sohn eines hohen Tieres in der Regierung und an dem Tag bis Oberkante Unterlippe voll mit Koks, rammte die beiden. Andi fiel daraufhin die Treppen herunter. Unten angekommen, blickte er nach oben und sah, wie sich der Mann einen anderen von unseren Leuten schnappte. Erneut keine gute Idee. Wäre er einfach in seinem Auto sitzen geblieben und mit seiner zertrümmerten Windschutzscheibe zu Carglass gefahren, wäre es weit weniger schmerzhaft für ihn gewesen.

Denn nun rannte Andi die Treppen zurück nach oben und zückte währenddessen schon sein Messer. Er stach dem Mann damit in die Rippenregion und in den Oberschenkel. Die Klinge drang zum Glück jedoch nur ins Bein ein und nicht in den Oberkörper. Andi ließ von seinem Gegner ab und rannte dem Rest der Meute hinterher. Der renitente Autofahrer schaffte es, an unserem Kumpel weiter festzuhalten, und so war dieser am Ende der Einzige, der von der Polizei erwischt wurde. Später machte man ihn sowohl für den Wurf des Zuckerstreuers auf die Windschutzscheibe als auch für den Messerstich verantwortlich.

Wir rannten derweil weiter durch den U-Bahnhof, den G-Eyes auf den Fersen. Einige von ihnen waren auf die Gleise gesprungen, um mit Steinen nach uns zu werfen, doch bei dem Anblick unserer Leute beendeten sie dieses Unterfangen und flohen erneut. Sie hasteten auf der anderen Seite des Bahnhofs die Treppen hoch zur Straße, dann waren sie plötzlich verschwunden. Wir sahen uns um. Die meisten Läden hatten geschlossen, es war ein Feiertag. In Sichtweite hatte nur ein einziger Imbiss offen. Es war also klar, wo sie sich versteckten. Wir gingen rein.

Sie verschanzten sich hinter der Theke, ein paar auch auf dem Klo. Benni – ich wiederhole: Sohn eines hohen Tieres in der Regierung – holte ein Brotmesser aus dem hinteren

Teil des Hosenbundes und versuchte, dem Jungen hinter der Theke damit mehrmals in den Oberkörper zu stechen. Doch Hakan zerrte ihn weg, bevor Benni richtig an den Typen herangekommen war. Nachdem wir den Jungs eine saftige Abreibung verpasst hatten, zogen wir uns wieder in die Rathenaustraße zurück. Von den G-Eyes hörten wir nie wieder etwas. Nur über den Jungen, der Taylans Freundin angegraben und mit dem alles angefangen hatte, erzählte man sich, er sei in die Türkei geflohen. Das war zur Abwechslung mal eine gute Idee.

Bio-Deutsche, die sich mit uns anlegten, hatten diese Möglichkeit nicht. Und als einer dieser »Kartoffeln« einen unserer Jungs in Neukölln-Britz während eines Streits niederstach, fanden wir auch die Adresse von diesem Kerl heraus und besuchten ihn zu Hause. Wieder einmal mit zig Leuten. Höflich, wie wir waren, klingelten wir bei ihm, doch wollte er die Tür nicht öffnen. Wir zerschlugen also das Glas der Haustür und traten oben kurzerhand seine Wohnungstür ein. Nachdem wir ihn verprügelt hatten und Benni ihn sogar mit seiner Machete am Rücken verletzte, flohen wir zum U-Bahnhof Britz Süd. Dort angelangt, sahen wir auf der Anzeige, dass unsere U-Bahn erst in acht Minuten kommen sollte. Das unterscheidet das wahre Leben von irgendwelchen Filmen oder TV-Serien: Egal ob Übeltäter oder Held, wer in der fiktionalen Welt in einen U-Bahnhof flüchtet, springt meistens durch die sich just schließenden Türen in die U-Bahn und ist weg. Keiner muss noch acht Minuten warten und holt die Zeitung raus oder das Smartphone, um erst mal eine Runde Angry Birds zu spielen, während die Verfolger näherrücken.

Ich sagte zu unseren Leuten: »Lasst uns laufen oder aufteilen!« Aber die Mehrheit hatte keine Lust dazu. Also warteten wir. Ein Haufen Jungs, die soeben zwei Türen und einen Typen zertrümmert hatten, standen nun in Britz Süd herum und glotzten Löcher in die Luft. Und acht Minuten können verdammt lang sein. Addiert man dann noch die Minuten dazu, die wir von der Wohnung bis zum U-Bahnhof gebraucht hatten, ergibt das überdies ausreichend Zeit für einen Anruf bei 110 und der Ankunft einer Delegation der örtlichen Polizei in besagtem U-Bahnhof. Die acht Minuten waren beinahe um, da rannte also ein Trupp Zivil-Polizisten auf uns zu, allerdings vom weiter entfernt gelegenen der beiden Ausgänge. Wir stürmten zum näheren Ausgang, um dort aus dem Bahnhof zu gelangen, sahen jedoch schon nach wenigen Metern, dass hier ebenfalls Polizisten auf uns warteten, die vorsichtshalber schon mal ihre Waffen auf uns richteten. (Die Lektion: Gewaltverbrechen sind erfolgversprechender, wenn man einen Führerschein besitzt. Und einen Kleinbus, der hinreichend Platz bietet für ein Dutzend Gangmitglieder sowie das obligatorische Equipment: Baseballschläger, Hieb- und Stichwaffen, einen Rammbock, das Nötigste eben. Hätten wir einen solchen Kleinbus gehabt, wir wären längst bei McDrive und würden uns Chicken McNuggets reindrücken, während der Polizei nichts anderes übrig bliebe als die Zeugenaussage eines Typen aufzunehmen, der ungebremst aus allen Körperöffnungen blutet. Stattdessen aber saßen wir nun in der Falle.) Einer von uns schrie »Rennt in den Tunnel!«, und wir rannten. Kaum hatten wir die ersten zwanzig Meter hinter uns gebracht, wurde es bereits so stockfinster, dass wir ohne Blindenstock aufgeschmissen waren. Wir versuchten, uns mit der Beleuchtung unseres Handydisplays Orientierung zu verschaffen, denn Smartphones mit einer Taschenlampen-App gab es damals noch nicht. Doch das brachte überhaupt nichts. Das Einzige, was wir anhand der Handydisplays erkannten, war, dass wir offenbar immer noch vollzählig waren. Vorausgesetzt, es hielt kein Zivil-Bulle sein Handy mit hoch.

Viele stolperten und knallten gegen die Betonträger, als plötzlich zwei Lichter auf uns zukamen: eine U-Bahn. Alle riefen »Nach rechts, nach rechts!« und sprangen zur Seite, doch die Bahn bremste und kam rechtzeitig zum Stehen. Wir liefen an ihr vorbei und sahen aus den Augenwinkeln, wie die aufgerissenen Augen der Fahrgäste aus den Fenstern ins Dunkle blinzelten, während unsere Silhouetten an ihnen vorbeihuschten. Dann gingen die Lichter an. Die BVG hatte offenbar die Tunnelbeleuchtung angeschaltet, wahrscheinlich damit wir uns nicht verletzen oder ein noch größeres Unglück geschah.

Ich wusste ganz genau, dass beim nächsten U-Bahnhof Polizisten auf uns warten würden. Wir waren wie Mäuse in der Falle, doch was blieb uns anderes übrig? Wir mussten es versuchen. Ich betete, dass ich es irgendwie schaffen würde, der Polizei zu entwischen. Als wir endlich im nächsten U-Bahnhof angekommen waren, sprangen die ersten von uns gleich auf den Bahnhofssteig und erblickten vor sich nur noch die Treppen. Hakan erzählte später: »Ich wollte schon hochrennen und dachte, ich wäre frei! Plötzlich packte mich eine Hand am Mund, eine andere am Kopf, eine weitere am Hals, und ich wurde von zwei Mann überwältigt.« Genau so erging es den meisten von uns. Sie müssen sich gefühlt haben wie ich bei meiner Beinahe-Flucht vor meiner Beschneidung.

Doch ich war einer der Letzten, die sich dem Bahnhof näherten, und hörte somit das Gebrüll derjenigen, die den Bahnsteig zuerst erklommen hatten. Wir hatten an dem Abend viel Hilfe von befreundeten Jugendgangs bekommen. Wegen dieses »Outsourcings« waren insgesamt nur relativ wenige R44-Mitglieder mit dabei. Also hatte ich keine Skrupel, zum Ende hin etwas langsamer zu laufen, um zu sehen, was die Jungs aus den anderen Gangs vorne erwartete. Falls nötig, würde ich wieder zurückrennen können. Und es war nötig. Zwei Polizisten bemerkten meine erneute Flucht und rannten mir hinterher. Aber es war leicht, ihnen davonzukommen, schließlich war ich nicht nur ausdauernd, sondern vor allem auch schnell.

Andi konnte ebenfalls fliehen. Nach den ersten Metern im Tunnel versteckte er sich hinter einem dicken Pfeiler. Zwei Polizisten rannten an ihm vorbei, der eine von ihnen musste aber irgendetwas bemerkt haben, stoppte deshalb und drehte sich um. Er näherte sich Andi von der anderen Seite des Pfeilers. Er umkreiste ihn, und Andi tat es ihm nach. Es war fast wie ein Tanz, ein Ringelpiez ohne Anfassen. Nachdem sie beide einige Runden gedreht hatten, sagte der Polizist: »Ich hab dich gesehen, komm raus. Wir kommen eh gleich mit den Hunden.« Andi war mittlerweile einigermaßen müde, sodass er aufgab. Zumal sich bereits weitere Polizisten dem Pfeiler näherten.

Während alle meine Kumpels bereits festgenommen und abgeführt wurden, war ich noch immer auf der Flucht durch den Tunnel. Doch ich wusste, dass mich auf der anderen Seite das gleiche Schicksal erwarten würde. Es war wie in dem Märchen von dem Hasen und dem Igel. Weil der Hase sich über die schiefen Beine des Igels lustig gemacht hatte, forderte dieser ihn zu einem Wettrennen heraus. Als das Rennen dann auf einem Acker startet, läuft der Igel nur beim Start ein paar Schritte, da am Ende des Ackers bereits seine ihm zum Verwechseln ähnliche Frau auf den Hasen wartet. Als der schließlich siegessicher heranstürmt, erhebt sich die Igel-Frau und ruft: »Ich bin schon da!« Der Hase verlangt Revanche. Sie veranstalten einen Lauf nach dem anderen, stets mit demselben Ergebnis. Beim letzten Rennen bricht der Hase erschöpft zusammen. – Um nicht zu enden wie der Hase, musste ich mir also dringend etwas einfallen lassen. Zumal der Igel in meinem Fall bewaffnet war.

Ich drehte mich um, um zu schauen, ob sie mir weiter folgten. Und in dieser Bewegung nach hinten sah ich etwas Metallisches blitzen: eine Treppe. Es handelte sich um einen Notausstieg, der vertikal nach oben führte. Ich zögerte nicht lange und nahm zwei Stufen auf einmal. Oben angekommen, entdeckte ich eine Kurbel. Ich drehte daran, und es öffnete sich eine Klappe. Ich nahm die letzten Stufen und hievte mich raus. Ich stand mitten in einem Park in Britz. Jackpot!! Als ich die Grünanlage verließ und zur Straße kam, sah ich einen zum Bersten überfüllten Bus an mir vorbeifahren. Die U-Bahnlinie musste mittlerweile in beide Richtungen gesperrt sein. Da standen die Leute nun gedrängt in den Bussen des Schienenersatzverkehrs und fragten sich, was zur Hölle den Ausfall einer kompletten Linie verursacht hatte. Hätten sie gewusst, dass der von Kopf bis Fuß schwarz eingesaute junge Mann, der dort soeben aus dem Park gekommen war, nicht unwesentlich daran beteiligt gewesen war, sie hätten den Busfahrer vermutlich genötigt, mich zu überfahren. So aber machte ich mich unbehelligt auf den Weg nach Hause.

Derweil saßen meine Freunde in Handschellen im Einsatzwagen. Anders als die meisten Fahrgäste im Bus hatten sie wenigstens einen Sitzplatz. Trotzdem waren sie nicht glücklich und schmiedeten bereits Pläne, wie sie das Transportmittel vorzeitig verlassen könnten. Hakan hatte die Idee, den Wagen zum Umkippen zu bringen, und sprang wie wild von der einen Fahrzeugseite zur anderen und wieder retour, bis er merkte, dass dies nichts brachte. In der Zwischenzeit hatte Benni es geschafft, seine Arme auszukugeln und die Hände samt Handschellen von hinten nach vorne zu bringen. Diesen Trick hatte er uns schon öfter vorgeführt. Dann ging er zu Andi und meinte, er würde ihm die Handschellen öffnen. Andi freute sich, doch die Freude währte nur kurz. Denn statt die Handschellen zu öffnen, drückte Benni sie nur noch enger zu. Andis Situation war somit nicht im Geringsten besser geworden, nur schmerzhafter. Alle lachten, selbst Andi. Sie ergaben sich ihrem Schicksal, und Hakan, der den Weg zur Zelle bereits auswendig kannte, gab den Reiseführer. Er kündigte an, wann es bergauf ging und wann bergab, wann sie links abbogen und wann rechts. Am Zielort brachten die Beamten sie schließlich alle in getrennten Zellen unter. Nach einer Weile kam jedoch ein ranghöherer Polizist und schrie herum, wer das veranlasst habe, ein Mann pro Zelle. Die reinste Platzverschwendung sei das! Also steckten sie die Jungs allesamt in eine einzige Zelle.

Endlich wieder vereint, grölten sie herum und pöbelten die Beamten an. Hakan verlangte nach Klopapier: »Ey, ich muss scheißen«, und kaum, dass er eine Rolle bekommen hatte, machte er das Papier nass, um damit herumzuwerfen. Als einer dann auch noch einen Edding entdeckte, war die Renovierung der Zelle endgültig beschlossene Sache. Sie bekritzelten die Wände mit »R44« und den Namen von uns allen. Höhlenmalerei im 21. Jahrhundert. Als die Polizisten irgendwann sahen, was die Jungs aus der Zelle gemacht hatten, sollen sie nicht entzückt gewesen sein. Die Geschmäcker sind eben verschieden.

Unterdessen war ich bereits frisch geduscht und eingewickelt in meine Decke. Der Tag war irgendwie schnell rumgegangen. Wie so oft. Das war gut so. Doch es brauchte keineswegs immer eine angegrabene Freundin oder einen niedergestochen Freund, damit wir zum Gefecht ausrückten. Liebend gerne schlichteten wir auch künstlerisch-kreative Differenzen. So rief mich eines Tages Alkan an, der in unserer Runde der Rapper war. Er teilte mir mit, dass er »beef« mit einem DJ hatte, der sich »MC Heaven« nannte. Also beschlossen wir, uns um MC Heaven zu kümmern. Wir ließen ihn in einem Chatroom von einem Mädel anschreiben, das sich mit ihm treffen sollte. Als ich am Treffpunkt ankam, waren bereits dreißig Leute von uns am Start, jeder bis an die Zähne bewaffnet. Denn MC Heaven war dafür bekannt, ratzfatz und ohne mit der Wimper zu zucken zuzustechen. Und dass nun statt eines weiblichen Fans ein Rapper auf ihn wartete, stimmte ihn mit Sicherheit nicht besonders fröhlich.

Die beiden trafen sich jedenfalls und gingen einige Meter, wir folgten ihnen unauffällig. Bis sie in eine recht abgelegene, leere Straße kamen. Dann griffen wir an. Andi tat natürlich wieder den ersten Schlag, und als MC Heaven auf dem Boden lag, traten und prügelten wir weiter mit unseren Knüppeln auf ihn ein. Plötzlich regte er sich nicht mehr, und Hakan schrie: »IHR TÖTET IHN, PASST AUF! OKAY, HÖRT AUF!« Doch Andi trat ungebremst und fanatisch weiter mit der Spitze seines Schuhs in das Gesicht des DJ, also zerrte ich ihn weg, und wir sahen zu, dass wir Land gewannen.

Andi hatte sich mittlerweile den Ruf erarbeitet, stets als Erster zuzuschlagen. Es hatte sich eine Art Muster entwickelt, nach dem die Schlägereien inzwischen abliefen: Am Anfang warteten immer alle darauf, dass Andi zuschlug. Das war das Zeichen, dass die Schlägerei endlich losgehen konnte. Wie der erste Gong in einem Boxkampf. Mit dem Unterschied, dass Andis jeweiliges Opfer vermutlich der Einzige war, der tatsächlich einen Gong hörte.

Er war selbst dann noch gefährlich, wenn die Situation eigentlich längst entschärft war: Wir standen eines schönen Nachmittags einfach nur in der Rathenaustraße rum, als zwei muskulöse Männer in Begleitung einer Frau vorbeigingen. Im Vorbeigehen touchierte mich der eine der beiden Männer leicht – was im Prinzip natürlich schon ein grobes Vergehen war. Ich machte ihn an, und er zeigte seine Zähne. Wie ein Kampfhund. Er rief: »Komm doch, komm doch!« Ich machte zwei, drei Schritte nach vorne und er einen ganzen Satz zurück. Er sprang so hysterisch, dass er die Aufmerksamkeit der halben Rathenaustraße auf sich zog, auch die von Hakan, Andi und Leroy, die rund hundert Meter von uns entfernt standen. Sie kamen zu uns rübergerannt, und der Typ bekam es noch mehr mit der Angst zu tun. Hakan ging auf ihn zu und sagte ihm, alles sei okay, er solle einfach sehen, dass er wegkommt. Damit konnten alle gut leben – bis auf einen. Noch bevor wir überhaupt richtig verstanden, was los war, hatte Andi bereits wieder zugeschlagen. Wahrscheinlich war ihm langweilig. Durch das erneute Aufflammen des Konflikts aber fragte sich nun zwangsläufig jeder innerhalb von Sekundenbruchteilen, ob er vielleicht was verpasst hatte. Hatte der Typ noch was gesagt? Oder komisch geguckt? Hatte er sich abschätzig geräuspert? Oder zu laut geatmet? Um diese Fragen zu klären, würde später noch Zeit genug sein. Bei der Nachbesprechung. Zuerst galt es jetzt, dem Typen mit vereinten Kräften aufs Maul zu hauen. Wir prügelten den armen Kerl von einer Straßenseite zur anderen, und so lag er am Ende auf einer Motorhaube. Leroy war damals mit Abstand der Kräftigste von uns (wenn Andi in der Grundschule von mehreren Leuten verprügelt wurde, rief er immer: Ich hole Leroy!!! Damals in der dritten Klasse kannte ich ihn noch nicht und habe mich immer gefragt, wer das ist. Dann kam er einmal tatsächlich und verprügelte die beiden Typen, die Andi geschlagen hatten, und kurz darauf noch die drei älteren Brüder aus der Oberschule nebenan. Da war er zehn Jahre alt, und seine Schlagkraft wurde mit zunehmendem Alter immer größer. Es kam eigentlich nie vor, dass seine Faust sein Ziel traf, ohne dass die betroffene Person ausgeknockt wurde. Seinen Ruf als der härteste Schläger Neuköllns hatte er nicht zu Unrecht). Und nun griff sich derselbe Leroy diesen Kerl auf der Motorhaube und bretterte eine Faust nach der anderen auf seinen Schädel. Ich weiß noch, dass mir zum ersten Mal einer, den wir verprügelten, wirklich leidtat. Aus allen Türen kamen unsere Leute angeströmt, bis es schließlich weit mehr als zwanzig waren. Alle gegen einen. Die Eltern von einigen Gangmitgliedern beobachteten das Massaker von ihren Wohnungsfenstern und kamen heruntergerannt, um uns von ihm fernzuhalten. Schließlich beruhigten wir uns.

Doch gerade, als Ruhe eingekehrt war und wir gehen wollten, sah ich im Augenwinkel, wie Hakan zu dem Typen zurückrannte, bewaffnet mit nichts Geringerem als einem Straßenschild. Er warf das Schild auf ihn, und alles ging wieder von vorne los. Eine Woche später erfuhr ich von einer Nachbargang, dass der Mann Freunde in einer Motorradgang hatte und diese uns suchten, da der Typ wohl mehrere Wochen in der Intensivstation verbringen würde. Irgendwann kamen schließlich zwei von ihnen in die Rathenaustraße. Wie sich herausstellte, hatten wir gemeinsame Freunde. Somit blieb alles friedlich. Überflüssig zu betonen, dass der Mann auf der Motorhaube nicht zu unseren gemeinsamen Freunden zählte. Und nach seiner Begegnung mit dem Straßenschild würde er es wohl auch nicht mehr werden.

Ebenfalls nicht in unseren engeren Freundeskreis sollten jene Männer geraten, die anlässlich eines kleinen Straßenfestes in der Rathenaustraße einen Fußballstand betreuten. Es gab eine Tormauer, auf die man schießen konnte, und das ließen wir uns natürlich nicht entgehen. Da ich ein sehr guter Fußballer war, baten mich einige Freunde, ein paar Kunststücke vorzuführen. Wie es sich ergab, fungierten die Standbetreuer in einem sehr angesagten und erfolgreichen Team als Scouts. Sie baten mich, doch mal vorbeizukommen und an einem Probetraining teilzunehmen, sie schenkten mir sogar einen Ball. Ich war überglücklich. Doch das Schicksal wollte es anders. Einer unserer Älteren sah, wie sich einer der vermeintlichen Scouts hinter der Tormauer einen Joint drehte. Grundsätzlich hatten wir ja kein Problem damit, doch dies war ein Straßenfest; hier waren Kinder anwesend. Die beiden gerieten in einen Streit, dann folgte das Unvermeidliche: Wie aus dem Nichts tauchte Andi auf mit seiner Faust und vergrub sie tief in das Gesicht des Scouts. Es kam zu einer wüsten Schlägerei, bei der wir die Männer letztlich mit Schlagringen und Teleskopschlägern malträtierten. Das Probetraining war damit erledigt.

In der Schule lief es währenddessen nicht besser. Ich befand mich eigentlich in allen Fächern auf der Kippe. Als Nächstes stand Mathe auf dem Klausurplan. Unmittelbar zuvor sollte es jedoch noch eine Unterredung mit Herrn Schumann geben, dem stellvertretenden Direktor der Schule. Es ging um einen Mülleimer und darum, wie dieser den Weg aus unserer Klasse auf den Pausenhof gefunden hatte. Serdar und ich hatten Bastian freundlich gebeten zu behaupten, er habe den Mülleimer aus dem Fenster geworfen, nicht wir. Und mit »freundlich gebeten« meine ich »gezwungen«, unter Androhung von Gewalt. Tatsächlich tat Bastian sein Bestes, manch ein deutscher Soap-Darsteller hätte sich von seinem schauspielerischen Talent noch eine Scheibe abschneiden können. Doch Herr Schumann war nicht überzeugt. Er wusste, wenn der arme Bastian in dieser Klasse etwas aus dem Fenster schmeißen würde, dann sicher keinen Mülleimer, sondern sich selbst. Aus purer Verzweiflung.

Herr Schumann redete mir ins Gewissen, beklagte meine schulischen Leistungen und sagte, ich würde weit unter meinen Möglichkeiten bleiben. Ja, würde ich nicht schon sehr bald deutlich mehr Gas geben, würde ich nicht versetzt werden. Direkt nach unserer Unterredung hätte ich bereits in Form der Mathe-Arbeit die Gelegenheit, ihm zu beweisen, dass ich mich wenigstens bemühen wollte. Dann wäre auch die Sache mit dem Mülleimer vergessen.

An sich war das natürlich kein schlechter Gedanke von Herrn Schumann. Dumm war nur, dass ich überhaupt nicht für die Arbeit gelernt hatte. Nicht, dass ich kein Interesse an Bruchrechnung gehabt hätte. Schon oft hatte ich mich in meiner Freizeit gefragt, was mein Gegenüber wohl nachhaltiger beeindruckt: der Bruch mehrerer Finger oder der seines Nasenbeins. Die Arithmetik der Straße sozusagen. Die war allerdings nicht Gegenstand der bevorstehenden Arbeit, also musste ich mir schnell etwas einfallen lassen. In der kleinen Pause rief ich Hashim an, einen Freund aus der Rathenaustraße. Ich sagte ihm, er solle in meiner Schule den Feueralarm betätigen, sobald ich ihm das Zeichen dazu gebe.

Als die Prüfung losging, wartete ich eine Weile, dann schnappte ich mir unterm Tisch mein Handy und klingelte bei Hashim durch. Wenige Sekunden später ging der ersehnte Feueralarm los. Alle mussten raus. Doch schnell war klar, dass es nirgendwo wirklich brannte. Also alle wieder rein. Die Prüfung wurde weiter geschrieben, und ich geriet langsam ins Schwitzen. Heimlich klingelte ich wieder Hashim an. Kurze Zeit später dröhnten erneut die Sirenen. Ich sprach meinen Lehrer an: »Herr Schumann, so kann ich mich wirklich nicht konzentrieren!«

»Sei ruhig, die stellen das ja gleich ab!«

Und so kam es dann auch. Die Schweine stellten den Alarm einfach ab. Wir hätten bei lebendigem Leibe verbrennen können. Was, wenn Hashim tatsächlich ein Feuer entdeckt oder eigens gelegt hätte? Wir wären alle dem Erstickungstod geweiht gewesen. So aber mussten wir weiter schreiben. Ich versuchte es noch mal bei Hashim, doch es passierte nichts. Die Uhr tickte gnadenlos, ich hatte ein ernsthaftes Problem. Dann plötzlich: wieder Feueralarm! Sie stellten ihn ab, doch keine 15 Sekunden ging bereits der nächste los. Auch er wurde umgehend abgestellt – und von dem nächsten abgelöst. Es hörte überhaupt nicht mehr auf. Kaum kehrte für ein paar Sekunden Ruhe ein, gingen die Sirenen von neuem los. Schließlich wurde die Klausur abgebrochen. Als wir durch die Flure gingen, sahen wir, dass alle Notschalter im gesamten Schulgebäude betätigt worden waren. Hashim hatte seinen Job wirklich ernst genommen. Keine Selbstverständlichkeit. Für Zuverlässigkeit war er nicht eben bekannt. Sein Spitzname Hashim rührte nämlich daher, dass er extrem viel Haschisch konsumierte. Er war einer der verrücktesten und gewissenslosesten Menschen, die ich je erlebt habe. Einmal brach er in eine Wohnung ein, wurde dabei vom Eigentümer erwischt und prügelte dann mit einem Hammer auf dessen Kopf ein, während dieser zu fliehen versuchte, bis der Mann im Treppenhaus zusammenbrach. Er überlebte. Aber es hätte genauso gut anders ausgehen können.

Sein Cousin Tony war ebenfalls nicht ohne. Auch er gehörte zum engeren Kreis unserer Truppe und lernte im Internet ein Mädchen kennen, mit dem er ein sexuelles Verhältnis einging. Irgendwann stellte sich allerdings heraus, dass sie minderjährig war. Ihre Brüder kamen hinter ihr Verhältnis und brachten Tonys Adresse in Erfahrung. Sie schlugen gegen die Wohnungstür, als die beiden gerade miteinander schliefen, woraufhin Tony reflexhaft reagierte und das nackte Mädchen in seine Küche warf. Diese war vollgepackt mit leeren Kartons, Tellern und Bergen von Klamotten. Er stopfte das Mädchen so tief hinein, wie er nur konnte, als ihre beiden Brüder bereits dabei waren, die Tür zu seiner Wohnung aufzubrechen. Er griff sich seine Pfefferspraydose, rannte auf die beiden Eindringlinge zu und sprühte sie damit voll. Während sie nach Luft schnappten, nahm er sich vor lauter Panik sein Bügeleisen und prügelte auf einen der beiden Brüder ein. Der andere unternahm einen Fluchtversuch, knallte dabei aber voll gegen die Wand, weil er noch immer nichts sah. Kurz darauf stürmte die Polizei die Wohnung: »WAFFE FALLEN LASSEN!«

Tony schrie: »ICH BIN HIER DOCH DAS OPFER, DIE HABEN MEINE TÜR EINGEBROCHEN!« Die Polizisten: »WO IST DAS ENTFÜHRTE MÄDCHEN?«

Anscheinend hatten die beiden Brüder die Polizei gerufen, bevor sie in die Wohnung kamen.

Tony ließ das Bügeleisen sinken und machte auf unschuldig: »Welches Mädchen? Ich habe keine Ahnung, wovon Sie reden.«

»Nach unseren Informationen liegt eine Entführung vor. Wo ist das Mädchen?«

Tony beschloss, vorerst zu schweigen. Die Bullen durchsuchten seine Wohnung, auch die Küche, machten sich aber nicht die Mühe, hinter den Sichtschutz aus ungewaschenen Tellern, Kartons, Pfandflaschen und Kleidung zu gucken. Sie wollten bereits wieder gehen und nahmen als letzte Amtshandlung in der Wohnungstür noch seine Personalien auf, als plötzlich ein leises Geräusch ertönte: »ppppprrrrrttt«. Aufgrund der ganzen Aufregung musste das Mädchen offenbar dringend furzen. Die Polizisten registrierten es, schauten von ihrem Notizblock hoch zu Tony und blickten ihn fragend an.

»Entschuldigung«, sagte der und hielt sich den Bauch. »Ich habe schlimme Magenschmerzen. Sie haben nicht zufällig eine Maaloxan oder so?«

Die Bullen glotzten nur verwirrt.

»Na gut«, sagte Tony, »notfalls nehme ich auch eine Rennie.«

Sie gaben ihm weder das eine noch das andere und zogen von dannen. Tony schloss die Tür. Wahrscheinlich machten er und das Mädchen genau da weiter, wo sie vor dem Besuch ihrer Brüder aufgehört hatten. Dagegen war ich fast schon brav, was das andere Geschlecht betraf. Zumindest am Anfang. Nach meinem Wachstumsschub, der moderneren Frisur und den gerichteten Zähnen kam ich bei den Mädchen mittlerweile deutlich besser an, um nicht zu sagen: sehr gut. Das bemerkte ich jedoch erst, als ich einen Freund in der Pestalozzi-Oberschule in Rudow besuchte. Rudow gehört ebenfalls zu Neukölln, liegt aber weit südlich und abseits des eigentlichen Kiezgeschehens.

Nach meiner kurzen Stippvisite an der Pestalozzi-Oberschule erhielt ich während der nächsten Tage gleich fünf Liebesbriefe von den verschiedensten Mädchen. Das war der Startschuss. Von da an tobte ich mich in der Frauenwelt richtig aus und wurde zu einem regelrechten Chauvinisten. Natürlich hatte ich meine Standards. Ich verabscheute zum Beispiel Mädchen, die auf Pferde standen. In jeder Klasse gibt es solche Mädchen, und unser Pferdemädchen hieß Pia. Sie hielt sich für die Allerbeste und brachte manchmal ihren Freund mit in die Schule, mit dem wir uns natürlich, halbstark wie wir waren, umgehend anlegten. Wieso? Weil er Deutscher war. Mehr Gründe brauchte es nicht. Also umzingelten wir ihn zu zehnt und gaben ihm Nackenschellen. Jedes Mal, wenn er sich umdrehte, schepperte es von der anderen Seite.

Einige Wochen später erzählte Pia einer Mitschülerin, wir hätten Glück gehabt, dass seine Freunde an dem Tag nicht dabei waren. Sonst hätten wir was erleben können. Das klang spannend, fanden wir. Eines Nachmittags versammelten wir uns also und statteten seiner Schule einen Besuch ab. Sie lag ganz in der Nähe. Bereits auf dem Weg dorthin schnappten wir uns die Schüler, die gerade auf dem Heimweg waren, und schlugen jeden, der nicht schnell genug auf der anderen Straßenseite war. Vor der Schule angekommen, warteten wir auf ihn. Doch keiner wusste mehr so recht, wie er aussah. Das war ein ernsthaftes Problem. Vor dem Haupteingang stand nämlich eine riesige Traube von Schülern, die sich voneinander in den Nachmittag verabschiedeten.

»Wir müssen sie einfach alle zusammenschlagen«, schlug Burak vor.

»Aber das sind mindestens fünfzig Leute«, wandte Micha ein.

»Du Opfer, das ist 'ne katholische Schule. Die haben eingepisst, bevor wir überhaupt in Schlagdistanz kommen.«

»In dem Fall, worauf warten wir?«

Wir griffen einfach pauschal jeden Schüler an, der vor der Tür stand. Er hätte schließlich unser Mann sein können. Auch ich schnappte mir beliebige Leute aus der Gruppe und verprügelte sie. Dann sah ich im Augenwinkel, wie die Faust des

Hausmeisters auf mich zuflog. Ich duckte mich, und er traf Micha voll ins Gesicht. Die beiden prügelten sich am Ende auf dem Boden liegend. Burak sah das Getümmel und trat auf Micha ein, da er ihn für einen der deutschen katholischen Schüler hielt. Micha rief: »Hey, ich bin einer von euch!«

»Halt die Schnauze«, erwiderte Burak. Dann überließ er die beiden Bio-Deutschen wieder sich selbst und ihrem Kampf um den Titel als bester Bodenringer. Als alles erledigt war, flohen wir in unterschiedliche Richtungen. Die ganze Sache hatte keine schwerwiegenden Folgen, hinterließ aber dennoch einen faden Beigeschmack. Denn am nächsten Tag erfuhr ich: Pias Freund ging gar nicht mehr auf diese Schule. – Uups.

Was hatten wir getan? So viele panische Katholiken auf einem Haufen hatte es vermutlich zuletzt gegeben, als die Janitscharen vor Konstantinopel standen. Ich hatte dann doch ein klitzekleines schlechtes Gewissen und nahm mir vor, mich künftig nur noch mit solchen zu befassen, die den Namen »Gegner« auch wirklich verdient hatten. Und ich musste nicht lange warten. Die nächste Möglichkeit ergab sich kurze Zeit später, als ich gemeinsam mit Erdem, den ich bereits aus dem Sandkasten kannte, am U-Bahnhof Friedrich-Engels-Straße rumhing. Zwei Eishockeyspieler standen in unserer Nähe, und einer der beiden trat plötzlich ein Stück Brot weg. Aus irgendeinem Grund konnte Erdem so etwas nicht leiden, Verschwendung von Lebensmitteln und so. Er ging auf die beiden zu und scheuerte ihnen eine. Quasi für das, was sie dem Brot angetan hatten. Die beiden schlugen zurück, nun hieß es zwei gegen zwei. Bis Benni kam. Er hatte uns zufällig entdeckt und zögerte naturgemäß nicht lange. Zu dritt drängten wir die beiden Eishockeyspieler zurück. Sie flohen und rannten schnurstracks auf eine McDonalds-Filiale zu, wir direkt hinter ihnen. Als sie die Eingangstür öffneten, trat ich dem einen ins Kreuz, woraufhin er fast bis zur Theke flog. Drinnen ging die Keilerei weiter. Und wie immer, wenn irgendwo die Fäuste flogen, war auch Andi plötzlich mittendrin statt nur dabei. Das dumpfe Geräusch eines Nierentritts schien so etwas wie sein persönliches »Bat-Signal« zu sein. Sobald er es hörte, machte er sich auf den Weg.

Nun versteht es sich von selbst, dass man sich in einer McDonalds-Filiale nicht lange ungestört prügeln kann. Somit war es nur eine Frage der Zeit, bis von Gästen und Personal ein Dutzend Notrufe abgesetzt waren und die ersten Sirenen ertönten. Wir flohen in einen Hinterhof in der Rathenaustraße. Nach rund dreißig Minuten wagten wir uns raus und wollten auf die gegenüberliegende Straßenseite zu unserem Freund Leroy, um uns bei ihm in der Wohnung zu verstecken. Leroy war mittlerweile gemeinsam mit Andi mein bester Freund und ist es auch heute noch. Er ist halb Afrikaner, halb Deutscher, trug damals einen riesigen Afro und hatte wie bereits erwähnt von uns allen den mit Abstand härtesten Punch. Ein bisschen sah er aus, als hätte jemand den Kopf von Jimmy Hendrix genommen und auf den Körper von Mike Tyson gesetzt. Als wir noch klein waren, griffen wir ihn einmal zu siebt an, nur so zum Spaß. Wir hatten trotzdem nicht die geringste Chance.

Er stammte für uns aus einer anderen Welt. Er besuchte die Abraham-Lincoln-Schule, eine der renommiertesten Schulen Berlins, mit Englisch als Unterrichtssprache. Von ihm hieß es immer, er würde es mal zu etwas bringen. Seine Mutter ließ ihn so gut wie nie vor die Tür, damit er für die Schule lernte. Der Leistungsdruck an seiner Schule war tatsächlich enorm. Während wir uns den lieben langen Tag vergnügten, war der Kraftprotz gezwungen, uns vom Fenster dabei zuzuschauen. Im Gegenzug hatte er allerdings eine Perspektive. Er war schlau – nicht unbedingt schlauer als ich oder einige andere aus der Gruppe, doch er war eben auf einer sehr guten Schule. Und sprach fließend Englisch. Die meisten anderen von uns sprachen nicht mal ihre eigene Muttersprache fließend, geschweige denn Deutsch. In jenem Augenblick jedoch war es vor allem die Lage seiner Wohnung, die ihn für Andi, Erdem und mich so wertvoll machte. Benni nahm von vornherein einen anderen Fluchtweg und war weg.

Wir rannten über die Straße, als wie aus dem Nichts ein Mannschaftswagen der Polizei auftauchte und mit Vollgas in unsere Richtung brauste. Wir flohen durch Leroys offenstehende Haustür in Richtung Hinterhof. Erdem sprang ins Gebüsch, während Andi und ich über einen Zaun kletterten, hinter dem ein Spielplatz lag. Beim Rüberklettern verlor ich einen Brief vom Arzt. An sich kein Drama – wenn sich nicht mein Name und meine Adresse auf dem Schreiben befunden hätten. Statt weiter hinter mir herzurennen wie die Blöden, müssten die Bullen also lediglich zu der angegebenen Adresse bummeln, um mich dort irgendwann in Empfang zu nehmen. Keine schöne Vorstellung. Und während Andi längst das Weite gesucht hatte, versuchte ich also, mit aller Macht an den Brief zu kommen, der nun auf der anderen Seite des Zaunes lag. Als ich ihn schließlich zu greifen bekam, hörte ich bereits die Schritte der heranstürmenden Polizisten. Ich schnappte den Umschlag und hastete die wenigen Schritte bis zum Spielplatz, wo ich mich auf der Rutsche niederließ.

Ein Polizist kam angerannt und sah mich völlig aus der Puste auf der Rutsche sitzen. Ich dachte: »Scheiße, jetzt ist es vorbei …« Der Polizist kam auf mich zu.

»Wohin ist er gerannt?«, fragte er. Ich verstand zuerst nicht, was er wollte. Dann begriff ich. Ich zeigte in irgendeine Richtung und sagte: »Dort lang, über den Zaun!«

Der Polizist bedankte sich und rannte weiter. Nach einer kurzen Verschnaufpause ging ich zurück zur Rathenaustraße und wähnte mich bereits in Sicherheit, als mich ein anderer Beamter ergriff und zum Einsatzwagen brachte. Dort warteten die beiden Eishockeyspieler und identifizierten mich. Andi lag schon mit dem Gesicht auf der Motorhaube. Erdem hatte es als einziger zu Leroy geschafft und sich bei ihm unterm Bett versteckt. Leroy seinerseits fand, ein bisschen Spaß muss sein und rief aus seinem Wohnungsfenster runter zu den Polizisten: »Er ist hier! Hier ist er, bei mir!«

Die Bullen fühlten sich wahrscheinlich verarscht, jedenfalls reagierten sie nicht. Erdem machte sich trotzdem fast in die Hosen. Denn die Polizei besaß aufgrund zahlreicher zurückliegender Sachen bereits sein Foto und seine Fingerabdrücke. Folglich konnten sie ihn auch im Nachhinein identifizieren und luden ihn vor Gericht. Ich saß an dem Tag bereits mit meinem Vater im Gerichtssaal, als Erdem reinkam. Mein Vater war wie immer sehr fein angezogen und hatte seine kleine Tasche dabei, in der er alle wichtigen Papiere aufbewahrte. Erdem hatte bis dahin weder meinen Vater noch dessen Tasche jemals zu Gesicht bekommen, weshalb er dachte, ich sei mit meinem Anwalt gekommen. Während der gesamten Verhandlung hatte ich mehr Angst, dass mein Vater austickt und mir während der Beschreibung der Schlägerei seitens der Opfer das erste Mal eine scheuert. Seine Hand war immerhin größer als mein Schädel. Letzten Endes wurden Andi und mir 60 Sozialstunden aufgebrummt, und Erdem bekam aufgrund seiner zahlreichen Delikte eine Bewährungsstrafe. Daheim angekommen verbot mein Vater mir jeglichen Umgang mit Erdem und Andi. Doch er wusste genauso gut wie ich, dass er es eh nie merken würde, wenn ich sie weiterhin treffen würde.

Der Gerichtssaal wurde zeitweilig zu einer Art zweiten Heimat, nicht selten auch zu unserer Bühne. In der Schule gab es in der Parallelklasse einen rumänischen Schüler, den wir »den Zigeuner« nannten. Nachdem er einige Male verprügelt worden war, kam eines Tages sein Vater in die Schule. Wir ließen uns aber nicht einschüchtern, und Tosun wurde ihm gegenüber ziemlich frech. Daraufhin zog der Mann seinen Autoschlüssel und verpasste Tosun einen dicken Kratzer im Gesicht. Das konnten wir nicht so stehen lassen. Also verprügelten wir den Mann und kassierten eine Anzeige. Später im Gerichtsaal machten wir die Verhandlung regelrecht zur Farce, weil wir uns über jeden Satz des Mannes schlapplachten. Er beherrschte die deutsche Sprache nicht mal ansatzweise, und das gaben wir ihm zu verstehen. Irgendwann hatten wir ihn so weit, dass er damit drohte, uns »abzustechen«. Diese Drohung in Anwesenheit eines Richters und eines Dutzend Zeugen auszusprechen war sicher nicht die allerklügste Idee. Wir kamen straffrei davon.

Später begannen die Probleme für einige von uns allerdings um einiges größer zu werden, auch für Leroy. Er hatte genau wie alle anderen in der Gruppe – mit Ausnahme von mir – vor geraumer Zeit mit dem Kiffen angefangen. Andi wiederum kannte ein bio-deutsches Paar, das Gras in großen Mengen verkaufte. Bei ihnen schien trotzdem nicht eitel Sonnenschein zu sein, denn aus irgendeinem Grund meinte die Frau eines Tages zu Andi: »Wenn du meinen Mann abziehst, springen locker zwei Kilo für dich raus.« So etwas ließ sich Andi nicht zwei Mal sagen. Warum die Frau ihren eigenen Mann verriet … das interessierte ihn nicht. Sie würde schon ihre Gründe haben. Vielleicht hatte er sein dreckiges Geschirr stehen lassen. Oder das Bong-Wasser nicht ausgewechselt. (Komischerweise nutzen Deutsche beim Kiffen immer irgendwelche Geräte: Bongs, Steigrohre, Eimer, was auch immer. Wohingegen Ausländer vorzugsweise klassische Tüten drehen. Anscheinend steckt die Freude an Technik so tief in der deutschen DNA, dass sie selbst beim Drogenkonsum einen auf Ingenieur machen.)

Andi rief uns jedenfalls an und gab uns alle relevanten

Eckdaten durch: die Adresse, das Vorgehen und so weiter. Er selbst konnte den Mann ja schlecht abziehen, wenn er künftig noch bei ihm kaufen wollte. Leroy und ich warteten also zum vereinbarten Zeitpunkt unten vor der Tür. Als sich der Mann gerade im Aufbruch befand, klingelte die Frau Andi auf dem Handy an, der wiederum uns anrief. Der Mann war kaum aus der Haustür, da haute ich ihm eine rechte Gerade an die Nasenwurzel, und er fiel um wie ein Baum. Leroy schnappte sich die Sporttasche, in der sich das Dope befand. Dann gingen wir in entgegengesetzte Richtungen die Straße runter. Eine Viertelstunde später trafen wir uns wieder, und Andi und Leroy teilten sich das Gras untereinander auf. Ich hatte einfach nur so mitgemacht, zum Spaß und weil die beiden eben meine Kumpels waren. Irgendwann verbrachte Leroy jedoch zunehmend mehr Zeit mit Leuten aus der Gang, die härtere Sachen nahmen. Wie Tilidin, ein Schmerzmittel, das Ärzte für gewöhnlich Krebskranken verabreichen. Es macht nahezu genauso süchtig wie Heroin. Um an »Tille« ranzukommen, raubten die Jungs Apotheken aus. Und da es in Neukölln zu der Zeit sehr viele tilidinabhängige Jugendliche gab, wurden die örtlichen Apotheken von einer regelrechten Raubzug-Welle heimgesucht. Obwohl Leroy sich bei den Raubzügen rausgehalten hat, rutschte er derart ab, dass er im Alter von 16 Jahren schließlich von der Abraham-Lincoln flog. Er wechselte auf eine Neuköllner Gesamtschule und flog am Ende sogar dort raus, um schließlich mit vollkommen leeren Händen dazustehen. Der Frust war entsprechend groß und seine Zündschnur wieder ein Stück kürzer. Als er mit Andi eines Nachmittags durch die Rathenaustraße lief, kamen sie an zwei deutschen Männern vorbei, die an einer Fensterbank standen und Bier tranken. Sie guckten Leroy laut seiner eigenen Aussage an als wäre er ein Stück Scheiße, vermutlich aufgrund seiner Hautfarbe. Andi sagte zu ihnen: »Habt ihr Probleme?« Noch im selben Moment kassierte er einen Schlag auf den Mund. Leroy zögerte keine Sekunde und verpasste dem Mann einen so kräftigen Faustschlag, dass er wie ein Stuntman in einem Bud-Spencer-Film in großem Bogen bis auf die Straße flog.

Andi stand da und spuckte das Blut aus. Dann lief er auf den anderen der beiden Männer zu und schlug ihm mit der Faust von hinten direkt auf die Schläfe. Der Mann versuchte zurückzuschlagen, doch Andi wich aus und holte erneut aus. Sein zweiter Schlag traf den Typen genau gegen das Kinn, woraufhin er der Länge nach umfiel. Er wollte sich gerade mit den Händen wieder vom Boden abstützen, als Andi ihm mit dem Vollspann direkt ins Gesicht trat. Der Tritt war so heftig, dass der Hinterkopf des Mannes auf den Asphalt klatschte und ihm das Blut aus dem Kopf lief. In der Zwischenzeit hatte Leroy den anderen Mann ebenfalls halbtot geschlagen. Anschließend liefen sie zu Dennis' Wohnung, wo sie sich versteckten und darauf warteten, dass der Staub sich legte.

Zufällig war ich mit meinem Bruder ebenfalls auf dem Weg zu ihm und kam nur wenige Sekunden später an der Stelle vorbei, wo der Kampf stattgefunden hatte. Ich sah die Männer auf dem Boden liegen, wusste aber nicht, wer sie so zugerichtet hatte. Als ich bei Dennis klingelte, platzte der direkt heraus: »Leroy und Andi sind hier, die haben gerade zwei Typen in der Rathenaustraße verprügelt!« Meine Augen blitzten auf. Hier bot sich die fabelhafte Möglichkeit, die beiden mal aufs Allerfeinste auf den Arm zu nehmen. Ich meinte zu Dennis: »Sag denen, dass die Bullen an der Tür stehen, nicht ich!«

Leroy und Andi hatten das Klingeln natürlich gehört und waren bereits leicht angespannt, als Dennis von der Tür zurück ins Zimmer kam, wo sich die beiden versteckten. Nach der Aussage: »Ihr seid gefickt!«, sprangen sie kurzerhand aus dem Fenster. Das bot sich an, da Dennis im Erdgeschoss wohnte. Doch sie wären vermutlich auch dann gesprungen, wenn die Wohnung im ersten Stock gelegen hätte. Sie rannten zur S-Bahn-Station, sprangen in die nächstbeste Bahn und flüchteten einfach möglichst weit vom Ort des Geschehens weg. Nach rund zwanzig Minuten waren sie in irgendeinem Berliner Randbezirk. Noch Jahre später erzählten sie davon und wie viel Glück sie damals hatten. Jedes Mal, wenn die Geschichte wieder auf den Tisch kam, habe ich mich innerlich schlappgelacht. Erst etliche Jahre später habe ich die Story aufgelöst.

Trotz allem kam es für Leroy und Andi wegen der Schlägerei zu einem Gerichtsverfahren, da sie im Nachhinein als Täter identifiziert worden waren. Wenn die Befürworter der Marihuana-Legalisation also als Argument anführen, Cannabis stimme einen im Gegensatz zu Alkohol friedlich, ist diese Story praktisch der Gegenbeweis. Denn auch Andi kiffte mittlerweile sehr häufig. Es änderte rein gar nichts an seinem Gewaltverhalten. Allerdings machte er einen weiten Bogen um »Tille« und beteiligte sich nicht an den Apotheken-Raubzügen, die bei vielen anderen inzwischen an der Tagesordnung waren. Mit der Zeit wurden immer größere Einbrüche daraus. Straßengangs, die zuvor verfeindet gewesen waren, fusionierten sogar allein zu diesem Zweck.

Betriebswirtschaftler sprechen in solchen Fällen gerne von Synergie-Effekten. Nur dass es bei jenen Fusionen weniger darum ging, Verwaltungsstrukturen abzubauen, als vielmehr darum, dass die einen nicht ausgerechnet dort einbrechen, wo die anderen den Abend zuvor bereits waren. Ein paar der damals Beteiligten brachten es später zu einiger Prominenz, als sie 2010 das Poker-Turnier in der Spielbank am Potsdamer Platz überfielen.

Ein filmreifer Coup, den wir in dieser Zeit abzogen, nahm seinen Anfang in einem Getränkeladen namens »Casino Getränke«, der in der Rathenaustraße lag. Hinten gab es einen Aufenthaltsraum, wo wir uns regelmäßig trafen und gemütlich auf der Couch rumlümmelten. Da es sich beim Casino um eine Art größeren Kiosk handelte, hingen stets viele deutsche Schlucker dort herum, wie zum Beispiel Peter. Peter war schlaksig, knapp zwei Meter groß und erweckte auf den ersten Blick den Anschein, als wäre er ein ganz normaler Hartz-4-Empfänger aus der Ecke. Hatte er aber erst mal die nötige Betriebstemperatur bzw. den erforderlichen Alkoholpegel erreicht, fing er damit an, den Anwesenden aus seinem Leben zu erzählen. Er berichtete von seinen Reisen nach Indonesien, zur Karibik und zur Copacabana. Anfänglich nahmen wir ihn nicht ernst, so stramm wie er war. Doch einige, die ihn von früher kannten, bestätigten seine Erzählungen von den Geschäften, die er gemacht hatte, oder von den steinreichen Frauen, die er flachgelegt oder mitunter sogar geheiratet hatte. Nicht zwangsläufig in dieser Reihenfolge, versteht sich.

Das Casino wurde derweil zunehmend zum Treffpunkt vielerlei ominöser Gestalten, und Peter beging eines Abends den Fehler, einer von ihnen von seinem geheimen Firmenstockwerk ganz in der Nähe zu erzählen, auf dem er angeblich auf mehreren hundert Quadratmetern Marihuana anbaute. Das sprach sich natürlich schnell rum, bis am Ende der ganze Laden Bescheid wusste. Nun kann man solche Sachen sicher in einem Kegelclub erzählen, ohne davon ausgehen zu müssen, dass einer auf krumme Gedanken kommt. Im Casino hingegen fanden krumme Gedanken den geradezu idealen Nährboden vor. Und wuchsen somit schnell zu ausgeklügelten Plänen heran. Folgerichtig hatten sich einige Tage später zwei Gruppen gebildet, die Peters Marihuana-Etage plündern wollten – jedoch ohne von den Plänen der jeweils anderen Gruppe zu wissen.

Die erste Gruppe ging direkt zu fraglichem Gebäude, um

die Tür aufzubrechen. Was ihr nicht gelang. Zeitgleich entfaltete sich jedoch der etwas elaboriertere Plan der zweiten Gruppe. Einer von Letzterer wusste, dass Peter immer seinen Schlüsselbund am Gürtel trug. Er engagierte eine Prostituierte, die Peter K.O.-Tropfen verabreichen sollte, was diese auch gewissenhaft tat. Nachdem Peter friedlich eingenickt war, schnappte sich die Nutte den Schlüsselbund und warf ihn aus dem Fenster, wo bereits die zweite Gruppe genau darauf wartete. Dann machten sie sich auf zu Peters Plantage. Und während sie unten die Tür aufschlossen, war die erste Gruppe oben immer noch mit der Tür beschäftigt. Von dort aus hörten sie das Türschloss und gerieten in Panik. Eine Panik, die nochmals zunahm, als sie begriffen, dass da mehr als einer die Treppe hochkam. Sie suchten nach geeigneten Verstecken, und als sich schließlich jeder irgendwohin verkrümelt hatte, erblickten sie, wer da plötzlich im selben Stockwerk stand: ihre guten Freunde aus dem Casino. Sie öffneten die Tür und beschlossen, alles fair aufzuteilen. Denn Peter hatte nicht übertrieben, es war genug für alle da und ging weit über den Eigenbedarf hinaus. Das Gras fand seinen Weg auf den Markt, und jeder der Jungs ging am Ende mit rund 15 000 Euro nach Hause. Beziehungsweise zurück ins Casino, wo auch Peter wieder hockte und sich einen hinter die Binde goss. Er wusste, was geschehen war. Wahrscheinlich aus Angst hat er aber nie auch nur ein einziges Wort gesagt. Ein bisschen tat er mir leid. Auf der anderen Seite: Sein Vorrat an Marihuana ging deutlich über den Eigenbedarf hinaus. Wären ihm statt einer Gruppe Jugendlicher die Bullen auf die Schliche gekommen, wären die Folgen noch wesentlich unerfreulicher gewesen. Im Grunde hatten sie ihm einen Gefallen getan.

Wir gammelten täglich auf den Straßen Neuköllns herum, und im Grunde ging es mit uns immer weiter bergab.

In der Schule bauten wir wie gewohnt Scheiße, und Herr Schumann kam uns dabei immer öfter auf die Schliche. Meistens war es Bastian, der uns verpfiff, doch auch Ufuk war ganz vorne mit dabei. Der Kerl verzapfte selbst extrem viel Mist, schleimte sich aber gleichzeitig aufs Übelste bei den Lehrern ein und schob die meisten seiner Taten dann auf uns. Ich konnte mir allerdings nicht wirklich einen weiteren Tadel leisten, da sich die Schlinge um meinen Hals immer fester zuzog. Einen Schulverweis konnte ich nicht gebrauchen. Ufuk musste daher dringend gebremst werden. Serdar und ich überlegten uns eine Lektion für ihn, die er so schnell nicht wieder vergessen würde. Wir druckten Hunderte Seiten aus, auf denen Hannibal Lecter zu sehen war, der kannibalistische Serienmörder aus dem Film *Das Schweigen der Lämmer* – mit einem entscheidenden Unterschied: Den Kopf des Kannibalen hatten wir durch den von Ufuk ersetzt. Diese modifizierte Version hingen wir über Nacht hundertfach in seiner gesamten Nachbarschaft auf. Als er am Tag darauf zur Schule kam, war er total aufgelöst: »Jungs, wisst ihr, was passiert ist? Irgendein Hurensohn hat überall in meiner Gegend Bilder von mir als Hannibal Lecter verteilt!«

»Was? Story!«, sagte Serdar mit gespieltem Entsetzen.

»Spinnt der?«, ergänzte ich. »Hast du eine Ahnung, wer das gewesen sein könnte?«

»Nein, kein Plan. Aber wenn ich den Bastard erwische, vallah, ich misshandel ihn!«

Ufuk gehörte selbst einer Gang in Wedding an und war kräftig und grob. Daher passten sein Geschleime und das Gepetze eigentlich gar nicht recht ins Bild. Doch er hatte nachweislich beides getan, somit verdiente er eine Bestrafung. In der folgenden Nacht wiederholten wir die Aktion also. Am nächsten Morgen erwarteten Ufuk erneut Hunderte kleine Poster mit seinem Konterfei auf dem Körper des wohl berühmtesten

Menschenfressers von allen, diesmal jedoch in der Schule. Wir hatten sie im gesamten Gebäude verteilt, selbst auf den Mädchentoiletten hatten wir welche angebracht. Das Spiel trieben wir mehrere Tage lang. Besonders Serdar blühte richtig auf. Sein Vorschlag war es auch, dass wir für Ufuk ein Profil für den Verkauf gebrauchter Autos im Internet anfertigen und seine Handynummer hinterlassen. Normalerweise gingen wir alles andere als gerne zur Schule, doch während dieser Zeit konnten wir es kaum abwarten, bis der nächste Schultag begann. Wir freuten uns auf Ufuks Reaktion wie Kinder auf Weihnachten. Nach der Gebrauchtwagenaktion kam er morgens zur Schule und schrie: »Alter, ich kriege Anrufe von hundert Leuten, die alle irgendeinen BMW für 800 Euro von mir haben wollen. WAS ZUR HÖLLE IST HIER LOS?«

Er drehte komplett am Rad. Ich ließ irgendwann von dem Ganzen ab, weil es mich langweilte, doch Serdar machte tüchtig weiter, man erkannte ihn kaum wieder. So verteilte er Ufuks neue Nummer an irgendwelche Leute, die ihn anonym belästigen sollten. Als die Sache schließlich aufhörte, lustig zu sein und bedenkliche Züge annahm, bat ich Serdar, aufzuhören. Selbst für uns ging das mittlerweile zu weit. Wie sich kurze Zeit später herausstellte, kam meine Intervention zu spät. Ufuk litt unter Verfolgungswahn und wurde eingewiesen. Wir besuchten ihn in der Klinik, trauten uns jedoch nicht, ihm mitzuteilen, dass wir hinter all dem steckten. Vor allem Serdar fürchtete sich, denn er hatte das teuflische Spiel ja noch sehr lange getrieben. Schon als ich längst ausgestiegen war, hatte er mit seinem Freund Apostolos weiterhin Seiten mit Ufuk alias Hannibal Lecter gedruckt und sie überall in dessen Umfeld aufgehängt. Was als kleiner spaßiger Racheakt begann, wurde zu einem richtigen Trauma für den armen Kerl.

Nach unserem Besuch in der Klinik hatte ich das Gefühl, Serdar war sich ebenfalls bewusst, dass er es krass übertrieben hatte. Doch ich sollte mich täuschen. Serdar und Apostolos statteten Ufuk eines Tages erneut einen Besuch ab in der Klinik und brachten ihm Essen und Getränke mit. In das Getränk hatten sie zuvor allerdings Abführmittel gegeben. Ufuk kam den ganzen Tag nicht mehr von der Schüssel runter. Er muss sich gefühlt und von hinten ausgesehen haben wie eine Senseo-Kaffeemaschine im Dauerbetrieb. Als ich davon hörte, überredete ich die Jungs, es nun gut sein zu lassen. Das Ganze hatte endgültig Dimensionen angenommen, die völlig unverhältnismäßig waren. Mochte Ufuk auch eine elendige kleine Petze gewesen sein, diesen Terror hatten weder seine Psyche noch sein Magen-Darm-Trakt verdient. Die beiden ließen also von ihm ab, und Ufuk konnte sich endlich erholen, sodass bald alles wieder seinen gewohnten Lauf nahm. Nur dass er von nun an nicht mehr ganz so vorlaut war und sogar aus seiner Weddinger Gang austrat. Vielleicht war die Aktion in Ansätzen doch nicht ganz so schlecht. Wer weiß, was ihm sonst noch alles zugestoßen wäre? Das Leben in einer Straßengang ist nicht wie Ferien auf dem Ponyhof. Es sei denn, das Pony tritt feste aus, dann kommt es unter Umständen auf dasselbe raus. Nein, im Grunde ist die Straße dann sogar der bessere Ort, dort kann man wenigstens zurückschlagen. Niemand würde schließlich ein Pony hauen. Gewisse Dinge macht man einfach nicht.

In den Sommerferien ergab es sich dann, dass ein enger Freund mich eines Abends anrief und bat, für seinen Bruder zu beten. Dieser war soeben an den Folgen einer schweren Erkrankung verstorben. Ein Kribbeln durchzog meinen ganzen Körper, bis hin zu den Fingerspitzen. Ich ging sofort mit der Gang zu ihm nach Hause. Freunde und Verwandte waren bereits versammelt. Es war mitten in der Nacht, und der Imam (der Vater eines guten Freundes aus der Gang) betete laut für die Seele des kleinen Jungen. Auf dem Rückweg schwiegen einige der Gang und waren in sich gekehrt, andere sprachen miteinander, um das Ganze zu verarbeiten, darunter auch ich. Wir alle hatten ihn gut gekannt und mitbekommen, wie unser Freund während der letzten Wochen jeden Tag mindestens einmal im Krankenhaus gewesen war, um bei seinem kleinen Bruder zu sein. Es hatte ihn völlig fertig gemacht.

Bereits während dieses Gesprächs auf dem Heimweg wurde uns klar, dass wir etwas verändern mussten. Der Tod des kleinen Bruders machte uns schmerzhaft deutlich, dass wir nicht unverwundbar waren. Nicht unsterblich. Unsere Zeit auf Erden war begrenzt. Und das Leben zu kurz, um es zu vergeuden. Tatsächlich gab es in den nächsten Wochen kaum Schlägereien oder Messerstechereien. Auch keine Überfälle. Nur die tilidinsüchtigen unter den Jungs drehten ein paar Dinger, um an ihren Stoff zu kommen. Der Rest hielt sich zurück.

Doch mir war klar, dass diese Besinnung nicht bei allen von langer Dauer sein würde. Die meisten würden eine Zeit lang über ihr Leben nachdenken und am Ende doch wieder zum Bekannten zurückkehren. Zu ihnen wollte ich nicht gehören.

Kapitel 4

Sinneswandel

Ich wollte nicht wieder in die alten Gewohnheiten abrutschen. Nach der Ansprache des Imam am Totenbett des kleinen Bruder meines Freundes nahm ich mir vor, meinem Dasein eine andere Richtung zu geben. Sein Tod und das Leid, das seine Familie dadurch erlitt, wollten mir nicht mehr aus dem Kopf gehen. Das Leben an sich war so wertvoll, und wir traten es tagtäglich mit Füßen, im wahrsten Sinne des Wortes. Wenn ich an die ganzen Schlägereien dachte, die wir schon grundlos angezettelt hatten, an all die hemmungslose Gewalt, da kroch plötzlich so etwas wie Ekel in mir hoch. Ekel vor mir selbst. Durch was rechtfertigten wir eigentlich unser Handeln? Sicher, wir fühlten uns ausgeschlossen von einer Gesellschaft, deren Ordnung wir im Gegenzug nicht respektieren. Und dass jeder Strafrichter in uns das personifizierte Böse sah, war klar. Doch wie stand es um die Schuld, die nicht Sache der irdischen Rechtsprechung war? Jene Schuld, die wir uns als Menschen aufgeladen hatten, nicht als Gegenstände der Justiz. Motiviert durch das, was der Imam im Rahmen der Beisetzung gesagt hatte, begann ich, mich zum ersten Mal in meinem Leben wirklich mit dem Islam auseinanderzusetzen. Seine Worte über das Leben, über Mitmenschlichkeit, Hilfsbereitschaft, Liebe und Hass, haben mich sehr bewegt. Vor Augen geführt zu bekommen, dass das Leben jederzeit vorbei sein könnte und uns Gott in vielen Fällen nicht vergibt, wenn die Menschen es nicht tun, hat etwas ganz

Grundlegendes in meinem Denken verändert. Hin und wieder besuchte ich von nun an die Moschee. Dort lernte ich unter anderem, dass durch Alkoholkonsum weder die Gebete noch das Fasten anerkannt werden. Ich war froh, dass ich dem Alkohol bereits abgeschworen hatte. Auch lernte ich durch die Besuche der Freitagsgebete meine Eltern verstehen und wurde ihnen gegenüber geduldiger. Ich war noch immer kein Unschuldslamm, schlug aber wenigstens niemandem mehr ins Gesicht, nur weil er mir dumm kam. Streit ging ich nun so weit wie möglich aus dem Weg. Der Imam lehrte mich, dass man keinem Menschen Schaden zufügen dürfe, egal ob Muslim oder nicht. Alle Menschen sind gleich.

In Bezug auf mein eigenes Dasein begriff ich, dass ich etwas aus mir machen musste. Das Leben ist ein Geschenk, das man nicht einfach achtlos in die Ecke wirft. Zwar war es immer noch mein größter Traum, Fußballer zu werden, doch ich wollte auch in der Schule mehr Gas geben. Schließlich wusste ich, wozu ich imstande war. Ich hatte weit mehr drauf, als meine bisherigen schulischen Leistungen es vermuten ließen, daran hatte ich keine Zweifel. Vorerst aber waren Sommerferien. Und so suchte ich mir fürs Erste einen neuen Verein, um auch beim Fußball einen Neustart zu machen. Es gibt einen Verein in Kreuzberg, der stets mein Wunschkandidat gewesen war. Nachdem wir das Straßenfest in der Rathenaustraße aber dazu genutzt hatten, den Scouts von gerade diesem Verein hinter der Torwand die schlimmsten Prügel ihres Lebens zu verpassen, hatte ich dort vermutlich nicht die allerbesten Karten. Somit versuchte ich mein Glück in einem Neuköllner Oberliga-Verein.

Ich startete voll durch und erspielte mir bereits nach kurzer Zeit einen Stammplatz. Der Trainer war begeistert und prophezeite mir direkt eine glänzende Karriere. Es tat gut, das zu hören. Wenn ich mich zusammenriss und nicht wieder in alte

Muster verfiel, bestand also Hoffnung, mein Leben später nicht als Schuldeneintreiber bestreiten zu müssen – wenngleich das natürlich ein relativ krisensicherer Job ist. Und Referenzen hatte ich schließlich auch einige vorzuweisen.

Nach den Sommerferien wollte ich mein Bestes tun, um ordentliche Noten zu bekommen. Doch bis dahin galt es wie gewohnt, irgendwie die Zeit totzuschlagen. Dank Spielkonsolen und DVD-Playern war das in der Regel kein größeres Problem. Doch eines Abends waren wir gezwungen, uns eine Alternative zu überlegen. Es muss etwa gegen Mitternacht gewesen sein, die meisten der Jungs waren schon daheim, nur Andi und ich waren noch übrig. Andi hatte Stress mit seiner Mutter und konnte nicht nach Hause. Zu mir zu gehen war keine Option, da mein Vater etwas dagegen hatte, dass die Jungs aus der Gang bei uns abhingen. Er wusste zwar nicht genau, was da ablief, doch aufgrund der Anzeigen, die ins Haus flatterten, konnte er es sich halbwegs vorstellen. Ich wollte Andi aber auch nicht sich selbst und der totalen Langeweile überlassen. Also versprach ich ihm, mit ihm draußen zu bleiben und die Nacht irgendwie rumzukriegen. Wir beschlossen, in die Hasenheide zu gehen und zu gucken, ob der Rummel noch geöffnet hatte. Leider war dem nicht so. Wir wollten gerade wieder kehrtmachen, da kamen uns zwei angetrunkene Männer entgegen. Weil der Rummel dicht hatte und wir noch immer nach einem Zeitvertreib suchten, stellten die beiden für uns natürlich eine gewisse Verlockung dar. Andi verarschte sie also, und kurz darauf stritten wir ein wenig mit ihnen. Wie sich herausstellte, waren die beiden jedoch nicht allein unterwegs. Denn plötzlich kamen wie aus dem Nichts zehn bis fünfzehn Männer auf uns zugerannt, weshalb wir umgehend das Weite suchten und in einen schmalen Park rannten. Darin war es so dunkel, dass sie uns nicht finden würden. Allerdings verloren wir uns deshalb aus den Augen. Und als ich wieder zur Straße gelangte, sah ich von Andi keine Spur. Stattdessen erblickte ich auf der anderen Straßenseite zwei Punks, die auf dem Boden hockten und tranken. Ich ging zu ihnen rüber und fragte sie, ob ein Deutscher an ihnen vorbeigekommen war.

»Du weißt schon, in welchem Land wir hier sind, oder?«, fragte mich einer der Punks. »Hier kommen ständig Deutsche vorbei. Viel zu viele, wenn du mich fragst. Verdammte Faschos.«

Ich wollte ihm gerade eine Personenbeschreibung von Andi liefern, als mich ein komisches Gefühl beschlich. Wie ein kalter Schauer. Irgendwas war da hinter mir aus dem Park gekommen, das nun in meinem peripheren Gesichtsfeld auftauchte. Ich drehte mich um – und erstarrte. Vor mir stand eine alte Frau mit langen verfilzten Haaren. Ihre Kleidung erinnerte an die einer Hexe, wirkte dabei aber fast schon postapokalyptisch. Viele verschiedene Materialien waren darin zu erkennen, sowohl die Felle verschiedener Tiere als auch beträchtliche Mengen Alufolie. Hut und Besen suchte man indes vergebens, was die Erscheinung jedoch nicht weniger beängstigend machte. Sie kam auf mich zu, während sie mir direkt in die Augen sah und meinen Blick fixierte. Sie erschien mir komplett psycho, fast so wie die Kleine aus *Der Exorzist*. Als sie nur noch zwei, drei Meter von mir entfernt war, fing sie an, etwas vor sich hin zu brabbeln, was wie ein Fluch klang. Ich war noch immer starr vor Schreck. Da hörte ich den Punk zu seinem Kumpel sagen: »Alter, guck … Ozzy Osbourne!«

Ich erwachte aus meiner Schockstarre, sah mich kurz um und dachte noch kurz: Haust du ihr eine rein? Denn damals ging das Gerücht um, dass eine weinende Frau bei irgendwelchen Leuten klingelt und diese dann mit einer Spritze bedroht. Aber eine alte Frau schlagen … ganz egal, wie unheimlich sie ist … das ging nicht, also rannte ich tatsächlich los. Immer die Hauptstraße entlang, auf eine große Kreuzung zu. Da sah ich plötzlich Andi kommen. Er war ebenfalls so schnell, als renne er um sein Leben. Ich rief ihm zu, und wir trafen uns mitten auf der Kreuzung. »Yiğit«, sagte er völlig aus der Puste, »du glaubst nicht, was mir gerade passiert ist. Ich laufe aus dem Park, stehe so an der Straße rum, um mich zu orientieren, als ich mit einem Mal das Gefühl bekomme, mich umdrehen zu müssen. Und da steht plötzlich diese alte Frau vor mir. Sie schaut mir direkt in die Augen, kommt dabei immer näher und faselt irgendeinen wirren Scheiß.«

Andi und ich hatten exakt dasselbe erlebt, obwohl wir an völlig verschiedenen Orten gewesen waren. Ich beschloss, es ihm nicht zu erzählen, weil er sowieso schon total panisch war. Da zitterten wir also, zwei Jugendliche, die sich selbst sieben oder acht verfeindeten Gangmitgliedern gleichzeitig stellten, wegen einer unheimlichen, kleinen Frau. Wir gingen zur »neuen Schule«, wo wir auf dem Dach der Turnhalle warteten, bis es wieder hell wurde. Am nächsten Morgen machten wir uns etwas übermüdet auf den Weg nach Hause, ich hatte eindeutig schon besser geschlafen. Männer in der Überzahl, die mich verprügeln wollten, war ich ja gewohnt. Doch eine alte Frau, die Flüche absondert und aussieht wie ein Black-Metal-Interpret aus der Zukunft – die hinterließ einen nachhaltigen Eindruck. Hätte ich einen Hang zur Esoterik gehabt, hätte ich das vermutlich als Zeichen gedeutet. So aber packte ich die Alte einfach in die Kategorie derer, die im Leben offenkundig irgendwann mal eine falsche Abbiegung genommen haben. Um sich anschließend komplett zu verfahren.

Nach einem ausführlichen Nickerchen trank ich einen Kaffee mit meiner Mutter. Wir bekamen einen immer besseren Draht zueinander. Ich berichtete ihr sogar von einigen einschlägigen Erlebnissen, die hinter mir lagen und von denen nicht wenige mit Gewalt zu tun hatten. Auch erzählte ich ihr von dem, was der Tod meines kleinen Freundes in mir ausgelöst hatte. Von meinem Vorsatz, meinem Leben eine andere Richtung zu geben. Stets hörte sie geduldig zu und ließ mich spüren, dass sie bei allem, was ich tat, hinter mir stehen und mich mit aller Kraft unterstützen würde.

Ich wusste das über alle Maßen zu schätzen. Gleichzeitig wurde mir während der zahlreichen Zwiegespräche beim Kaffee eines immer bewusster: Der einzige Mensch in meinem Umfeld, der wirklich etwas ausrichten konnte, war nicht meine Mutter. Der einzige Mensch, der tatsächlich etwas verändern konnte, saß meiner Mutter gegenüber.

Es lag allein an mir.

Kapitel 5

Durchstarten

In der neunten Klasse hieß es nun, das Vorhaben in die Tat umzusetzen. Ich ging von da an öfter in die Schule. Noch nicht jeden Tag, schließlich hatte man ja auch sonst noch so das eine oder andere zu tun. Dennoch war die Veränderung zu spüren, nicht zuletzt für meine Jungs. Denn selbst in der Freizeit spielte ich mittlerweile fast ausschließlich Fußball und ging nicht mehr so häufig in die Rathenaustraße. Der Rest der Gang war mittlerweile nahezu komplett wieder zum alten Leben zurückgekehrt, und es ging aufs Härteste weiter.

Immer wieder riefen mich die Jungs an und fragten, ob ich helfen könne. Dabei ging es nicht um Hilfe beim Umzug oder eine Packung Eier für den Kuchen. Nein, es ging dabei natürlich um handfeste Schlägereien, einmal sogar um die Entführung eines Typen. Da ich jedoch dankend ablehnte, erfuhr ich auch nie Näheres, außer dass die ganze Operation aufflog und drei unserer Jungs im Knast landeten. Hin und wieder kam es zwar vor, dass ich mich prügelte, schließlich lebte ich in Neukölln, nicht in Berlin-Steglitz. Allein die Leute, die noch eine alte Rechnung offen hatten, waren so zahlreich und nachtragend, dass ich mich nicht von heute auf morgen in totalem Gewaltverzicht üben konnte. Das hätte unter Umständen nicht weniger als den Tod bedeutet. Hätte sich rumgesprochen, dass ich plötzlich einen auf Mahatma Gandhi machte, wären sie gekommen wie die Bienen zum Honig. Somit musste ich die

Klatsche von Zeit zu Zeit schon noch rausholen, allerdings mit einem zunehmend mulmigen Gefühl. Ich hatte mittlerweile begriffen, dass Gewalt nicht der richtige Weg war. Ganz ohne würde es in dieser Umgebung von heute auf morgen nicht gehen. Doch ich setzte sie jetzt sehr viel dosierter ein. Und ohne dem Anderen einen Anlass zu geben, seinerseits erneut nach Rache zu sinnen.Wenn jemand es darauf anlegte, bekam er zwar zuerst einen Schlag in die Nieren, anschließend aber auch direkt ein Gesprächsangebot. Nahm er dieses Angebot nicht sofort an, sondern holte zum Gegenschlag aus, erhielt er von mir ein weiteres Gesprächsangebot auf die zweite Niere. Und wer sich mal den Daumen in der Tür eingequetscht hat, der wird verstehen: Wenn sich der gesamte Oberkörper anfühlt wie dieser gequetschte Daumen, entsteht schnell eine gewisse Dialogbereitschaft. Den Leuten nicht mehr ins Gesicht zu schlagen hatte somit zwei entscheidende Vorteile: Erstens wurden sie nicht über Gebühr gedemütigt, zweitens wurden sie nicht durch einen gebrochenen Kiefer an weiteren Verhandlungen gehindert.

Ich bemühte mich sogar, pünktlich zum Unterricht zu erscheinen, was an sich schon eine immense Herausforderung war, weil ich morgens große Schwierigkeiten mit dem Aufwachen hatte. Also kaufte meine Mutter mir eine Apparatur mit einem Sensor, die man unter seinen Wecker stellte. Sobald der Wecker klingelte, erhielt der Sensor ein Signal, und die Apparatur gab Sirenengeräusche und Blaulicht von sich. Ich schlief tatsächlich manchmal trotzdem weiter, ohne etwas von diesem kleinen Inferno mitzukriegen. Vielleicht hatte ich mich einfach schon zu sehr an Sirenen und Blaulicht gewöhnt.

Mit meinen Eltern verstand ich mich nun immer besser, nicht zuletzt weil ich bessere Noten mit nach Hause brachte, was vor allem meine Mutter beglückte. Doch auch mein Vater wusste meine schulischen Leistungen zu würdigen. Er setzte sich neben der Arbeit stark für die Rechte von Türken in Deutschland ein, zum Beispiel was die Teilnahme an Kommunalwahlen oder Ähnliches betraf. Ungebildete Landsmänner erschwerten ihm sein Engagement hier nur unnötig, da sie der Gegenseite argumentativ in die Karten spielten. Er wusste somit um die Bedeutung einer guten Schulbildung und war sehr glücklich über meine Entwicklung.

Zwischen Schule und dem Fußballtraining ging ich weiterhin in die Moschee, um mehr über den Koran zu erfahren, was meine Eltern zusätzlich freute. Ich tauschte mich mit Freunden aus, die ebenfalls in die Moschee gingen; es war eine vollkommen andere Welt. Die Menschen gingen dort respektvoller und höflicher miteinander um, doch niemals distanziert. Sie waren brüderlich im besten Sinne des Wortes. Das blieb nicht ohne Wirkung auf mich. Ich wurde immer gemäßigter und nahm mir vieles von dem, was ich in der Moschee hörte, zu Herzen, vor allem auch mit Hinblick auf das Verhältnis zu meinen Eltern, das sich dadurch stetig verbesserte. Ich las viel über den Propheten Mohammed, Friede und Segen seien auf ihm. Zu meiner Lektüre zählten unter anderem Biografien von Mohammed, die von Mahatma Gandhi und Lesley Hazleton verfasst worden waren. Ich wollte begreifen, wie über einen Menschen, der es nach Einschätzung des amerikanischen Historikers und Buchautors Michael H. Hart immerhin auf Platz eins der »100 einflussreichsten Persönlichkeiten der Menschheitsgeschichte« brachte, in den Medien derart schlecht gesprochen werden konnte. Das gleichnamige Buch und insbesondere die Spitzenpositionierung Mohammeds – noch vor Isaac Newton, Jesus von Nazareth oder Buddha – hatte bei seiner Erstveröffentlichung im Jahr 1978 starke Diskussionen ausgelöst. Michael H. Hart hatte seine Rangliste damals mit den Worten kommentiert: »Dass ich Mohammed die Liste der hundert einflussreichsten Personen der Weltgeschichte anführen lasse, wird einige Leser überraschen und durch andere in Frage gestellt werden. Aber er war der einzige Mann in der Geschichte, der sowohl auf religiösem als auch auf weltlichem Gebiet höchst erfolgreich war.«

Gleichwohl wird der Prophet immer wieder von religiösen Fanatikern vereinnahmt, die ihre Sicht auf die Welt rechtfertigen und ihre teilweise gräuelhaften Taten zu legitimieren suchen. Ich wollte verstehen, wo dieses Verhalten herrührt. Lässt es sich wirklich auf die Religion zurückzuführen oder hat es seinen Ursprung nicht doch ganz woanders? Auch was mich selbst betraf, ergaben sich plötzlich Fragen, mit denen ich mich bis dahin nie wirklich auseinandergesetzt hatte: Ich wurde zwar als Muslim geboren, doch war dies ein hinreichender Grund dafür, nach den Wertvorstellungen des Islams zu leben?

So wuchs mein Interesse an meiner Religion zunehmend, und ich erfuhr schließlich eine große innere Ruhe, als der Imam mir erklärte, dass ein Muslim einerseits dieses Leben durchaus auskosten dürfe, ohne dabei anderen oder sich selbst zu schaden. Anderseits solle er aber auch nie vergessen, dass ein Leben nach dem Tod existiert. Zwar gäbe es Menschen, die das anders sehen, doch auch ihre Meinung verdiene den gleichen Respekt und die gleiche Achtung. So hätte es uns der letzte Prophet des Islam vorgelebt. Von diesen Aspekten des Islam und der ihm innewohnenden Toleranz hört man in den Massenmedien leider nicht sehr viel. Selbst für mich war das alles noch recht neu. Doch je mehr ich mich mit dem Islam beschäftigte, desto mehr erfüllten mich seine Leitsätze. Anfangs nur sporadisch, später immer mehr. Mein Alltag blieb ausreichend turbulent, um mir den spirituellen Blick über den Tellerrand zu versperren. Die meisten Schüler randalierten in der Schule nach wie vor, sobald sich die kleinste Gelegenheit dazu bot. Nur ich hielt mich zunehmend öfter raus, natürlich nicht ohne eine gewisse Verwunderung hervorzurufen.

»Yiğit, was ist mit dir passiert?«, war etwas, was ich damals beinahe täglich zu hören bekam.

»Gar nichts«, antwortete ich. »Kümmer dich um deinen eigenen Scheiß.« Das Missionieren war nicht mein Ding. Dennoch ging meine eigene Abkehr von Gewalt in der Zwischenzeit so weit, dass ich sogar aufhörte, in den Pausen »Tunneln« zu spielen. Bei diesem Spiel wird eine Dose hin und her geschossen mit dem Ziel, jemandem durch die Beine zu treffen. Gelingt es, darf der Getunnelte so lange verprügelt werden, bis er einen vorher definierten Stützpunkt erreicht und diesen berührt.

Selbstverständlich wurde meine neue Friedfertigkeit zuweilen ernsthaft auf die Probe gestellt. Zur damaligen Zeit waren zum Beispiel Witze über die eigene Mutter schwer angesagt, Sprüche wie »Deine Mutter ist wie ein Senfglas, jeder darf mal sein Würstchen reinstecken« oder »Deine Mutter ist wie ein Edding: dick, schwarz und stinkt immer nach Alkohol«. In der Regel wusste jeder, bei wem man derlei Witze anbringen konnte und bei wem man es besser sein lässt, wenn man die eigene Mutter noch mal wiedersehen möchte. Ich gehörte aufgrund meiner Vergangenheit in der Gang zweifellos zur zweiten Gruppe. Trotzdem meinte ein Junge eines Tages, einen entsprechenden Spruch auf meine Kosten machen zu müssen. Zu seiner Verteidigung sei gesagt, dass er neu auf der Schule war. Doch wie lautet die schöne deutsche Volksweisheit? Unwissenheit schützt vor Strafe nicht.

Der Junge sagte jedenfalls: »Yiğits Mutter ist so fett, wenn sie am Strand liegt, schiebt Greenpeace sie wieder zurück ins Meer!« Er sah sich um und wartete auf allgemeines Gelächter. Doch niemand lachte. Alle blickten ihn nur geschockt an. Dann wanderten die Blicke rüber zu mir. Jeder wusste, was jetzt normalerweise passieren würde. Auch der Junge schien instinktiv zu begreifen, dass Unheil drohte. Während er mich bange ansah, entwich ihm innerhalb weniger Sekunden jegliche Farbe aus dem Gesicht. Ich ging auf ihn zu, packte ihn fest am Ohr und zog ihn nach draußen. Dort führten wir ein ernsthaftes Gespräch.

»Wie heißt du?«, fragte ich ihn, während ich ihn weiter am Ohr festhielt.

»Mark.«

»Okay, Mark. Du bist neu hier, richtig?«

Er nickte. Sein Ohr, das sich noch fest in meinem Griff befand, konnte die Kopfbewegung gezwungenermaßen nicht mitmachen, weshalb er einen kurzen Grunzlaut von sich gab und ihm dann die Tränen in die Augen schossen.

»Ich würde vorschlagen, du sprichst, anstatt zu nicken. Sonst reißt du dir am Ende noch selbst das Ohr ab. Also nochmal: Du bist neu hier, richtig?«

»Ja«, wimmerte er.

»Dann will ich dir ein bisschen was über mich erzählen, da die anderen das ja offensichtlich noch nicht getan haben. Mein Name ist Yiğit. Unter normalen Umständen würdest du jetzt mit zwei gebrochenen Beinen hier liegen. Aber ich habe mir selbst etwas versprochen und deshalb sage ich dir nur ein einziges Mal: Kein Wort mehr über meine Mutter oder die Mutter jedes anderen. Ich werde dein Ohr gleich wieder loslassen. Anschließend werde ich dich gehen lassen. Auf zwei gesunden Beinen. Wärst du damit einverstanden?«

Mark nickte, erneut zu Lasten seines Ohres. Wieder wimmerte er wie ein Hund.

»Was habe ich dir zum Thema Nicken gesagt?«

»Ich soll es lassen.«

»Genau.«

Ich ließ sein Ohr los. Wegen seines wiederholten Nickens sah das arme Ding mittlerweile aus wie eine matschige Tomate. Wenn man bedenkt, wie dieselbe Situation nur ein viertel Jahr zuvor für Mark ausgegangen wäre, ließ sich das gerade Geschehene durchaus als Erfolg verbuchen. Sehr wahrscheinlich sprach ich zu gegebener Zeit auch nicht wirklich in vollen Sätzen, aber wer weiß schon so genau, wie er vor über zehn Jahren gesprochen hatte. Und wer weiß, vielleicht lag es an der vielen freigewordenen Energie, dass mir mit einem Mal sogar der Unterricht Spaß machte. Er begann, meinen sportlichen Ehrgeiz zu wecken. Es gefiel mir, gute Noten zu bekommen, und ich nahm jetzt am Unterricht teil, so gut ich konnte. Auf diese Weise verging nicht nur die Zeit bis zum Fußballtraining schneller, es hagelte auch bald schon die ersten Zweien. Der schöne Nebeneffekt: Die Elternabende hatten ihren Schrecken komplett verloren. Als wieder einer anstand, erzählte ich meinen Eltern zum ersten Mal freiwillig davon. Und da ich bereits die ersten sehr guten Noten hingelegt hatte, wurde meine Mutter auf diesem Elternabend mit einer Nachricht konfrontiert, die sie sich sicher nicht zu träumen gewagt hatte: »Wenn Yiğit so weitermacht, wird er sogar noch das Abitur packen.« Doch damit nicht genug. Während dieser überraschend erfreulichen Ansage meines Klassenlehrers stieß außerdem mein Erdkundelehrer dazu und sagte zu meinen Eltern: »Oh, Yiğit Muk … Alles gut, Sie brauchen gar nicht erst zu mir zu kommen. Einer meiner besten Schüler! – Aber geben Sie ihm Baldrian, er regt sich recht schnell auf.« Dann schmunzelte er und ging wieder. Meine Eltern saßen regungslos da. Als hätten sie eine Erscheinung gehabt. Meine Mutter kam strahlend nach Hause und konnte über nichts anderes mehr sprechen.

Als wir schließlich unsere Halbjahreszeugnisse bekamen, war ich Jahrgangsbester. Ich wusste zwar immer noch nicht, was ich mal werden wollte, doch es bereitete mir einfach Freude, meine Mutter glücklich zu machen. Wenn gute Noten dies erreichten, dann bitte schön. Und sie waren schließlich auch eine Art sportlicher Erfolg, der mir sehr gut gefiel. Wobei mir der echte sportliche Erfolg weiterhin mehr bedeutete. So wurde ich beispielsweise beim Neuköllner Waldlauf über fünf Kilometer Erster und brach den Rekord. Das waren die Dinge, die mich beglückten. Auch beim Fußball lief es mittlerweile fantastisch. Mein Trainer teilte mir mit, dass einige Profi-Teams ihre Fühler nach mir ausstreckten. Alles entwickelte sich zum Besten, zumindest bei mir.

Einigen der anderen Jungs erging es weniger gut. Leroy litt mittlerweile an einer ausgewachsenen Tilidinsucht und wurde zudem Vater, nicht die allerbeste Kombination. Hakan kam aufgrund früherer Delikte ins Gefängnis und begann sich im Laufe der Zeit ebenfalls dem Islam zu nähern, wurde aber nach seiner Haft regelrecht fanatisch. Nach einigen Jahren gelang es ihm zum Glück, sich dem Einfluss der Fanatiker zu entziehen, und er mäßigte sich wieder. Bis heute rät er jedem in seinem Umfeld: »Leute, lernt den Islam nicht aus dem Internet! Das ist nicht gut für euch. Schlagt lieber den Koran auf und Bücher von anerkannten Gelehrten.«

Kapitel 6

Schleudergefahr

Während des Fußballtrainings machten wir regelmäßig Ausdauertraining, und ich war bekannt als bester Läufer der Liga. Doch seit kurzem stieg meine Temperatur jedes Mal stark an, nachdem ich längere Läufe absolviert hatte. Wenige Zeit später schwollen zusätzlich noch meine Mandeln an, und meine Lymphknoten vergrößerten sich. Ich suchte meine Hausärztin auf. Sie diagnostizierte Diphterie. Ich bekam Antibiotika verschrieben, und laut meiner Hausärztin würde damit alles wieder gut werden. Doch das wurde es nicht. Es wurde alles nur noch schlimmer. Meine Mandeln waren zeitweilig so groß wie Tennisbälle, auch meine Temperatur stieg immer wieder kräftig an. Ich ging also zu einem anderen Arzt. Dieser versicherte mir, dass die zuvor verschriebenen Medikamente nicht die richtigen gewesen seien, und ersetzte sie durch ein anderes Antibiotikum. Also nahm ich seines. Und auch seines änderte nichts an meinem Zustand. Nach fünf Ärzten in mehreren Wochen war von Besserung keine Spur. Mein Leben glich dem eines Laboraffen: Die einzige Abwechslung bestand darin, ständig neue Medikamente einzunehmen.

Als schließlich mein gesamtes Gesicht aufgequollen war wie das von Axel Schulz nach einem Kampf um die Weltmeisterschaft im Schwergewicht, ergriff mein Vater die Initiative und brachte mich ins nahgelegene Neuköllner Krankenhaus. Nach langem Warten kümmerte sich irgendwann ein Arzt um mich.

Er maß meine Temperatur und rief meinem Vater dann spöttisch zu: »Dat is doch nur Fieber! Muss dit denn jetzt wirklich sein, ihn deswegen ins Krankenhaus zu bringen?«

Mein Vater entgegnete: »Ich bringe ihn nach Hause. Aber wenn diesem Jungen etwas zustößt, dann ist Ihr Krankenhaus am Ende.«

Wir gingen, und am nächsten Tag stieg mein Fieber nochmals an. Auf 40,7 Grad. Meine Eltern brachten mich ins Urbankrankenhaus, welches in Kreuzberg liegt, dem Nachbarbezirk von Neukölln. Der Arzt untersuchte mich eingehend, bevor er uns seine nüchterne Diagnose mitteilte: EBV. »Mein Kumpel hat das«, sagte ich, halb im Delirium, »in seinem 3er BMW.« Der Arzt blieb ernst: »EBV steht für Epstein-Barr-Virus. Nicht für Elektronische Bremskraftverteilung.« Ich schluckte. Schwierig genug mit Mandeln, so groß wie Granatäpfel.

»Wir verabreichen ihm Penicillin«, fuhr der Arzt fort. »Oder er wird nicht mehr lange leben.« Normalerweise endet EBV nicht tödlich, doch durch die falschen Medikamente und vor allem durch die schiere Menge davon hatte das Ganze mittlerweile eine äußerst kritische Form angenommen. Als die Schwellung meiner Mandeln dann während der nächsten Tage zurückging und auch das Fieber nachließ, schöpfte ich Hoffnung, dass alles überstanden sei und ich das Fußballtraining wieder aufnehmen konnte. Doch die Viren waren offenbar in Richtung Leber und Milz gewandert. Denn nun schwollen diese Organe so dramatisch an, dass sie drohten zu reißen oder zu platzen, wenn ich mich zu viel oder auf die falsche Art bewegte. Der Arzt empfahl mir, die nächsten Wochen viel Zeit im Bett zu verbringen.

Ich war also zur totalen Regungslosigkeit verdammt und lag täglich 24 Stunden in meinem Zimmer herum. Nach einigen Tagen stand ich zum ersten Mal auf und ging eine Weile in der Wohnung umher. Doch beim leisesten Stechen in der Leberregion legte ich mich sofort wieder hin. An Fußball war nicht mal im Entferntesten zu denken. Auch fehlte ich zwangsläufig viele Wochen in der Schule. Als ich schließlich endlich wieder zum Unterricht gehen konnte, war die Klasse im Lehrstoff natürlich sehr weit vorgerückt. Uneinholbar für mich. Ich kam nicht mal mehr ansatzweise mit. Ich langweilte mich wieder zu Tode, ganz wie in alten Zeiten. Mit dem entscheidenden Unterschied, dass ich diesmal lernen wollte, aber nicht konnte. Regelmäßig ging ich vorzeitig nach Hause, um mich hinzulegen. Beim leisesten Stechen im Körper blieb ich morgens direkt daheim und fragte mich: Sind es die Mandeln? Sind es die Nieren? Oder nur die Mercimek Köftesi? In zu hohen Dosen bewirkt das Linsengericht derartige Blähungen, dass häufig unklar ist, ob man nun stirbt oder abhebt. Die Mercimek Köftesi wären zweifellos die beste aller Varianten gewesen. Im schlimmsten Falle aber waren die Viren zu einem weiteren Organ gewandert. Allein der Gedanke an diese Möglichkeit paralysierte mich. Meine Leistungen brachen derart ein, dass unklar war, ob ich das zweite Halbjahr überhaupt bestehen und in die zehnte Klasse versetzt werden würde. Wenn ich zum dritten Mal sitzenblieb, würde ich endgültig ohne Abschluss dastehen. Ich gab mir also allergrößte Mühe, den Stoff nachzuholen und die Arbeiten gut zu schreiben, doch beim leisesten Schmerz brach ich ab.

Dass speziell mein Deutschlehrer zudem Zweifel an meiner Geschichte hegte, machte die Sache nicht besser. Sein Name tut hier nichts zu Sache, wir nannten ihn ohnehin nur »Lulatsch«, weil er lang und dünn war und immer Birkenstocklatschen trug, die so groß waren wie Schneeschuhe. Im Grunde sah er aus wie ein Storch, nur dass er keine Kinder brachte, sondern schlechte Noten. Ich erhielt von ihm eine Fünf im Mündlichen. Sein Kommentar dazu: »Mit EBV brauchst du mir gar nicht zu kommen. Das haben Frauen ab vierzig. Wikipedia ist anscheinend ein zu langes Wort, um es stoned zu tippen.«

Daraufhin rechnete ich sämtliche meiner zu erwartenden Noten genau aus. Es gab in diesem Jahr eine Reform, nach der vierzig Prozent der Note des ersten Halbjahres mit in die Note des zweiten Halbjahres einfließen mussten. Das war neu und im konkreten Fall grundsätzlich von Vorteil für mich. Doch wie sehr ich auch rumrechnete, es lief immer auf dasselbe Ergebnis hinaus: Ich hatte einfach eine Fünf zu viel. Damit würde ich die Versetzung nicht packen. Denn zu der Fünf in Deutsch gesellte sich noch eine in dem Fach Arbeitslehre/Berufsorientierung. Da fiel mir plötzlich ein, dass mein Praktikumsordner aus dem ersten Halbjahr in diesem Fach noch gar nicht bewertet worden war! Ich hatte ein Schülerpraktikum bei einem Steuerberater gemacht. Zwar hatte ich den ganzen Tag mit Solitaire und Minesweeper zugebracht, doch weil ich den Berater auch persönlich gut kannte, hatte ich von ihm eine sehr gute Beurteilung erhalten. Außerdem hatte ich mein Berichtsheft sehr sorgfältig geführt. Tatsächlich schaffte ich allein durch diesen Praktikumsordner in Arbeitslehre schließlich den Sprung von einer Fünf auf eine Vier. Ich packte die Versetzung. Trotzdem beschloss ich, die Schule zu wechseln. Mein Deutschlehrer war nicht der einzige Pädagoge dort, der glaubte, ich hätte die Erkrankung nur erfunden.

Egal, dachte ich mir. Neue Schule, neue Mädchen. In Punkto Aggressivität und Gewalttätigkeit mochte ich mich gebessert haben, ein Chauvi aber blieb ich.

Kapitel 7

Bergung

Mein Plan war es, zur Albert-Einstein-Schule zu wechseln, also ging ich gemeinsam mit meinem Freund Ugur dorthin, um mich anzumelden. Auf dem Weg kamen uns viele Schülerinnen entgegen, die gerade auf dem Heimweg waren. Keine Einzige von ihnen war hübsch. Da erinnerte ich mich plötzlich an meine Kurzvisite an der Pestalozzi-Oberschule und die Liebesbriefe, die meinem Besuch gefolgt waren. Wenn ich schon die Schule wechselte, dachte ich mir, dann kann es auch gleich eine sein, an der a) nachweislich hübsche Mädchen zu finden sind und b) ich bereits einen guten ersten Eindruck bei der Damenwelt hinterlassen habe. Einem spätpubertären Neuköllner erscheinen diese Auswahlkriterien logisch. Ich drehte somit auf halbem Weg um und machte mich auf nach Süd-Neukölln, wo ich mich an der Pestalozzi-Oberschule anmeldete. Man muss Prioritäten setzen. Erst recht jetzt, wo ich das Leben wieder in seiner ganzen Fülle genießen konnte. Meine Leber schmerzte mittlerweile nämlich nur noch manchmal in der Früh, und ich konnte mich weitgehend wieder frei bewegen. Die Ärzte erlaubten mir außerdem, auch wieder langsam mit dem Sport zu beginnen.

Was den Fußball betraf, hegte ich allerdings keine allzu großen Hoffnungen. Immerhin war ich inzwischen bereits fast 18 Jahre alt und war zirka sechs Monate außer Gefecht gesetzt gewesen. Von nun an würde es sehr schwer werden, so in Form zu kommen, dass ich das Interesse eines guten Teams wecken würde, zumal ich gerade in der Anfangszeit sehr langsam und vorsichtig vorgehen müsste. Im Grunde war es aussichtslos. Ich hätte allein mehrere Monate gebraucht, um den Trainingsrückstand aufzuholen. Der Traum von der Fußballkarriere hatte sich damit erledigt. Heutzutage muss man halt schon mit 17, spätestens 18 entdeckt worden sein. Stattdessen entschied ich mich, es mit Kraftsport zu versuchen. Auf die Art würde ich wenigstens zunehmen und nicht mehr ganz so dünn daherkommen. Ugur, mein Begleiter auf dem Weg zur Albert-Einstein-Schule und einer meiner engsten Freunde, betrieb extrem viel Fitnesstraining. Er war in der 4. Klasse schon 1,88 Meter groß, und die Frauen flogen ihm zu. Wenn ich schon meine Schule nach diesem Kriterium auswählte, warum nicht auch meine sportliche Betätigung? Auf Fußballer stehen Frauen ohnehin nur, wenn sie in der Bundesliga spielen oder zumindest eine vage Chance darauf besteht. Als Regionalliga- oder Kreisklassespieler hat man bei Frauen kaum bessere Chancen als jeder x-beliebige unsportliche Bürokaufmann. Letzterer ist am Sonntag wenigstens zu Hause. Ich bat Ugur also darum, mich zum Training mitzunehmen.

Nach den ersten Übungen merkte er, dass ich trotz meiner Statur überaus kräftig war. Zwar platzten die Adern beinahe aus meiner Haut, und mein Trizeps war kaum größer als ein Chicken McNugget, dennoch war meine Muskulatur so definiert wie die eines Bodybuilders. Alle, denen ich von dem Training mit Ugur erzählte, sagten: »Zieh es durch und nimm zu! Bei der Definition deiner Muskulatur wirst du einen tollen Body kriegen!« Das zu hören spornte mich natürlich an. Ich ging also weiter ins Studio, blieb aber vorsichtig, um Leber und Milz nicht übermäßig zu gefährden. Nach Aussage der Ärzte konnte EBV jederzeit zurückkehren, wenn man es einmal hatte.

Dann stand der erste Unterrichtstag an der Pestalozzi-Oberschule an. Ich war aufgeregt. An der Schule gab es fast nur

Deutsche, was neu für mich war und nicht unbedingt euphorische Freude in mir auslöste. Zu oft schon hatten sie mich wie einen Menschen zweiter Klasse behandelt. Doch der Imam hatte mich gelehrt, dass es die Pflicht eines Muslim ist, alle Menschen gut zu behandeln. Oder um es in unseren eigenen Worten auszudrücken: Deutsche sind nicht zwangsweise »Opfa«.

Ich war kein Unbekannter an der neuen Schule. Die meisten wussten, wer ich war, und kannten mich aus meiner Zeit als aktives R44-Mitglied. Der Respekt basierte somit auf Gegenseitigkeit: Ich sah die Deutschen nicht mehr als Opfer, sie mich aber als potenziellen Täter. Für den Anfang konnte ich gut damit leben. Nur was den Lehrstoff betraf, spürte ich nach wie vor große Defizite. Inmitten der anderen Schüler fühlte ich mich im Unterricht, als hätte ich eine Amnesie erlitten und wüsste weder, welches Jahr wir haben, noch in welcher Stadt wir uns befinden. Ich wünschte, es wäre tatsächlich so gewesen. »Binomische Formeln? Tut mir leid, Herr Lehrer, das muss vor meinem Unfall gewesen sein. Ich kann mich an nichts erinnern.«

Und als wären die schulischen Nachwirkungen der EBV-Erkrankung nicht genug, verspürte ich nach einigen Wochen auch wieder zunehmend starke Leberschmerzen. Erneut musste ich mit Schule und Sport unfreiwillig aussetzen. War ich dennoch mal im Unterricht anwesend, konnte ich kaum etwas beitragen. Das entging den Lehrern nicht. Meine Deutsch- und Englisch-Lehrerin – ausgesprochen hübsch, doch böse wie der Beelzebub persönlich und streng wie Harzer Käse – drückte mir mit einem süßen Lächeln eine Sechs nach der anderen rein.

Anders als an meiner alten Schule musste man hier zudem ein Attest abgeben, wenn man den Unterricht versäumte. Das war vor allem hinsichtlich des Chemie-Unterrichts ein ernsthaftes Problem. Denn wenn mich hier die Leberschmerzen ereilten – was beinahe jede Stunde vorkam –, waren diese in der Regel nur vorgetäuscht. Der Chemie-Unterricht war der einzige Anlass, bei dem ich meine Erkrankung gezielt zu meinen Gunsten ausnutzte. Andernfalls hätte neben Leber und Milz auch noch mein Hirn Schaden genommen. Herr Sonnenberg, unser Chemie-Lehrer, sprach stets so unfassbar langsam, wenige Minuten in seinem Unterricht fühlten sich ungelogen an wie ganze Tage. Mir war regelmäßig so langweilig, dass ich fürchtete, mein Herz würde aufhören zu schlagen, wenn ich ihm nur noch eine einzige Minute länger zuhörte. In solchen Fälle inszenierte ich eine akute Leberzirrhose und ging nach Hause. Beim Rausgehen rief er mir nach: »Aber Sie brauchen ein Attest, Herr Muk«, doch erstens war ich beim Ende dieses Satzes schon fast daheim und zweitens kannte ich Dr. Bas.

Betrat man die Praxis des Arztes in Neukölln, war die erste Frage, die Dr. Bas einem stellte: »Von wann bis wann?« Gemeint war die Krankschreibung. Das gefiel mir. Ich wurde also ein wiederkehrender Gast in seiner Praxis. In Summe verbrachte ich wahrscheinlich mehr Zeit in seinem Wartezimmer als die Yucca-Palme in der Ecke, die irgendwann während meiner zahlreichen Besuche abtransportiert wurde. Offenbar war sie die Einzige in der Praxis, die ernsthafte gesundheitliche Probleme hatte.

Gerne hätte ich mal Adrian mit in die Praxis genommen. Vielleicht hätte Dr. Bas etwas an seinem Zustand ändern können. Adrians Verhalten war jedenfalls pathologisch, daran bestand für mich und den Rest der Klasse kein Zweifel. Er musste irgendeine schlimme Krankheit haben, bei der sich jegliche Selbstachtung in Schleim auflöst. Vielleicht eine Autoimmunerkrankung. Oder ein Virus. Er war so ein widerlicher Schleimer, dass man wirklich Angst haben musste, sich bei ihm anzustecken und eines Morgens ohne Rückgrat aufzuwachen. Die Symptome waren für Außenstehende kaum zu ertragen. »Das ist wirklich eine tolle Uhr, die Sie da umhaben, Herr Rüppel. Wo haben Sie die denn her? Ich würde meinem Vater gerne dieselbe holen.«

»Du Missgeburt«, hätte man ihm am liebsten zugerufen, »dein Vater verdient keine Uhr. Wenn du ihm was Sinnvolles schenken willst, mach ihm einen Termin für die Vasektomie. Damit ihm so was wie du nie wieder passiert.«

Als Herr Rüppel uns eines Vormittags die mündlichen Noten in Mathe bekanntgab, fragte er uns zuvor noch, welche Note wir denn erwarteten. Oder wie wir uns selber einschätzten. Bei mir machte er eine Ausnahme. Mir knallte er, ohne mich zu fragen, eine Fünf rein. Ganz nüchtern. Doch als er bei Adrian ankam, fragte er diesen natürlich nach seiner Selbsteinschätzung: »Na Adrian, was stellst du dir denn so vor?« Adrian dachte nach und antwortete dann mit einer Bescheidenheit, wie sie künstlicher kaum sein konnte: »Hm, also ich würde sagen, so eine Eins Minus oder Zwei Plus?« Herr Rüppel überlegte kurz und meinte anschließend: »Das sehe ich anders. Für mich bist du ganz klar …« Adrians Augen weiteten sich voller Vorfreude. Er konnte sein erwartungsfrohes Grinsen kaum noch verbergen, als Herr Rüppel weitersprach: »… ganz klar im Dreier-Bereich.«

Adrian entglitten die Gesichtszüge. Seine Visage sah aus wie die einer französischen Bulldogge: die Ohren gespitzt, aber alles unterhalb der Stirn ein Opfer der Schwerkraft. André kommentierte von der Seite: »Tja, Adrian. Da musst du wohl noch etwas tiefer reinkriechen, was? Unschön. Echt unschön.« Die Gerechtigkeit hatte für einen kurzen Augenblick gesiegt. Nach dieser Nummer fand ich meine Fünf nur noch halb so dramatisch. Auch wenn meine schulische Gesamtsituation natürlich wenig Anlass zur Freude bot.

Das einzige Fach, bei dem ich trotz meiner Erkrankung zur unangefochtenen Spitze zählte, war Sport. Zumindest wenn ich halbwegs fit war. Herr Möhring, der Lehrer, unterrichtete bei uns außerdem Ethik. Er war durchaus okay und schien etwas mehr von uns zu halten als seine werten Kollegen. Leider war er ein bisschen rassistisch, wie sich herausstellte. Eines Tages ging es nämlich aus irgendeinem Grund im Ethik-Unterricht um den türkischen Film *Tal der Wölfe*. Auf die Frage, ob er den Film gesehen habe, lautete seine unmissverständliche Antwort: »Diesen Drrrrrecksssstürkenfilm schaue ich mir nicht an! Den haben Dreckstürken gedreht.« Ich hatte diese Animosität bis dahin nicht unbedingt zu spüren bekommen. Vielleicht glaubte er, ich wäre nicht türkischer Herkunft, sondern einfach nur ein Riesenfan von Selbstbräuner. Und Namen sagen ja ohnehin nichts mehr in Zeiten, in denen Eltern ihre Kinder notfalls nach den Städten benennen, in denen sie den Nachwuchs zeugten.

Sehr viel schlimmer war Herr Rüppel. Er stellte mir wirklich ein Bein, wo er nur konnte. Er machte mir dermaßen das Leben schwer, dass ich mich sogar genötigt sah, den Schuldirektor über sein unfaires Verhalten mir gegenüber zu informieren. Der Direktor schien der einzige Mensch im Kollegium zu sein, der über ein Mindestmaß an Verständnis für die Befindlichkeiten der Schüler sowie über einen gesunden Menschenverstand verfügte. (Herr Möhring, mein Sport- und Ethik-Lehrer, war einigermaßen nah dran, disqualifizierte sich aber durch sein Verhältnis zum türkischen Kino.)

Gleichwohl legte der Direktor mir nahe, dass ich an den Problemen mit Herrn Rüppel vielleicht auch eine gewisse Mitschuld trage. Und ich musste ihm recht geben. Sicher hatte ich Herrn Rüppel das Leben auch nicht immer leicht gemacht, indem ich ihm bei jeder sich bietenden Gelegenheit die Stirn bot. Ich versuchte in der Folge also, den ersten Schritt auf ihn zuzugehen und verhielt mich weniger vorlaut, was unsere Beziehung tatsächlich etwas entspannte. Bis dann eine erneute Aktion seinerseits alles wieder über den Haufen warf: Nachdem ich im zweiten Halbjahr wieder regelmäßig zum Sport gehen und längere Strecken laufen konnte, fragte mich mein Sportlehrer Herr

Möhring, ob ich beim Waldlauf über fünf Kilometer teilnehmen wollte. Schließlich war ich eine Art Titelverteidiger. Ich versprach ihm, es zu versuchen und wurde tatsächlich erneut Erster, woraufhin ich zum Berlin Finale eingeladen wurde – zumindest hätte ich eingeladen werden sollen. Doch aus unerfindlichen Gründen kam meine Teilnehmerkarte nie bei mir an. Als das Finale immer näherrückte und wir nur noch einen Tag Zeit hatten, die Karte aufzutreiben, suchte einer der anderen Sportlehrer das halbe Schulgebäude danach ab und fragte jeden Kollegen, ob die Karte versehentlich bei ihm aufgetaucht sei. Selbst Herr Rüppel wurde nochmals darauf hingewiesen, dass er die Karte eigentlich hätte bekommen müssen, um sie an mich weiterzuleiten. Angeblich wusste er nichts davon.

Schließlich fand der Sportlehrer die Karte in Rüppels Mülleimer! Als Erstes rief der Lehrer mich heraus, um mir die Karte zu geben. Dann wandte er sich in meinem Beisein an Herrn Rüppel und fragte ihn, was das denn solle. Der grinste mich lediglich breit an und sagte: »Was willst du denn bei dem Rennen? Lern lieber Mathe!« Angeblich hatte er die Teilnahmekarte für Werbung gehalten.

Am nächsten Tag war das Finale. Obwohl meine Leber am Morgen leicht gestochen hatte, nahm ich an dem Rennen teil. Mein Vater begleitete mich. Als ich hörte, dass auch professionelle Läufer unter den Teilnehmern waren, stieg meine Aufregung ins Unermessliche. Diese waren unschwer zu erkennen, bei einer Größe von 1,60 und Waden wie Roberto Carlos. Die besten Voraussetzungen für einen Dauerläufer. Der Startschuss fiel, und ich rannte los, als ginge es um mein Leben. Ich war bis unter die Stirn mit Adrenalin vollgepumpt. Als wäre Krieg und dies die alles entscheidende Schlacht. An der ersten Kurve rutschte einer der anderen Teilnehmer direkt vor mir aus und fiel hin. Ich packte ihn, zog ihn hoch und rief: »LAUF WEITER!« Erst nach dem Rennen fragte ich mich, was ich mir dabei eigentlich gedacht hatte. Immerhin war dies ein Wettbewerb! Wie auch immer, der »Gefallene« bedankte sich anschließend sehr herzlich bei mir für meine Hilfe, somit hatte ich wenigstens eine gute Tat vollbracht.

Die letzten 400 Meter des Laufs führten in ein Stadion, wo viele Menschen auf den Zieleinlauf warteten und hauptsächlich die Profi-Läufer anfeuerten. Ich hatte das Ziel bereits vor Augen. Zwischen mir und meinem Vordermann lagen rund fünfzig Meter, während mir von hinten ein anderer ganz dicht auf den Fersen war und ich damit rechnete, dass er mich jeden Moment überholen würde. Plötzlich hörte ich in dem ganzen Getümmel meinen Vater: »YIIGGGIIIITTTT … YYYYIIIGGGIIIITTT …« Ich mobilisierte die letzten Kräfte, überholte mit dem finalen Sprint sogar noch meinen Vordermann und wurde 14. von allen Berliner Schulen. Ich war mehr als glücklich. Ich war so lange nicht mehr gelaufen. Morgens noch hatte meine Leber geschmerzt, und ich war unsicher, ob ich das Richtige tat. Doch seit dem Startschuss hatte sie keinen Mucks von sich gegeben. Zum ersten Mal seit langer, langer Zeit hatte ich die Erkrankung vollkommen vergessen. Während ich im Ziel wieder zu Kräften kam und um mich herum der allgemeine Jubel toste, horchte ich in meinen Körper hinein.

Alles war muksmäuschenstill.

Kapitel 8

Zielformulierung

Als das zweite Halbjahr so gut wie überstanden war, kamen drei hübsche Mädchen aus dem nahegelegenen Gymnasium in unser Klassenzimmer und machten eine kleine Umfrage. Sie fragten: »Wer von euch hat vor, nach dem mittleren Schulabschluss das Abitur zu machen?«

Stille.

Abitur, so die verbreitete Ansicht, war etwas für Mädchen, die in ihrer Freizeit Pferde striegelten, und Streber. Nerds, die nach Schulschluss zuerst brav ihre Hausaufgaben machten und dann Apps programmierten, mit denen sie ihren Luftbefeuchter fernsteuern konnten oder so was. Hauptsache, sie mussten sich nicht von ihrem geliebten Schreibtisch entfernen. Auf der Straße überlebten sie keine zwei Minuten, ohne von irgendwem verprügelt zu werden. Oder auf irgendwas allergisch zu reagieren, Pollen, Haselnüsse, Sonnenstrahlen, was weiß ich. Wären die Evolution und die natürliche Auslese etwas weniger schwerfällig, diese Jungs würden keine zwei Sommer erleben.

Und für die meisten unserer Eltern, darunter auch mein alter Herr, war das Abitur ohnehin die reinste Zeitverschwendung auf dem Weg zum Broterwerb. Solide Berufe erforderten seiner Ansicht nach kein Abitur. Kfz-Mechaniker, Elektriker, Klempner. Er hatte damit natürlich nicht vollkommen unrecht. Wenn eines Tages die großen Zombiekriege ausbrechen,

Menschheit und Zivilisation nahezu ausgelöscht werden, dann sind PR-Referenten überflüssig. Nicht aber funktionierende Toiletten. Und wenn auf diesen dann sogar noch Licht brennt, Bingo! Der Klempner ist der neue Steve Jobs.

Davon ausgehend, dass bis zur Postapokalypse aber noch ein bisschen Wasser die Spree runterfließt, wäre es schon traumhaft gewesen, die allgemeine Hochschulreife zu erlangen. Auf die Frage der Gymnasiastinnen, wer von uns später Abitur machen wolle, meldete ich mich also. Auch wenn ich nicht leugnen will, dass die Attraktivität der Mädchen ihren Anteil an meiner Reaktion gehabt haben mag, so um die 99 Prozent. Auf keinen Fall mehr. Außer mir meldete sich noch Laura. Trotzdem schaute Herr Rüppel ausschließlich in meine Richtung. Mit so viel Spott, wie sein verbittertes Wesen nur irgendwie hervorzubringen vermochte, rief er: »Duuu?«

Ich erwiderte: »Ja, ich!« Wir verstanden uns wirklich kein bisschen.

Am Ende überraschte ich sie alle – und schaffte nicht mal den erweiterten Hauptschulabschluss. Ich kam also selbst nicht umhin zu bemerken, dass zwischen Wunsch und Wirklichkeit tatsächlich immer noch eine gewisse Diskrepanz bestand. Ich hatte es einfach nicht geschafft, meine Lücken im Lehrstoff zu füllen. Und die Lehrer hatten offenbar auch nicht vor, mich zu ermutigen oder gar zu motivieren. Meine Noten waren zu schlecht, und so wurde ich auch nicht zur Prüfung für den mittleren Schulabschluss (MSA) zugelassen. Den Realschulabschluss konnte ich mir demnach abschminken. Nicht einmal den erweiterten Hauptschulabschluss hatte ich gepackt. Er hätte es mir unter bestimmten Voraussetzungen wenigstens erlaubt, weiterführende Schulen wie die Berufsfachschule zu besuchen. Im Gegensatz zum qualifizierenden Hauptschulabschluss, wie es ihn in einigen anderen Bundesländern gibt, erhält man den erweiterten Hauptschulabschluss ohne zusätzliche Prüfung. Entscheidend ist der Notendurchschnitt. Ich hatte mir außerdem sagen lassen, dass auch die Lehrer einen gewissen Einfluss auf diese Entscheidung hätten. Doch es sollte nicht sein. Die Berufsfachschulen dieser Stadt mussten vorerst auf mich verzichten. Da stand ich nun mit meinem einfachen Hauptschulabschluss. Wie es meiner Mutter dabei ging, kann man sich vorstellen. Kaum war ich auf die richtige Bahn gekommen, hatte ich den Weg wieder verloren. Bei einem gemeinsamen Kaffee erzählte sie mir, dass sie sich nichts im Leben mehr gewünscht hätte, als dass eines ihrer Kinder Abitur machte. Ich erwiderte: »Anne (Mama auf Türkisch), mach dir keine Sorgen, das Abitur wird schon noch kommen. Es dauert eben etwas länger.« Zwar hatte ich selbst schon immer meine Zweifel, wollte sie davon aber nichts spüren lassen. Sie hatte es in ihrem Leben schwer genug gehabt, ich wollte nicht, dass sich zu den vielen Enttäuschungen eine weitere dazugesellt.

Meine Mutter ist in der türkischen Stadt Manisa geboren und zog bereits als Kleinkind mir ihrer Familie nach Izmir. Ihr Vater war ein hochintelligenter Mann, der gerne Lehrer werden wollte. Er stammte aus ärmsten Verhältnissen, war in einer Steinhütte aufgewachsen, ohne Vater. Trotzdem schaffte er es allein aus eigener Kraft auf eine amerikanische Schule, wo er sich auf das Lehrerdiplom vorbereitete. Zu der Zeit gab es in der Türkei noch viele amerikanische Stützpunkte mit der entsprechenden Infrastruktur. Doch ausgerechnet kurz vor dem Abschluss meines Großvaters zogen sich die USA komplett aus der Türkei zurück. Die Schulen wurden geschlossen, und mein Großvater stand ohne Diplom da. Sein Traum vom Lehrerdasein und einem guten Auskommen war geplatzt.

Meine Mutter hatte also kaum bessere Startbedingungen als er. Schon als kleines Kind arbeitete sie nach der Schule in einer Fabrik. Als sie eines Tages mit 17 Jahren nach ihrer Schicht nach Hause kam, wurde eine Frau aus der Nachbarschaft auf sie aufmerksam. Die Frau fragte herum, wie meine Mutter charakterlich so sei. Sie suche eine Frau für den ältesten ihrer Söhne. Meinen Vater. Er hatte in Izmir bereits seit seiner Kindheit gemeinsam mit seinen beiden jüngeren Brüdern im Laden des Vaters als Schuhmacher gearbeitet. Als er dann ungefähr zwanzig Jahre alt war, entschieden meine Großeltern, das große Glück in der Bundesrepublik Deutschland zu suchen, und zogen nach Berlin. Ihnen wurde eine Neuköllner Wohnung zugewiesen, doch sie beschlossen, eine größere Wohnung im Stadtteil Wedding zu beziehen. Die Neuköllner Wohnung blieb leer, die Miete wurde dennoch bezahlt. Mein Vater nahm eine Arbeit als Hotelfachmann im Hotel Schweizerhof an. Seine beiden jüngeren Brüder waren mittlerweile verheiratet. So galt es für meine Großmutter nur noch, eine Frau für meinen Vater zu finden.

Meine Oma, die nicht zuletzt wegen der potenziellen Brautschau in diesem Sommer in der Türkei war, fand Gefallen an dem, was ihr über meine Mutter zugetragen wurde, und so sprach sie mit meinem Vater. Der war einverstanden. Wie damals üblich, ging er einige Zeit später gemeinsam mit seinen Eltern zu der Familie meiner Mutter, um dort um die Hand der ihm noch fremden Frau anzuhalten. Mein Großvater mütterlicherseits fragte seine Tochter: »Was sagst du, möchtest du den Mann heiraten und nach Deutschland gehen?« Meine Mutter antwortete: »Ich würde ihn heiraten, aber ich möchte, dass du die finale Entscheidung triffst.« Er traf sie, und es kam zur Hochzeit. Meine Mutter zog nach Berlin in die Weddinger Wohnung, wo außer meinen Großeltern auch noch mein Onkel, seine Frau und ihre drei Kinder wohnten sowie ein weiterer Onkel, dessen Frau und deren zwei Kinder. Full House. Als wenig später mein älterer Bruder und meine Schwester auf die Welt kamen, war die Wohnung endgültig so voll wie eine U-Bahn im Berufsverkehr. Mit dem Unterschied, dass die eine

Hälfte der Leute niemals ausstieg, nämlich die weibliche. Denn die Frauen waren zur Haushaltsarbeit verdammt und verließen praktisch nie die Wohnung, schon gar nicht ohne Begleitung durch ihre Ehemänner. Dass man bei dieser Lebensweise wenig Anlass und Gelegenheit hat, die fremde Sprache zu lernen, versteht sich von selbst. Die Frauen lebten in einer türkischen Kapsel, wie Raumfahrer in einer fremden Galaxie. Hinzu kam, dass selbst innerhalb der Kapsel die Atmosphäre gewissermaßen lebensfeindlich war. Dafür sorgte meine Großmutter. Als meine Mutter mit ihrem ersten Sohn, also meinem älteren Bruder, schwanger wurde, stritt sie so heftig mit ihrer Schwiegermutter, dass diese meiner Mutter schließlich drohte, ihr das Kind wegzunehmen und sie zurück in die Türkei zu schicken.

Meine Mutter verzweifelte. Gefangen in einem Exil, das auf diese Weise nie zu ihrer Heimat werden würde, schluckte sie aus lauter Hoffnungslosigkeit eine Handvoll Tabletten. Während der Schwangerschaft. Dem Kind geschah zum Glück nichts. Doch die Tyrannei meiner Großmutter ging jetzt erst richtig los. Den Höhepunkt erreichte sie, als meine Mutter ihr zweites Kind bekommen hatte, ein Mädchen. Es wurde krank, erbrach und erstickte an dem Erbrochenen, während meine Mutter für die gesamte Familie Essen zubereiten musste. An jenem Tag machte meine etwas ältere Cousine, die ebenfalls noch ein kleines Kind war, in ihr Bett. Meine Mutter, die soeben ein Kind verloren hatte, wurde von meiner Großmutter aufgefordert, das eingenässte Bettlaken zu reinigen. Meine Mutter weigerte sich jedoch, woraufhin meine Großmutter sie schlug. Als mein Vater das mitbekam, drohte er meiner Großmutter lautstark und verbat ihr, meine Mutter jemals wieder anzurühren. Das Verhältnis wurde nicht besser. Meine Mutter brachte schließlich eine weitere Tochter zur Welt; sieben Jahre später folgte ich. Nachdem die Familie nun auf zwei Erwachsene und drei Kinder angewachsen war, ließ sich mein Vater endlich dazu überreden, in die Neuköllner Wohnung zu ziehen, die immer noch leer stand. – Noch heute haut mich die Herzlosigkeit meiner Großmutter um. Grenzenlose Hochachtung empfinde ich für meine Mutter, die trotz dieses Schicksalschlages ihren Lebensmut nicht verloren hat. Sie ist der stärkste Mensch, den ich kenne.

Unterdessen beschloss der jüngere Bruder meines Vaters, mit seiner Familie zurück in die Türkei zu ziehen. Die Weddinger Wohnung, der Hälfte seiner Bewohner beraubt, war mit einem Mal fast schon geräumig. Das dachte wohl auch meine Großmutter. Denn kaum hatten meine Eltern die Zweizimmerwohnung in Neukölln bezogen, verließen meine Großeltern ihr altes Heim in Wedding und zogen in die Wohnung direkt neben meinen Eltern. Meine Mutter schien ihrer Schwiegermutter einfach nicht entkommen zu können. Einer der Gründe dafür dürfte gewesen sein, dass mein Vater zu den gutmütigsten Menschen gehört, die ich kenne. Noch nie habe ich in einer seiner Handlungen eine böse Absicht entdecken können. Die Kehrseite dieses Charakterzuges war nur, dass er sich viel zu sehr von seiner Mutter beeinflussen ließ.

Letztendlich aber, ich war mittlerweile ebenfalls auf der Welt und bereits einige Jahre alt, zogen meine Großeltern zurück in die Türkei. Sie waren von da an nur noch wenige Monate im Jahr in Deutschland, die sie jedoch stets bei uns Zuhause verbrachten. Dem Einfluss meiner Großmutter auf meinen Vater tat auch der Umzug indes keinen Abbruch. Ihre Geringschätzung für meine Mutter und ihr permanentes Einreden auf ihn machten aus ihm schließlich einen hochgradig eifersüchtigen Ehemann. So blieb es meiner Mutter selbst 17 Jahre nach meiner Geburt und 28 Jahre nach ihrer Hochzeit in der Türkei weiterhin untersagt, zu arbeiten und das Haus ohne Begleitung zu verlassen. Leider war das in vielen türkischen Familien Deutschlands so üblich.

Doch sie glaubte immer wieder an den guten Kern meines Vaters, den er definitiv in sich trug. Er konnte eben einfach nicht aus seiner Haut, wir Türken hängen stark an unseren Müttern. Dem Einfluss meiner Großmutter konnte er sich demnach leider erst sehr spät entziehen. Als er merkte, was für ein Mensch sie wirklich war. Letzten Endes räumte er ihr das Recht ein, arbeiten zu gehen und Deutsch zu lernen. Da war sie zirka 45 Jahre alt. Dennoch war es für sie zu spät, vollends in diesem Land anzukommen. Umso größer waren da natürlich die Hoffnungen, die sie für ihre Kinder hegte.

Zu mir sagte sie immer: »Du hättest Arzt oder Anwalt werden können.« Ich grinste daraufhin nur, als hätte sie keine Ahnung vom Leben. Arzt oder Anwalt – das wurden die Jungs und Mädchen aus Zehlendorf. In Neukölln erschien so eine Karriere unmöglich. Schließlich kannte ich nicht eine einzige Person, die Abitur machte, geschweige denn studierte. Meiner Mutter zuliebe entschied ich mich, wenigstens den erweiterten Hauptschulabschluss nachzuholen. Nicht zuletzt, um mich selbst zu motivieren, erzählte ich außerdem allen Leuten, ich würde auch gleich noch den Mittleren Schulabschluss machen. Und danach würden Abitur und Studium folgen. Ich selbst glaubte nie wirklich daran. Doch erstens klang es gut und spornte mich irgendwie an, und zweitens machte es meine Mutter glücklich.

Den erweiterten Hauptschulabschluss wollte ich an der Wilhelm-Hausenstein-Berufsschule absolvieren. Sie lag ebenfalls in Nord-Neukölln, sehr nah an meiner Wohnung. Das gelbe Sandsteingebäude erstreckte sich an seiner Längsseite über gut und gerne hundert Meter, hatte die Ausdehnung einer Industrieanlage und den Charme eines Sanatoriums zu Zeiten der Industrialisierung. Ein schwarzer Lattenzaun grenzte das Gelände zu den anliegenden Straßen ab. Den Haupteingang säumten zwei ebenfalls schwarze, eiserne Laternen, die aussahen, als würden sie noch mit Gas betrieben und wären von

Jack the Ripper persönlich aufgestellt worden. Ich kannte die Schule bestens und wusste, dass es nicht lange dauern würde, bis ich mich erneut schlagen müssen würde. Wie in fast jeder Schule in Neukölln traf man auch hier auf eine Menge Psychopaten. Leute, die sich profilieren, indem sie andere körperlich und geistig zerfetzen, ähnlich wie wir zu unseren schlimmsten Zeiten. Eigentlich waren sie in diesem sanatoriumsähnlichen Gebäude genau richtig aufgehoben. Leider würden sie aber irgendwann die Schule verlassen und auf die Gesellschaft losgelassen werden. Bis dahin wollte ich jedoch nicht zu denen gehören, die sich fertig machen ließen und den Idioten auch noch dabei halfen, ihr fragwürdiges Profil auszubauen. Es gab folglich nur zwei mögliche Strategien.

Strategie 1: Ich ließ alles über mich ergehen und würde beleidigt, angespuckt, geschlagen, bis der Aggressor keine Lust mehr hatte.

Strategie 2: Ich wehrte mich energisch und sorgte dafür, dass der Aggressor das Echo nie wieder vergaß.

Mit vielen der notorischen Schläger hatte ich zu irgendeinem Zeitpunkt schon mal Scheiße gebaut, sie kannten mich also. Strategie 2 erforderte somit keine grundlegende Neuausrichtung, eher eine gezielt eingesetzte Rückbesinnung auf altbekannte Fähigkeiten, mochte ihr Einsatz mir auch aus ethischen Gründen schwerer fallen denn je. Doch was hatte ich für eine Wahl? Das Einzige, was ich tun konnte, war die Auseinandersetzungen auf ein Minimum zu beschränken und stattdessen auf Effektivität zu setzen. So wie sich Unternehmen auf die sogenannten Multiplikatoren stürzen, um sie für ihre Produkte zu erwärmen, so musste ich die Anfangstage an der neuen Schule dazu nutzen, die Multiplikatoren in ihre Schranken zu verweisen. Damit die Marke »Yiğit Muk« direkt etabliert ist. Strategie 2 sollte es also sein. Die Entscheidung fiel mir wahrlich nicht leicht. Doch dass Strategie 1 in einem solchen

Umfeld ohnehin nicht wirklich eine Option darstellt, wurde mir spätestens klar, als ich in der ersten Pause meines ersten Tages den Pausenhof der Wilhelm-Hausenstein-Berufsschule betrat und eine Lehrerin verzweifelt rufen hörte: »Hey, lasst das! Bitte hört auf!« Gerichtet waren ihre Worte an drei Schüler, die einen Lehrer zwischen sich hertrugen.

Zwei der Jungs hielten ihn jeweils unter einer Achsel, der dritte hatte seine Beine unterm Arm. Gemächlich gingen sie mit ihm über den kompletten Pausenhof. Auf der Glatze des Lehrers glänzte der Schweiß. Als sie Richtung Mülltonne liefen, dachte ich ernsthaft, sie würden ihn da hineinschmeißen. An der Hans-Geiger wäre das nichts Besonderes gewesen. Doch direkt vor der Mülltonne blieben sie stehen, ließen den armen Mann auf den Boden und drohten ihm, dass er nächstes Mal da drin landen würde.

Die Schule war wirklich wie ein Allstar-Team der Neuköllner Jugendbanden. Alles, was Rang und Namen hatte, trieb sich hier herum. Ich traf unter anderem Azem wieder, einen der ehemaligen Anführer der Schiller Gang. Ihn überhaupt irgendwo anzutreffen war überraschend, und an einer Schule erst recht. Azem war ins Gefängnis gewandert, nachdem er während eines Fußballspiels aus seinem Schienbeinschoner ein Messer gezogen und den gegnerischen Verteidiger damit kurzerhand spielunfähig gemacht hatte. Fußballspiele in Neukölln hatten seinerzeit Ähnlichkeit mit Gladiatorenkämpfen. Tatsächlich war der Ball nur eines von vielen Spielgeräten. Und wer keine Hieb- oder Stichwaffe mitbrachte, hatte so gut wie verloren. Entscheidend war im Grunde gar nicht so sehr, wie viele Tore fielen, sondern wie viele Gegner. Wer so ein Spiel jemals als Schiedsrichter geleitet hat, könnte vermutlich auch an einem einzigen Nachmittag den Nahen Osten befrieden.

Während seiner Zeit im Gefängnis soll Azem dann außerdem drei Wärter zusammengeschlagen haben, nachdem einer von ihnen seinen Vater, der im Kosovo-Krieg verstorben war, beleidigt hatte. Eigentlich hieß es, er habe daraufhin einen großzügigen Nachschlag auf die Haftzeit erhalten. Doch nun saß er in derselben Klasse wie ich. Mir fiel direkt auf, wie belesen er war. Kognitiv hatte er tatsächlich einiges zu bieten. Nichtsdestotrotz sollte er später aufgrund einer Schießerei mit den falschen Leuten das Land vorübergehend verlassen, bevor auch er Halt im Islam fand und sich überraschend mäßigte.

Ein anderer Mitschüler an der Wilhelm-Hausenstein-Berufsschule, den ich bereits bestens kannte, war Andi. Er genoss seit der Messerstichattacke im Rahmen der Zuckerstreuerschlacht in der Friedrich-Engels-Straße einen gewissen Promi-Status an der Schule. Leider bot ihm dieser Status nicht wirklich viele Vorteile. Zwar war er zweifelsohne eine anerkannte Autorität in seinem Fach und immerhin eine solche Attraktion, dass die Leute sogar angepilgert kamen. Doch handelte es sich bei diesen Leuten vornehmlich um Araber, die »Stecher-Andi« unbedingt mal herausfordern wollten. Das hatte auch mit seiner äußeren Erscheinung zu tun. Er sah im Grunde relativ harmlos aus, hatte sehr schmale Schultern und einen kleinen Kopf. Doch wenn er zuschlug, sah man definitiv Sterne. Das mussten auch die pilgernden Araber schmerzhaft lernen, die ihm seinen »Ruhm« einfach nicht hatten gönnen wollen. Sein Spitzname brachte ihm jedenfalls oft Probleme, und er wurde mehr als jeder andere zum Einzelkampf herausgefordert. Ich dagegen geriet weniger in Schwierigkeiten. Die meisten kannten mich noch aus meiner Zeit bei der R44, respektierten mich und ließen mich in Ruhe. Nur ein paar Schüler, die für die Wilhelm-Hausenstein-Berufsschule den langen Weg aus Spandau oder Marzahn antreten mussten und offenbar nicht mit den Neuköllner Gepflogenheiten vertraut waren, stellten mich zu Beginn auf die Probe. Nicht immer liefen diese Proben ohne Gewalt ab, doch ich versuchte, sie wirklich auf das Nötigste zu reduzieren. Letztlich kamen auch die »Touristen« aus Spandau und Marzahn zu der Erkenntnis, dass es Orte in Neukölln gibt, die man besser meidet, konkret: Yiğit Muk und einen Umkreis von zehn Metern.

Kapitel 9

Hausmannskost

Bei meiner Anmeldung an der Wilhelm-Hausenstein-Berufsschule wurde mir gesagt, dass nur noch Plätze im Bereich Holzbau frei seien. Ich würde also Sägen und Hobeln lernen. Jedoch sollte ich in wöchentlichen Intervallen zwischen normalem Unterricht und praxisbezogenem Holzbau wechseln.

In der ersten Mathe-Stunde begrüßte uns Herr Pawlowski mit den Worten: »Die Macht ist mit euch!« Das aus dem Munde eines auffallend kleinen Mannes Anfang fünfzig zu hören, war einigermaßen irritierend. Doch es entsprach der Stimmung an der Schule, die Lehrer waren insgesamt sehr locker drauf. Dann begann der Unterricht: schriftliche Addition und Subtraktion. Während Herr Pawlowski die Übungsblätter verteilte, machte er uns klar, dass es extrem schwer sei, bei ihm eine 1 zu kriegen. Ich warf einen Blick auf die erste Aufgabe. Dort stand: »1500 + 1000 = …« Ich fragte mich, wie man es auf diesem Niveau bloß schaffen sollte, *keine* 1 zu kriegen.

Eine ganze Woche lang hockten wir im Schulgebäude, um mit Aufgaben wie »1500 + 1000 = …« zurechtzukommen. Ich gab die erste Hausaufgabe ab. In der Annahme, dass bei derlei einfachen Aufgaben offenbar nicht allein die mathematische Lösung zählte, um die Bestnote zu bekommen, hatte ich die Hausarbeit mit größter Akribie angefertigt. Meine Handschrift war noch immer nicht die beste. Und die »Yiğitt-Igitt«-

Attacke von Herrn Neubarth hatte mir damals gezeigt, welch großen Wert Lehrer auf eine saubere Handschrift legten. Ich habe dieses Faible nie ganz verstanden. Erstens schreibt heutzutage kaum noch einer mit der Hand. Wir nutzen entweder Tastaturen oder sprechen ins Smartphone, das die Schreibarbeit dank Spracherkennung für uns erledigt. Zweitens sind jene mit dem höchsten Durchschnittseinkommen gleichzeitig die mit der unleserlichsten Handschrift: z. B. Ärzte. Die Fixierung der Lehrer auf Handschrift lässt sich also nur mit völliger Abkehr von der Realität erklären. Oder mit einer milden Form von Sadismus.

Meine Hausarbeit für Herrn Pawlowski sah jedenfalls aus wie das Werk eines Kalligraphen. Sollte ich in Mathe dafür keine 1 bekommen, würde ich sie einfach im Kunstunterricht einreichen. Dies war letztlich nicht nur unmöglich, da wir keinen Kunstunterricht hatten, sondern auch unnötig, da ich tatsächlich die Bestnote bekam. Theoretisch ließ es sich in der neuen Schule also gut an. Praktisch sah die Sache anders aus. Ich schien zwar durchaus Talent als Tischler zu haben, doch was mir fehlte, war der Spaß an handwerklicher Arbeit. Dennoch gab ich mein Möglichstes. Unsere erste größere Aufgabe war es, aus der Scheibe eines Baumstammes ein Schneidebrett herzustellen. Ich habe über zwei Unterrichtswochen dafür gebraucht, weil ich mich jedes Mal aufs Neue fragte, was im Leben wohl unnützer sein mag: eine schöne Handschrift oder die Fähigkeit, aus einem Baum ein Küchenutensil anzufertigen. Meinem Vater hätte diese Fähigkeit sicher bestens gefallen.

Trotz meiner Zweifel an der Sinnhaftigkeit des Projekts wurde das Schneidebrett aber letztlich nicht nur fertig, sondern sogar überaus vorzeigbar. Wieder bekam ich eine sehr gute Note. Während ich also auch in der Werkstatt zum Leistungsträger mutierte, sahen mich meine Mitschüler im Theorie-Unterricht ohnehin längst an, als käme ich vom Mars. Schließlich sprach ich mittlerweile recht gut Deutsch und besaß halbwegs gute Kombinationsfähigkeiten. Im Grunde hatte ich nur ein einziges Problem an der neuen Schule bzw. mit dem Bereich Holzbau: Es gab nicht eine Frau in der Klasse. Mich dürstete es nach schönen Beinen, langen Haaren und vielen weiteren Dingen, die nur die weibliche Anatomie zu bieten hat – von Mustafa mal abgesehen, der zu viele Süßigkeiten fraß und zu wenig Sport trieb. Seine Brüste waren so groß, dass wir stets vermuteten, es sei im Grunde nur eine Frage der Zeit, bis ihm die Milch einschießt.

Während der Pausen in der Cafeteria hatte ich bereits einen Fachbereich registriert, in dem es vor Frauen nur so wimmelte. Jetzt musste ich nur noch herausfinden, um welchen Fachbereich es sich handelte, dann würde ich sofort dorthin wechseln. Ich fragte ein bisschen rum, und schnell war die Antwort gefunden. Der Fachbereich, der meinen Durst nach Schönheit endlich stillen sollte, war …

Hauswirtschaftslehre.

Nicht unbedingt die erste berufliche Wahl für einen Türken mit einschlägiger Gewalterfahrung. Doch ich wollte mich ja sowieso ändern und friedfertiger werden. Warum also keine Eier aufschlagen statt anderer Leute Gesichter? Außerdem lernt man in Hauswirtschaftslehre vielleicht tatsächlich mal was fürs Leben, überlegte ich. Immerhin gab es dort Unterricht in Fächern wie Hygienelehre, Betriebsorganisation und Wirtschaftlichkeit. Oder wie meine Mutter es nennt: Abwaschen, Einkaufszettel schreiben und nicht zu Rewe gehen, wenn um die Ecke ein Aldi ist. Ich versuchte, meinen Mitschüler Baran zu einem Wechsel zu überreden. So ganz allein unter den Frauen, das war mir nicht geheuer. Am Ende würde in meinem Körper noch die Östrogenproduktion angekurbelt werden und mir dasselbe Schicksal drohen wie Mustafa.

Baran war schnell überzeugt, also sah ich keine Probleme mehr. Die Lehrerin in Ernährungswissenschaft war Türkin, sie würde uns schon nehmen. Ich hatte die Rechnung allerdings ohne Herrn Pawlowski gemacht. Er war überhaupt nicht angetan von der Idee: »Wenn du wechselst, habe ich keinen Leistungsträger mehr, das können wir leider nicht machen!« Schlussendlich überredete ich ihn doch noch. Die Info verbreitete sich bei der Damenwelt der Schule wie ein Lauffeuer, zufällig landete sie irgendwann auch bei mir: »Der Hübsche aus Holzbau wechselt zu Hauswirtschaft und Ernährungslehre.«

Die neue Klasse machte direkt einen viel sonnigeren Eindruck, was vermutlich an dem Frauenanteil von etwa neunzig Prozent lag. Genau genommen waren wir nur vier Jungs. Uns störte das natürlich nicht im Geringsten. Einzig der Sportlehrer fand keinen Gefallen an der Steigerung des Männeranteils in seinem Unterricht. Bis dato war er der Hahn im Korb gewesen. Sein Job muss ihm wie das Paradies auf Erden erschienen sein. Bei jeder sich bietenden Gelegenheit glotzte er den Mädchen auf den Hintern. Nun waren andere Zeiten angebrochen. Und als eine unserer Mitschülerin glaubhaft davon berichtete, wie er sie unter dem Vorwand der Hilfestellung angegrabscht hatte, ergriffen einige ihrer Freunde dementsprechende Maßnahmen: Nach dem Unterricht gingen sie zu seinem Auto, suchten sich ein paar größere Steine und zertrümmerten das Fahrzeug.

Ohne die Tat eindeutig auf eine bestimmte Klasse zurückführen zu können, wurde seine Sympathie für uns dadurch nicht unbedingt größer. Als wir wenige Tage später eine Sportexkursion zum Kanufahren unternahmen, sprach er alle Schüler nur noch mit Nummern an. Speziell auf die Jungs hatte er es abgesehen und schrie: »Nummer 5, du Hurensohn, paddel mal richtig!« Das hat er wirklich gesagt.

Davon abgesehen lief es an der Wilhelm-Hausenstein-Berufsschule aber geschmeidig. Alles in allem war es dort sehr entspannt. Eine Woche lang hatten wir normalen Unterricht, dann standen wir eine Woche in der Küche und bereiteten das Essen für die Cafeteria vor. Die Klassenlehrerin Frau Kumap war eine herzensgute, zierliche Frau Ende dreißig. Sie lispelte ein wenig, was sie nur noch sympathischer machte. Sie strahlte stets eine immense Ruhe aus und brachte viel Geduld und Toleranz für uns alle auf, selbst für unser zuweilen extrem hormongesteuertes Verhalten. Mittlerweile trainierte ich regelmäßig mit Ugur, hatte einige Kilos an Muskelmasse zugenommen und trug diese auch gerne zur Schau. Nie kam bei mir morgens vor dem Kleiderschrank die Frage auf, ob ich ein Muskelshirt zur Schule anziehen solle oder nicht. Die Frage, die ich mir stellte, war ausschließlich: Welche Farbe soll das Muskelshirt heute haben? Typisch 08/15-Kanacke halt. Da wir allerdings zuweilen eben auch in der Küche zugange waren, monierte eine meiner Lehrerinnen, Frau Bonkowski, meine Kleidungswahl sei gänzlich unpassend, da die Schultern frei seien und somit Achselhaare in die Gerichte fallen könnten.

»Frau Bonkowski«, sagte ich und schenkte ihr meinen charmantesten Blick, »ich weiß ja nicht, wie es bei Ihnen aussieht, aber meine Achseln sind rasiert!« Sie errötete und sagte nie wieder etwas zu meinen Muskelshirts. Dennoch verzichtete ich in ihrem Unterricht zunehmend darauf und trug meistens ganz normale T-Shirts. Die Lehrer hier waren alle freundlich, es gab keinen Grund, sie unnötig zu provozieren. Vielleicht war es eine Art Selbstschutz, dass der Lehrkörper eher auf Laissez-faire setzte. Wenn man bedenkt, wie die meisten Schüler an der Wilhelm-Hausenstein-Berufsschule drauf waren, war dies sicher nicht die schlechteste Strategie. Am Ende aber war das Motiv zweitrangig, solange es der allgemeinen Atmosphäre guttat. Ich fühlte mich wohl, was wiederum dazu führte, dass die Lehrer gut über mich sprachen: »Er weiß, was es heißt, Danke und Bitte zu sagen.« Keine Selbstverständlichkeit bei der sonstigen Klientel.

Nur mit Frau Wallraff kam es während des Unterrichts im Winter mal zu einem Zwischenfall. Sie hatte zuvor Kartal rausgeschickt, weil der etwas abfällig mit ihr geredet hatte. Als ich mich dazwischenschaltete, um die Situation zu entschärfen und zu Frau Wallraff höflich sagte, sie möge sich doch bitte etwas beruhigen, schrie sie: »NUN WERD HIER MAL NICHT FRECH!« Kartal ging währenddessen wutentbrannt aus dem Raum, weil er sich total unfair behandelt fühlte. Für seinen kleinen Auftritt wurde er später vorübergehend vom Unterricht suspendiert. Am nächsten Morgen dann, es war ein Samstag, schrieb mich eine Klassenkameradin an, ob ich gehört habe, was passiert sei. Ich hatte keine Ahnung, wovon sie sprach. »Kartal ist gestorben«, schrieb sie. Ich war geschockt.

Kartal wohnte nicht weit weg von mir, und ich rannte über die mit Glatteis bedeckten Straßen. Als ich wenige Minuten später an seinem Haus ankam, sah ich bereits, dass die Wohnung voll mit Leuten war. Da wusste ich, dass die Geschichte stimmte. Ich betrat die Wohnung und entdeckte direkt einige Freunde. Sie erzählten mir, dass Kartal gemeinsam mit Halit, der ebenfalls auf die Wilhelm-Hausenstein-Schule ging, heimlich das Auto seines Vaters genommen hatte, um eine kleine nächtliche Spritztour zu unternehmen. Als Polizisten sie anhalten wollten, sei Kartal panisch geworden und habe aufs Gas gedrückt. Der Streifenwagen habe die Verfolgung aufgenommen. Kartal sei direkt vor dem Krankenhaus am Oberländer Weg schließlich ins Schleudern gekommen und hätte das Auto gegen einen Baum gefahren. Er starb noch an Ort und Stelle – direkt vor meinem Geburtskrankenhaus. Halit überlebte mit sehr schweren Verletzungen. Mir zog es den Boden unter den Füßen weg. Die Erinnerungen an den Tod des kleinen Bruders meines

Freundes kamen wieder hoch, an die Zerbrechlichkeit des Lebens.

Am folgenden Montag besuchten wir mit der gesamten Klasse die Familie und drückten ihr unsere Anteilnahme aus. Viele der Schüler waren in ihrer emotionalen Ohnmacht wütend auf Frau Wallraff. Ich weiß nicht, was sich zwischen ihr und der Schülerschaft in der Folgezeit abgespielt hatte. Aber das Ende vom Lied war, dass Frau Wallraff eines Tages nicht mehr zum Unterricht erschien. Zuerst dachten wir, jemand von uns hätte in irgendeinem schwachsinnigen Akt der Vergeltung eine fatale Dummheit begangen, bis ein anderer Lehrer aus dem Kollegium uns darüber aufklärte, dass Frau Wallraff bis zum Ende des Schuljahres nicht wiederkommen würde. Das hieß, sie lebte. Immerhin.

Der plötzliche Tod von Kartal löste erneut eine große Nachdenklichkeit in mir aus. Ich stellte mir dieselben Fragen wie damals nach dem Tod des kleinen Bruders: Führte ich mein Leben wirklich auf die richtige Weise? Gingen wir nicht allesamt zu leichtfertig um mit der Zeit, die wir auf dieser Erde verbringen durften? Zwar hatte ich bereits vieles geändert und mich im Gegensatz zu den anderen zunehmend gemäßigt, doch schien auch ich keineswegs am Ziel zu sein. Nur, worin bestand eigentlich dieses Ziel? *Mein* Ziel.

In der Schule ging derweil der gewohnte Alltag weiter. In Mathe schrieben wir eine Bruchrechnungsarbeit nach der anderen. Die meisten Schüler wollten oder konnten es einfach nicht begreifen. Die Folge war, dass ich mich wieder einmal extrem langweilte und häufig fehlte. Wer mich währenddessen suchte, fand mich meistens im Fitnessstudio. Manchmal ging ich anschließend wieder zur Schule zurück, sehr zum Amüsement meiner Mitschüler, speziell wenn Arbeitslehre anstand. In dem Fach ging es hauptsächlich um eines: Nähen und Stricken. Da saß ich dann in meinem Muskelshirt, aufgepumpt von der

Session im Fitnessstudio, und strickte einen kleinen Pullover. Oder nähte ein Küchentuch mit Stickereien. Regelmäßig kamen Schülerinnen in den Raum und kicherten bei meinem Anblick.

Im Frühling stand dann mein Pflichtpraktikum an. Ich meldete mich deshalb bei einem Freund, der ein arabisches Wasserpfeifen-Café in Kreuzberg besaß. Früher hatten wir verfeindeten Gangs angehört und uns geprügelt. Aber das war Schnee von gestern. Ich fragte ihn, ob ich theoretisch nicht mein Praktikum bei ihm im Café absolvieren könnte. Sie hatten eine Küche, die Mindestkriterien für ein hauswirtschaftliches Praktikum waren also erfüllt. Er willigte ein.

»Moment«, sagte ich. »Ich sprach von theoretisch. Praktisch würde ich gerne nur so tun, als mache ich das Praktikum.«

»Ok«, sagte er, »und was du machst in der Zeit?«

»Frei.«

»Haha, vallah, bester Junge, ok.«

»Ich danke dir, Bruder.«

»Habibi, kein Problem.«

»Ich erinnere dich bei Gelegenheit daran.«

Perfekt. Ich ging nicht einen einzigen Tag in das Café und hatte richtig viel Zeit zum Trainieren in der Muckibude. Wie ich so die Gewichte stemmte, überlegte ich, dass ich eigentlich mein Praktikum genauso gut im Studio hätte machen können. Aber das Zusammenmischen von Protein-Shakes wäre wahrscheinlich leider nicht als gastronomische Tätigkeit durchgegangen. Vier Tage nachdem das Praktikum offiziell begonnen hatte, kam ich jedenfalls nach Hause, und meine Mutter berichtete mir, meine Lehrerin Frau Kumap hätte angerufen. Sie habe gefragt, wieso ich nicht beim Praktikum erschienen sei. Sie sei in dem von mir angegebenen arabischen Café gewesen, habe mich dort aber nicht angetroffen. Ihre an meine Mutter gerichteten Worte waren gewesen: »Bei jedem anderen würde ich Konsequenzen ziehen, aber Ihr Sohn ist für mich etwas Besonderes. Und ich fände es wirklich schade, wenn er sich seine Zukunft versaut.«

Ausgestattet mit einer guten Portion schlechten Gewissens ging ich am letzten Tag der Praktikumswoche in das Café meines Freundes. Bei Frau Kumap entschuldigte ich mich. Sie war wirklich ein sehr empathischer Mensch, der mit ganzem Herzen unterrichtete. Allein aus Respekt vor ihr kam ich in den folgenden Wochen stets pünktlich zur Schule. Eigentlich hatte ich längst meinen eigenen Stundenplan, der selbst von den Lehrern stillschweigend akzeptiert wurde, weil ich trotz meiner Fehlzeiten die besten Noten auf der Schule vorzuweisen hatte. Zugegeben, sonderlich schwer war das nicht bei Klassenarbeiten, in denen es darum ging, Verben zu nominalisieren oder Brüche zu addieren. Nun aber gesellten sich zu meinen soliden Leistungen auch noch Pünktlichkeit und Gewissenhaftigkeit. Fast hätte ich mich selbst nicht wiedererkannt.

Das Gleiche galt offenbar für Baran. Vielleicht glaubte er, ich hätte mein altes Ich komplett abgelegt oder sonst eine Transformation durchlaufen, die mich zum Opferlamm mutieren ließ. Anders lässt sich zumindest nicht erklären, was sich eines Tages in der Küche abspielte. Zuerst stritten wir uns nur ein bisschen. Dann plötzlich griff er zu einem Buttermesser und ging auf mich los. Damit hatte er zwei Fehler auf einmal begangen: Erstens war ihm offenbar entfallen, wen er vor sich hatte. Und zweitens – ein Buttermesser? Das wohl einzige Messer auf der Welt, das keine Klinge hat?

»Baran«, sagte ich, »was ist los mit dir? Willst du mich einschüchtern oder einfach nur schön dick mit Butter beschmieren? Sehe ich für dich aus wie eine Stulle?« Doch er ließ sich nicht bremsen und fuchtelte dicht vor meinem Gesicht mit diesem Ding herum. Spätestens da war der Spaß vorbei. Auch von einem Buttermesser kann Gefahr ausgehen, wenn es in den falschen Händen ist. Ich war somit gezwungen, diese Hände zu entwaffnen. Dass das nicht gänzlich ohne Schmerzen abläuft, sollte jedem klar sein, der mich kennt. Doch wie gesagt, Baran war es offenbar entfallen, also frischte ich sein Gedächtnis ein wenig auf. Danach ging unsere Beziehung wieder ihren gewohnten Gang, und wir vertrugen uns.

Mehrere Wochen vor der Zeugnisausgabe flogen meine Eltern und meine Schwester dann in die Türkei. Meine Schwester war mittlerweile von ihrem Mann geschieden. Sie ist sieben Jahre älter als ich und besuchte unter anderem die Rütli-Oberschule, die bundesweite Bekanntheit erreichte, als ihre Lehrer im März 2006 beim Berliner Bildungssenator in einem Brandbrief angeblich die Schließung der Schule verlangten. Sie wurden der Gewalt durch die Schüler einfach nicht Herr. Später wurde die Forderung nach einer Schließung der Schule als unwahr dementiert, stattdessen hätten die Lehrer vom Berliner Senat nur eine Lösung des Gewaltproblems und die Überführung der Schule in eine andere Schulform gefordert. Zu jener Zeit waren etwa 35 Prozent der Schüler arabischer, 25 Prozent türkischer und 17 Prozent deutscher Abstammung. Schon zwei Jahre zuvor hatte die damalige Rektorin der Schule der Presse mitgeteilt, dass sie die multikulturellen Integrationsversuche als gescheitert betrachte und selbst bereits bedroht worden sei. Ihrer Einschätzung nach lag das Problem jedoch keineswegs in der ethnischen, sondern allein in der sozialen Herkunft der Schüler und ihren mangelnden Perspektiven. Wie zum Beleg ihrer These erhielt im damaligen Schuljahr nicht ein einziger Schüler einen Ausbildungsplatz.

Der Freundeskreis meiner Schwester hatte es ebenfalls in sich. Ihren Lehrern zufolge war sie einerseits ein sehr intelligenter und kontaktfreudiger Mensch, andererseits aber eine kleine Rebellin. Wie die meisten Neuköllner Jugendlichen begann auch sie früh mit dem Rauchen, womit sie sich viel Ärger mit meinem Vater einhandelte. Eines Tages brachte meine Schwester dann einen jungen Mann mit nach Hause, der bei meinen Eltern um ihre Hand anhielt. Er war kurdischer Herkunft und machte einen sehr freundlichen und respektvollen ersten Eindruck. Leider fehlte es ihm an Arbeit und einer ernstzunehmenden Ausbildung. Nicht zuletzt aus diesem Grunde war meine Mutter anfänglich total gegen die Ehe.

Auf der anderen Seite hatte der junge Mann ein mehr als schweres Leben hinter sich. Nicht nur hatte er beide Elternteile verloren, auch waren mehrere seiner zwölf Geschwister in Drogengeschäfte verwickelt. Meine Tante, die an dem Tag seines ersten Besuchs ebenfalls bei uns zu Hause war, litt so sehr mit dem jungen Mann mit, dass sie meine Eltern zu überreden versuchte, dem jungen Paar ihren Segen zu geben. Meine Eltern gaben letzten Endes irgendwann nach, und die Eheschließung wurde vollzogen. Sieben Jahre ging alles gut zwischen den beiden. Dann wurde er gewalttätig gegenüber meiner Schwester, weshalb sie sich entschloss, ihn zu verlassen. Er ließ sie allerdings nicht einfach gehen und bettelte um ihre Rückkehr. Gutherzig und auch etwas naiv, wie meine Schwester damals war, verzieh sie ihm.

Dann ging das Spiel von vorne los. Diesmal jedoch umso härter. Sie zog daraufhin in ein anderes Bundesland, um seinem Hundeblick nicht mehr begegnen zu müssen. Als die Scheidung schließlich vollzogen war, verbrachte mein Ex-Schwager viel Zeit mit einer anderen Dame, die sich um ihn kümmerte. Leider heiratete sie irgendwann einen anderen Mann, was für diesen zum tragischen Verhängnis werden sollte. Denn das Interesse meines Ex-Schwagers an der Dame war ungebrochen, und so traf er sich eines Tages mit dem Mann und erstach ihn auf offener Straße. Aus Notwehr, wie es hieß. Er kam dennoch wegen Totschlags ins Gefängnis und sitzt noch heute ein.

Meine Schwester baute sich derweil ein neues Leben auf. Einige Jahre später heiratete sie erneut, diesmal einen wunderbaren

Mann, der sie mit dem gebührenden Respekt behandelt. Einem Respekt, wie ihn im Grunde jede Frau verdient. Von ihm hätte ich mir damals noch eine Scheibe abschneiden können.

Einen Tag bevor meine Eltern und meine Schwester jedenfalls wieder nach Deutschland zurückkehren sollten, wurde ich morgens von meinem Bruder geweckt, obwohl er eigentlich rund 50 Kilometer entfernt wohnte. Ich hatte direkt ein flaues Gefühl in der Magengegend. Er sagte: »Du musst aufstehen, Opa ist gestorben.« Ein Schauer lief mir über den Rücken. Mein Großvater väterlicherseits war wirklich ein Engel auf Erden. Seine Liebenswürdigkeit und sein Großmut waren geradezu legendär. Selbst Fliegen tat er nichts zuleide, er wedelte sie nicht einmal weg, aus einer tiefen moralischen Überzeugung heraus, dass alles Leben wertvoll ist.

Nachdem ich die schreckliche Nachricht erhalten hatte, ging ich wie jeden Freitag zum Freitagsgebet, wo ich zum ersten Mal in meinem Leben aus tiefster Seele weinte. Ich weinte nicht, weil mein Großvater gestorben war. Ich weinte, weil ich ihn nie mehr wiedersehen sollte.

Meine Gemütslage war in den folgenden Tagen und Wochen auf dem absoluten Tiefpunkt. Dennoch zog ich die letzten Schulwochen irgendwie durch. Ohne Frau Kumap, ihre Unterstützung und die zahlreichen Gespräche mit mir hätte ich es wohl nicht geschafft. So aber hatte ich am Ende des Schuljahres mein erstes Etappenziel erreicht und den erweiterten Hauptschulabschluss. Langsam glaubte ich wirklich daran, am Ende tatsächlich noch das Abitur machen zu können. Dafür bräuchte man einen mittleren Schulabschluss mit recht guten Noten. Die Oberstufenzentren, an denen man seinen MSA nachholen konnte, hatten allerdings deutlich höhere Durchfallquoten als die Hauptschulen. Ich musste mich also entscheiden, zu welcher Schule ich gehen wollte, um einen möglichst guten MSA hinzulegen.

Kapitel 10

Grundsatzfrage

Ich meldete mich bei der Bertha-von-Suttner-Oberschule an. Ein Jahr sollte ich die Schule besuchen, um den MSA zu erwerben. Die Schule war eine der größten Berufsschulen Europas, das Areal war riesig. Andere Schulen hatten einen kleinen Bolzplatz, diese Schule einen richtigen Fußballplatz. Und wer sich dem Komplex von seiner Vorderseite an der Hauptstraße her näherte, den packte zwangsläufig die Ehrfurcht: Den Haupteingang des schwarzen Schindelbaues säumten zwei große Türme, das Ganze wirkte wie eine Burg. In diese befestigte Bildungsanlage strömten täglich rund 7000 Schüler. Eine solche Menge war fast schon erschreckend. Doch einer meiner Kumpel erfasste sofort das Positive daran: »Alter, bei 3500 Frauen ist klar, dass extrem viele Granaten dabei sind.« Neben den Granaten sah ich auch wieder viele bekannte Gesichter. Auch Ugur war mittlerweile dort. Was mich betraf, stellte sich relativ schnell heraus, dass der Unterricht erneut keine wirkliche Herausforderung für mich bedeutete. Ich tat also das, was ich in diesen Situationen immer tat, ich ging in die Muckibude. Und ganz egal, wie viel Zeit ich dort zubrachte, meine schulischen Leistungen beeinträchtigte das nicht im Geringsten. Ich kam weiterhin in allen Fächern sehr gut mit. Davon abgesehen betrachteten mich die anderen Schüler ohnehin längst als Genie, weil ich in ganzen Sätzen sprach. Für sie eine Form der gehoben Kommunikation, der man eben nicht leicht folgen kann, wenn man RTL 2 als Leitmedium nutzt.

An der Bertha-von-Suttner kam ich auch zum ersten Mal mit den Wirtschaftswissenschaften in Berührung. Der unterrichtende Lehrer Herr Rauwar war hauptberuflich Richter in Moabit. Er sagte uns, wir könnten im Leben alles erreichen, wenn wir nur wollten und uns anstrengten. Wir hätten die Wahl zwischen Ferrari und Twingo. Das war wie ein Weckruf für mich. Zwar stand ich nicht wirklich auf Ferrari, das erschien mir eher als ein Faible älterer deutscher Männer. Ein Renault Twingo auf der anderen Seite lässt sich nur mit viel Toleranz als Auto bezeichnen. Ganz abgesehen davon, dass ich umgehend mit dem Fitnessstudio hätte aufhören müssen, denn wie sieht das bitte schön aus? Ein Türke mit der Statur eines Ruderers, der sich in so ein Vehikel presst? Mit mir hinterm Lenkrad würde der Kleinwagen aussehen, als würde er von seinem eigenen Airbag gesteuert. Nein, es muss schon ein 3er-BMW oder ein Benz sein. Das bin ich allein meiner Herkunft schuldig. Integration ist gut, in Maßen. Niemals würde ich mich in einen französischen Kleinwagen integrieren. Autos sind wie Frauen. Sie sollten die Gefühle ansprechen, nicht die Vernunft. Das sehen Bio-Deutsche naturgemäß anders. Insbesondere wenn sie Lehrer sind. Dann fahren sie gerne klobige, unsportliche Autos. Die Straßenlage ist egal. Hauptsache, das Kfz ist nicht zu teuer, zuverlässig und bringt die Familie einmal im Jahr sicher nach Schweden und zurück. Das heißt im Umkehrschluss nicht, dass mit den Haltern solcher Fahrzeuge zu spaßen ist. Oft sind sie aggressiver als jeder Fahrer eines 3er-BMWs. Sie leben ihre Aggression halt geordnet aus. Im Rahmen der gesellschaftlichen Regeln – also beispielsweise im Beruf.

Herr Süchow war ein solcher Fall. Äußerlich so unscheinbar und unspektakulär wie ein Twingo, rumorte unter seiner Haube der Antrieb eines Schützenpanzers, bereit, jeden zu überrollen, der nicht schnell genug vom Platz des Himmlischen Friedens verschwunden war. Einmal saßen wir in seiner Klasse und schrieben von der Tafel ab. Alles war ruhig. Herr Süchow, von den Schülern nur Psüchow genannt, saß hinter seinem Schreibtisch. Plötzlich schrie er los: »SEID STILL! SEID STILL!« Wir guckten uns nur verdutzt an. Sprach er mit uns oder mit seinen Dämonen? Hierzu ein gut gemeinter Ratschlag: Wer Stimmen hört, sollte eine entscheidende Regel stets befolgen, wenn er seinen Beruf noch eine Weile ausüben möchte: Den Stimmen niemals antworten! Egal, was sie sagen. Sonst nimmt man bald nur noch während der wöchentlichen Freigänge an der Gesellschaft teil. Und verbringt den Rest der Zeit in weißen Räumen mit einer Menge Leute, die sich für Jesus halten.

Doch Psüchow brüllte nicht nur seine Wahnvorstellungen an. Als ein Mitschüler einmal zu spät zum Unterricht kam, schrie der Lehrer: »SETZ DICH HIN, SETZ DICH HIN, DU SOLLST DICH DORTHIN SETZEN!« Der Mitschüler seinerseits schrie zurück: »JAAAA, MAAAANN, EINMAL REICHT DOCH!« Daraufhin Psüchow: »RRRRAAAAAUUUUUSSSSSSS!«

Ich ließ mich davon nicht beirren. Sollte jeder den anderen – imaginär oder nicht – doch anschreien, wie er wollte. Solange ich da nicht mit reingezogen wurde. Gründe lieferte ich jedenfalls keine. Ich kam nach wie vor sehr gut mit dem Lernstoff zurecht, auch wenn ich aufgrund von mittlerweile wieder häufiger auftauchenden Schmerzen im Bereich der Leber oder aber aus purer Langeweile in Anbetracht des allgemeinen Lerntempos dem Unterricht oft fernblieb. Selbst im Englischunterricht wirkte mein nur mittelprächtiges Englisch beinahe wie das eines »native speakers«, gemessen an dem der anderen, deren Englisch anmutete wie das des ehemaligen Kanzlers Helmut Kohl: »You can say you to me.«

In den Pausen hingen wir vorzugsweise in der riesigen Mensa ab. Sie war zwar nicht sonderlich schön, die Tische mit ihren weißen Resopalplatten und das Mobiliar in Buchenoptik erinnerten stark an ein Altersheim. Doch sie war geräumig und trocken. Im Sommer gingen wir stattdessen vor die Tür und standen vor dem Haupteingang rum, gegenüber befand sich ein McDonalds. Yilmaz, einer unser Mitschüler, hatte sich einen Motorroller gekauft und stieg in jeder Pause drauf, um auf sich aufmerksam zu machen. Selbst wenn es regnete. Ständig parkte er ihn um, damit nur jeder sah, dass er einen Roller sein eigen nannte. Wahrscheinlich verfuhr er allein während der Pausen mehr Sprit als auf dem gesamten Weg zur Schule. Und während Yilmaz zwischen zwei Unterrichtsstunden draußen mal wieder seine Runden drehte, erschien plötzlich der Onkel eines ehemaligen Freundes aus der Rathenaustraße in der Mensa. Ich stand mit einigen Freunden etwas abseits. Doch ich kannte den Mann und wandte ihm daher meinen Blick zu. Auf einmal zog er eine Pistole. Er ging auf einen der Schüler zu, holte mit der Knarre aus und schlug dem Schüler mit dem Kolben ins Gesicht. Dann drehte er sich um und ging einfach wieder.

Später erfuhr ich, dass der Junge, den er da so übel zugerichtet hatte, eigentlich ein Freund von ihm gewesen sei. In einer Auseinandersetzung zwischen den beiden soll es zu abfälligen Äußerungen gekommen sein, die der Pistolenträger erst mal gar nicht recht begriffen habe. Nach einer gewissen Zeit sei er dann jedoch ins Grübeln gekommen. Und dem Ergebnis dieses Grübelns hatten wir nun in der Mensa beigewohnt. Im Grunde erstaunte mich die Aktion nicht wirklich großartig. Als Jahre zuvor mal eine Schlägerei gegen eine verfeindete Gang angestanden hatte und wir im Auto unterwegs zur Austragungsstätte waren, war der Pistolen-Onkel ebenfalls mit von der Partie gewesen. Seine Pistole hatte er damals zu Hause gelassen. Und stattdessen die Schrotflinte eingepackt. Das war ein durchaus mulmiges Gefühl, wie wir da im Auto hockten und nicht so recht wussten, ob Old Shatterhand neben uns seine Nerven wohl im Griff hat. Wie wir dann am Ort des Geschehens ankamen, blieb der Onkel die ganze Zeit im Auto sitzen. Auf der Rückfahrt erzählte er uns schließlich, er habe darauf gewartet, dass eine ganz bestimmte Person aus der verfeindeten Gang auftauchte, die er zu dieser Zeit zufällig suchte. Nicht, um eine Wasserpfeife mit ihr zu rauchen, vermuteten wir. Zum Glück war die fragliche Person nicht aufgetaucht. So eine Schrotflinte richtet unter Umständen eine ganz schöne Sauerei an.

Ein anderes Mal, als wir in der Mensa der Bertha-von-Suttner saßen, kam der Freund einer meiner Mitschülerinnen und zog sie weg. Er motzte sie an, weil sie mit fremden Jungs rumhockte, die er nicht kannte. Ich mischte mich selbstverständlich nicht ein, vorerst zumindest. Doch als er sie zu schlagen drohte, ging ich dazwischen und bat ihn, sich zu beruhigen, damit wir alles vernünftig klären konnten. Er blickte mich an, holte sein Handy heraus und rief jemanden an. »Kommt her, und nehmt die Werkzeuge mit«, hörte ich ihn auf Türkisch sagen. Das war ein bekannter Code für Waffen. Das trieb mich in Sekundenschnelle von Null auf Hundert, und ich schlug sofort zu. Wie in alten Zeiten. Während ich ihn verprügelte, bemerkte ich plötzlich, wie mein Kumpel ebenfalls auf ihn eintrat. Ich schubste ihn weg. Ich wollte es alleine machen. Nachdem der Typ seine Lektion erhalten hatte, sprang er auf und rannte davon. Ich bereute es keine Sekunde lang, dass ich zugeschlagen hatte. Bei einer solchen Kleinigkeit sofort seine Leute zu rufen und diese auch noch aufzufordern, bewaffnet in die Mensa zu kommen, das war zu viel.

Als ich am nächsten Tag aus der Schule kam, erwartete er mich bereits mit mehreren Kumpels. Sie dachten, ich würde wegrennen, also kreisten sie mich ein. Dabei hatte ich überhaupt nicht vor, wegzulaufen. Sie schlugen kurz auf mich ein und flohen anschließend. Vor nicht allzu langer Zeit hätte ich in diesem Moment meine Leute zusammengetrommelt und die Kerle ausfindig gemacht. Bis auch der Letzte von ihnen exakt die gleiche Behandlung erfahren hätte wie ich vor der Bertha-von-Suttner. Aber ich hatte es bis hierher geschafft, ich wollte mir nicht alles versauen und wieder in dieselben alten Muster zurückfallen. Ich nahm es also einfach hin. Hätte ich einen von den Typen allerdings zufällig noch mal irgendwo getroffen, ich hätte es ihm von Mann zu Mann heimgezahlt. Solo. Als ich am Nachmittag desselben Tages jedoch in die Moschee ging, berichtete ich einigen Freunden von meiner Begegnung am Vormittag. Sie meinten zu mir, dass Allah diejenigen liebt, die vergeben und verzeihen. Ich dachte darüber nach und erinnerte mich an Kartal und den kleinen Bruder meines Freundes. Ihr Tod hatte etwas in mir ausgelöst. Grundsätzliche Zweifel an meinem Leben, die allerdings jedes Mal viel zu schnell wieder in den Hintergrund gerückt waren. Zurückgedrängt von einem Alltag, in dem Gewalt selbstverständlich blieb. Doch das Leben war tatsächlich zu wertvoll und zu kurz, um es mit irgendwelchen Racheakten zu vergeuden. Ich dachte auch an meinen Großvater, der unlängst verstorben war. Er hatte stets eine solch tiefe Achtung vor jeglichem Leben empfunden. So entschied ich mich endgültig, die Sache auf sich beruhen zu lassen. Wenn es mir auch nach wie vor nicht leichtfiel. Alte Gewohnheiten abzulegen erfordert Kraft. Dagegen war eine Trainingseinheit im Fitnessstudio ein Kinderspiel.

In der Schule standen währenddessen die Notenvergabe und das obligatorische Ratespiel an: Im Fach »Kaufmännische Steuerung und Kontrolle« fragte uns die Lehrerin, welche Noten wir uns denn vorstellten. Ich war sehr gut in dem Fach. Ich wusste nahezu alles und auf jede Frage der Lehrerin die richtige Antwort. Mein einziges Problem war, ich wurde praktisch nie drangenommen.

»Yasemin«, fragte die Lehrerin meine Mitschülerin, »was meinst du, was hast du für eine Note?«

»Also, ich könnte mir eine Eins Minus vorstellen«, erwiderte sie.

»Ja, ich sehe dich ebenfalls eindeutig als die Stärkste im Kurs. Aber ich würde dennoch sagen: Zwei Plus.«

Als ich das hörte, platzte mir fast der Kopf. Ich war eindeutig der Leistungsträger in dem Kurs, nicht Yasemin. Von dieser Fehleinschätzung der Lehrerin einmal abgesehen, wenn sie schon der vermeintlich »Stärksten im Kurs« nur eine Zwei Plus gab, was drohte dann mir?

»Und Yiğit, was stellst du dir für eine Note vor?« Sie stand vor mir.

Ich schaute zu ihr auf und sagte: »Eins Plus!« Sie guckte verdutzt. Fast schon bestürzt. Als hätte sie soeben erfahren, sie sei in Wirklichkeit ein Adoptivkind. Von hinten rief Yilmaz: »Sorry, aber ist doch wahr. Yiğit ist der beste im Kurs!«

Die Lehrerin: »Also wirklich, Eins Plus ist hart.«

»Sie haben selbst zu Beginn des Kurses gesagt, für eine Eins müsse man sich ungefähr fünf Mal pro Stunde melden«, sagte ich. »Ich melde mich in jeder Stunde ungefähr fünfzig Mal. Aber sie nehmen mich praktisch nie dran.«

»Genau«, sagte sie, »und wenn ich dich nicht rannehme, kann ich ja auch nicht wissen, ob deine Antwort richtig gewesen wäre.« Jetzt war es an mir, verdutzt zu gucken. Diese Antwort war so dämlich, dass ich jede Hoffnung fahren ließ, mich mit ihr auf Augenhöhe über meine Benotung unterhalten zu können. Ich akzeptierte also die Zwei.

In der darauffolgenden Pause stritten Ümit und Varol miteinander. Nicht über Noten, sondern über Fußball. Ümit und Varol waren Cousins und gehörten zu der Kreuzberger Gang Fatbags. In der Regel verstanden sie sich bestens. Doch nun meinte Ümit, Michael Ballack sei ein besserer Fußballer als

Zinedine Zidane. Eine Aussage, die an Dummheit natürlich kaum zu überbieten war. Das fand auch Varol und entgegnete Ümit: »Waaas? Ballack besser als Zidane?«

»Klaaar!«, erwiderte Ümit.

»Du hast keine Ahnung!«

»Du hast keine Ahnung!«

»Halt deine Fresse! Ich warne dich!«

»Was willst du machen?!«

»Ich ficke deine Mutter!«

Dann wurden die Messer gezückt, und es ging ab. Die beiden Cousins stachen aufeinander ein. Wegen der Frage, wer der bessere Fußballer war, Ballack oder Zidane. Man sollte nie Äpfel mit Birnen vergleichen, wenn man bewaffnet ist. Und Messer gehörten leider immer noch zur Standardausrüstung der meisten Schüler in Neukölln und Kreuzberg, vor allem der türkischen. Es gibt dazu einen passenden Witz: Ein Russe geht in eine Disco. Er trägt ein T-Shirt, auf dem steht: »Türken haben drei Probleme.« Ein Türke kommt auf ihn zu und fragt: »Ey, Kollege, was is' das für'n Scheiß?!«

Der Russe antwortet: »Siehst du, das ist euer erstes Problem, ihr seid viel zu neugierig.«

Der Türke geht und taucht nach ein paar Minuten mit einem Kollegen wieder auf. Die beiden schubsen den Russen herum. Der Russe meint: »Siehst du, das ist euer zweites Problem, ihr seid viel zu aggressiv.«

Die Türken ziehen ab, der Russe trinkt sein Bier aus, tanzt noch eine Stunde und geht dann aus der Disco raus. Draußen warten die Türken mit fünf Mann, alle ziehen ein Messer.

Der Russe: »Seht ihr, und das ist euer drittes Problem. Ihr kommt mit Messern zu einer Schießerei.«

Man mag sich daher gar nicht ausmalen, wie die Sache endet, wenn sich zwei Russen über den besseren Fußballer streiten.

Am selben Tag wollte Turgut, der wie Ümit und Varol ebenfalls Mitglied der Fatbacks war, mich nach der Schule nach Hause fahren. Ich wusste, dass Turgut keinen Führerschein besaß, aber das war mir egal. Außer mir waren noch zwei seiner Freunde mit im Auto. Wir redeten über den Messerkampf der Cousins am Vormittag und über die Zeit, als unsere Gangs noch miteinander verfeindet waren. Mit einer großen Schaufel hatte ich mal zwei aus ihrer Gruppe verprügelt. Turgut erwähnte beiläufig, dass er momentan auf Bewährung und somit gezwungen sei, keine Scheiße zu bauen. Ich war etwas irritiert. »Und was ist mit Fahren ohne Führerschein?«

»Ach«, sagte Turgut, »da passiert nichts.« Doch er schien ins Grübeln zu geraten. Und um ihn ein bisschen zu ärgern, zeigte ich zum Spaß auf eine beliebige Straßenecke und rief: »Da ist ein Bulle!« Danach flog ich fast durch die Windschutzscheibe. Turgut legte eine Vollbremsung hin. Er riss die Fahrertür auf, stieg auf offener Straße aus dem Auto und rannte weg. Ich guckte die anderen Jungs achselzuckend an und stieg dann ebenfalls aus. Zu Hause war ich zwar noch nicht, doch um die Ecke lag immerhin mein Fitnessstudio, mein zweites Zuhause sozusagen. Trainingsklamotten hatte ich keine dabei, aber vielleicht würde ich den einen oder anderen Kumpel antreffen, um zu quatschen. Schließlich kannte ich das halbe Studio. Tatsächlich traf ich einen alten Freund. Wir kamen ins Plaudern, und er erzählte mir von seiner ehemaligen Schule, der privaten Kant-Oberschule in Steglitz. Er berichtete mir von Lehrern, die sich um jeden Schüler persönlich kümmerten, von der Beliebtheit der Schule bei den Hochschulen und von der angenehmen Atmosphäre, die dort insgesamt herrschte. Ich wurde neugierig und liebäugelte damit, an diese Schule zu wechseln. Die Sache hatte nur einen Haken: 365 Euro. Das war die monatliche Schulgebühr an der Kant-Oberschule. Das Geld hatte ich nicht.

Nichtsdestotrotz hatte mir sehr gefallen, was mein alter

Freund mir über die Einrichtung erzählt hatte, und so sprach ich abends mit meinen Eltern darüber. Mein alter Herr war strikt dagegen. Es sei zu teuer, ich solle lieber eine Ausbildung machen und Geld verdienen, statt für irgendeine Schule in Steglitz noch zusätzlich welches auszugeben! Meine Mutter dagegen hielt an ihrem Traum fest, dass ihr Sohn eines Tages Abitur machen würde. Sie bot mir an, mich finanziell zu unterstützen, und ich überlegte, ob ich neben der Schule den Rest würde dazuverdienen können. Doch zuerst standen ohnehin noch die MSA-Prüfungen an. Würde ich diese nicht bestehen, brauchte ich mir um Schulgebühren und Nebenjobs keine Gedanken zu machen.

Immer wieder hatten die Lehrer uns gewarnt, dass wir in unserer Freizeit lernen müssten, da der Unterricht nicht alles abdecken könne, was in den Prüfungen abgefragt wird. Trotzdem hielt sich meine Nervosität in Grenzen. Ich hatte in allen Klassenarbeiten Einsen geschrieben, selbst wenn die Prüfungen geringfügig anspruchsvoller waren als erwartet, sollten sie mir keine dramatischen Probleme bereiten. Meine Sorge waren eher meine Fehltage. Ich hatte gehört, dass gemäß irgendeiner Verordnung jene Schüler, die eine gewisse Zahl von Fehltagen überschritten, automatisch keinen MSA bekamen, egal wie gut ihre Noten waren. Die Grenze lag bei 75 Fehltagen pro Schuljahr. Ich hatte allein im zweiten Halbjahr bereits über 90. Daran ließ sich nun aber nichts mehr ändern. Ich konnte ja nicht jeden Tag einfach zwei, drei Stunden länger in der Schule bleiben, bis mein Stundenkonto wieder ausgeglichen war.

Kurz bevor die MSA-Prüfungen dann anstanden, rief mich mein Kumpel Arman an. Ich hatte bereits mit ihm zusammen gelernt, da er mit dem Unterrichtsstoff auf sich allein gestellt nicht so recht klarkam und große Angst hatte, dass er die MSA-Prüfung nicht bestehen würde. Jetzt am Telefon klang er jedoch zum ersten Mal seit geraumer Zeit wieder richtig fröhlich. Und als er mir den Grund für seinen Anruf nannte, verstand ich auch, wieso: »Yiğit, ich habe die Mathe-Arbeit! Irgendjemand hat sie gestohlen.« Er brachte mir die Arbeit und verkaufte sie danach an andere Schüler weiter. Ich sah mir die Prüfungsfragen an, rechnete alle Aufgaben durch und lernte die Rechenwege auswendig. Perfekt, dachte ich mir, eine Sorge weniger.

Leider hatte ich mich zu früh gefreut und die Rechnung ohne die große Unbekannte gemacht, nämlich die Idiotie der anderen. Der Schwindel flog auf, weil einige Genies unter den Schülern, die die Prüfungsfragen ebenfalls im Vorfeld zu Gesicht bekommen hatten, ihre bereits vollständig ausgefüllte Arbeit mit zur Schule nahmen. Und sich dabei erwischen ließen. Die Prüfung wurde also wiederholt. Mein Freund Arman kam daraufhin zu mir und erzählte, dass er die Arbeit so richtig verhauen hätte. Ich versuchte ihn zu trösten, trotz allem für die kommenden Arbeiten zu motivieren und half ihm weiterhin beim Lernen.

An dem Tag, an dem wir schließlich die Ergebnisse der MSA-Prüfungen mitgeteilt bekommen sollten, hatte ich zittrige Beine. Nicht wegen der Noten, sondern wegen meiner Fehltage. Ich ging also zu meiner Lehrerin Frau Glöckner und fragte sie, ob ich bestanden hatte.

»Ja, klar«, sagte sie. »Wieso? Hattest du Zweifel?«

»Nö, nö. Alles gut.« Ich gab ihr einen fetten Schmatzer auf die Wange und ließ sie irritiert zurück. Als der gesamten Klasse später die Ergebnisse der Prüfung verkündet wurden, kam jedoch der eigentliche Knaller: Nur drei Schüler hatten bestanden. Die Namen nannte Frau Glöckner vorerst nicht, doch existierten kaum Zweifel daran, wer die drei Schüler waren. Neben mir waren Yasemin und noch ein weiteres Mädchen als Leistungsträger bekannt. Während sich Frau Glöckner also daranmachte, die Zeugnisse zu verteilen und jedem einzeln sein Ergebnis mitzuteilen, erwartete niemand ernsthaft eine Überraschung. Dann der Schock: Yasemin bricht in Tränen aus! Sie hatte es nicht geschafft. Ich sah zu ihr rüber, vollkommen aufgelöst hockte sie da. Doch wenn sie nicht bestanden hatte, wer war dann der Dritte im Bunde?

Plötzlich sah ich hinter Yasemin einen Schüler aufspringen. »Yiğit, du Arschloch!«, rief Arman. »Ich habe meinen MSA!« Er hatte Tränen in den Augen. Fast hätte ich mitgeheult. Der Einbrecher aus Wedding hatte seinen MSA – und weinte vor Glück. Ich selbst hatte wie erwartet nur Einsen und Zweien auf dem Zeugnis. Was mich allerdings wunderte, waren meine Fehlzeiten, die ebenfalls im Zeugnis aufgeführt wurden. Es waren genau 74. Ein Tag weniger als zulässig. Rein »zufällig«. Ich war den Lehrern unendlich dankbar. Wir wussten alle, es hätten weit mehr Fehltage sein müssen. Jetzt musste ich mich nur noch entscheiden, an welche Schule ich gehen wollte. Ich hätte an der Bertha-von-Suttner bleiben können, auch hier konnte man die allgemeine Hochschulreife erlangen. Doch mich ließen die Geschichten nicht los, die mein Kumpel mir im Fitnessstudio von der Kant-Oberschule erzählt hatte.

Kapitel 11

Exotik

Ich ging also zur Kant-Oberschule, um mich zu bewerben. Die Schule lag wie gesagt in Berlin-Steglitz. Türken sahen Lehrer und Schüler dort für gewöhnlich nur, wenn sie sich in der Pause einen Döner holten. Das fünfstöckige Gebäude war modern gestaltet, ganz oben an der Vorderseite stand in blau »Berlin International School« geschrieben, ein Stockwerk darunter in grau »Private Kant-Schule«. Das war es aber auch schon an Farbenspiel, Graffiti suchte man hier vergebens. Auf der gegenüberliegenden Straßenseite befand sich eine Mercedes-Niederlassung. Vielleicht damit die Schüler direkt wussten, wofür sie sich anstrengten. Nach dem Motto: Nicht für die Schule lernt man, sondern für eine S-Klasse. Ich war beeindruckt.

Der Hochschulkoordinator setzte sich mit mir in einen Raum und musterte mich. Sein Blick startete bei meiner Jordan Jogginghose, wanderte über mein knallenges Muskelshirt und landete schließlich bei meinem Boxerhaarschnitt, wo er einige Sekunden verweilte. Und während ich ihm freundlich in die Augen sah, war er noch immer mit meiner Frisur beschäftigt. Womöglich stellte er sich ein Jahrgangsfoto mit mir und dem Rest der Schüler vor. Die anderen Eltern würden ihn in Anbetracht dieses Fotos vermutlich fragen, wieso die Schule a) neuerdings Personenschutz beschäftigt, dieser b) mit auf dem Jahrgangsfoto ist und c) in Jogginghose und Muskelshirt seiner Arbeit nachgeht. Bei 365 Euro monatlicher Schulgebühr müsste doch wohl eine Uniform für den Sicherheitsdient drin sein!

Der Hochschulkoordinator blätterte in meinen Unterlagen. Ich lächelte unverdrossen weiter. Meine Noten waren super, das wusste ich. Die formalen Kriterien brachte ich also mit, um an der Kant-Oberschule angenommen zu werden. Nicht ich stand somit im Zentrum dieser Prüfung, sondern gewissermaßen er selbst. Was er da vor sich sitzen hatte, war nicht weniger als der Fleisch gewordene Stresstest für seine Toleranz. Er nahm mich schließlich an der Schule auf und wurde später mein Mathelehrer. Irgendwann gestand er mir, dass er mich allein wegen meiner Erscheinung eigentlich nicht hätte aufnehmen wollen. So manch ein Mitschüler dürfte sich gewünscht haben, er hätte es tatsächlich sein gelassen. Ich war der einzige Türke in der Oberstufe, und meine Anwesenheit war für viele offensichtlich keine Selbstverständlichkeit. »Was sucht denn der Kanake hier?«, hörte ich sie hinter meinem Rücken sagen. Sie sollten ihre Antwort noch bekommen.

Als ich am ersten Schultag morgens wieder in Jogginghose und Muskelshirt ankam (da ich direkt nach der Schule noch zum Sport ging), blickten mich erneut alle verwundert an. Ich war der Exot, der aus dem Ghetto kam. Die Klasse dagegen sah aus, als wäre sie von südafrikanischen Apartheid-Fans zusammengesetzt worden. Womöglich zur Tarnung hatten sie einen Halbafrikaner in die letzte Reihe platziert. Ich setzte mich daneben.

»Ich bin Vincent«, sagte er und gab mir die Hand.

»Yiğit«, sagte ich, »wir zwei sind also die Schoki, schätze ich.«

Vincent guckte mich fragend an.

»Die Klasse«, sagte ich und zeigte nach vorne, »sie sieht aus wie ein Mandelhörnchen: überall weiß, nur an den Enden sitzt die Schoki.«

Er lachte, wir kamen sofort gut miteinander aus. Auch der Rest war nicht so übel wie befürchtet. Dennoch war die Stimmung irgendwie anders. Meinem Gefühl nach betraf das die ganze Gegend. Neukölln mochte als Bezirk seine Probleme haben, aber trotz aller Gewalt und der sozialen Härte spürte ich eine gewisse Warmherzigkeit im täglichen Miteinander. Die Menschen grüßten sich, halfen sich gegenseitig, permanent sah man irgendwo jemanden einer Frau den Kinderwagen die Treppen hochtragen. Das war in Steglitz nicht der Fall. Und das lag mitnichten daran, dass es hier weniger Kinderwagen gab. Vielmehr waren die Menschen spürbar stärker auf sich selbst fixiert und trugen soziale Scheuklappen. An meinen neuen Klassenkameraden fiel mir das sofort auf. Es äußerte sich an Kleinigkeiten. Da, wo ich herkam, war es beispielweise ein Gebot des guten Miteinanders, dass man den ersten Schluck eines Getränks den anderen anbot. Hätte ich an der Kant-Oberschule auf diese Geste gewartet, wäre ich verdurstet.

Natürlich gab es Schlimmeres. Unterm Strich fühlte ich mich an der neuen Schule wohl und willkommen, was nicht zuletzt an unserem Klassenlehrer lag. Herr Janssen war Ende vierzig, kleidete sich sehr leger und war einfach ein sympathischer Geselle. Ein totaler IT-Freak. Er bot uns direkt an, ihn über Instant Messaging per MSN anzuschreiben, falls wir irgendwelche Fragen an ihn hätten. Ich war perplex, so viel Entgegenkommen hatte ich von einem Lehrer bis dato nicht erlebt. Wäre einer der Lehrer meiner alten Schulen per Instant Messaging von einem Schüler angeschrieben worden, er hätte vermutlich keine zwei Sekunden später bei der Polizei angerufen. Und pauschal um Aufnahme ins Zeugenschutzprogramm gebeten.

Als dann die erste Biologiestunde anbrach, fühlte ich mich endgültig wie Alice im Wunderland. Der Biologielehrer bezeichnete uns als Elite, da wir den Weg des deutschen Abiturs gewählt hatten. Das klang zwar ein bisschen merkwürdig und irgendwie ideologisch, dennoch: Es war das erste Mal, dass ich von einem Lehrer als Teil einer Elite bezeichnet wurde! Am Ende der Stunde meinte er: »Wenn ihr irgendwelche Fragen habt, lasst bitte die langen E-Mails sein.« Okay, dachte ich, das klingt nach Ärger im Paradies. Scheinbar war hier doch nicht alle so töfte.

»Lasst die E-Mails sein«, wiederholte er und fuhr dann fort: »Ruft mich einfach an.« Dann schrieb er seine Festnetznummer an die Tafel. Seine Festnetznummer!

Hätte einer meiner alten Lehrer das gemacht, er hätte sich gleich eine *neue* Nummer zulegen können. Besser noch: einen neuen *Job*. Das Preisgeben von Privatem oder, noch schlimmer, von den eigenen Kontaktdaten, das war, als würde man während der Menstruation in ein Haifischbecken springen. Doch hier war alles anders. Nie hatte ich solch ein Vertrauen gegenüber den Schülern erlebt. Die gesamte Lehrerschaft stärkte unser Selbstbewusstsein und ermutigte uns. Regelmäßig bekamen wir gesagt, dass wir alles erreichen könnten, was wir wollten. Wenn wir uns nur ausreichend anstrengten. Und an Anstrengungen sollte es wahrlich nicht mangeln an der Kant-Oberschule.

Als ersten Profilkurs wählte ich Mathe. Das war – abgesehen von Sport – immer schon mein Lieblingsfach. Der Lehrer hieß Boyn. Er war ein großer, kräftiger Mann, der leicht gebückt lief und die Füße beim Gehen kaum anhob. Gerne startete er mit einem Witz in seinen Unterricht, wie zum Beispiel: »Treffen sich zwei Würstchen in 'ner Erbsensuppe. Sagt die eine: Ganz schön heiß hier! Sagt die andere: Ich bin auch schon voll angenervt. Gerade eben ist meine Verabredung geplatzt.« Ich mochte ihn.

Als zweiten Leistungskurs musste ich Wirtschaftswissenschaften wählen. Das löste in mir nicht gerade überschwängliche Freude aus. Bereits an der Bertha-von-Suttner hatte ich Wirtschaftsunterricht gehabt, der mir aufgrund seiner Langatmigkeit und Trockenheit ein Gräuel gewesen war. Doch die Kant-Oberschule hatte einen Wirtschaftsschwerpunkt, somit blieb mir keine andere Wahl. Der Oberstufenkoordinator hatte mir bei unserer ersten Begegnung schon gesagt, mein bisheriger Wirtschaftsunterricht sei zwar grundsätzlich ein Vorteil für mich, ich solle mir aber darüber im Klaren sein, dass mich nun ein anderes Niveau erwarte. Meine Vorfreude war also gleich Null, als schließlich die erste Stunde bevorstand.

Dann trat mein Wirtschaftslehrer auf die Bühne. Herr Schluckebier machte vom ersten Moment an einen so sympathischen Eindruck wie kein anderer Lehrer, der mir bis dahin über den Weg gelaufen war. Er kleidete sich modern, trug Hosen von Boss, Oberhemden von Eterna, Gürtel von Burberry. Die Marken und Labels wechselten, doch seine Kleidung zeugte stets von Stil. Die überwiegende Mehrheit meiner bisherigen Lehrer konnte diesen nicht vorweisen. Statt zum Herrenausstatter gingen sie offenbar zum Altkleidercontainer ihres Vertrauens. Zumindest sahen sie so aus. Alles an ihnen verströmte Elend. Ihre Klamotten, ihre Gesichter, ihr fahle Haut.

Herr Schluckebier dagegen trug immer ein Lächeln im Gesicht. Manchmal erinnerte er mich an einen stilvoll gekleideten Teddybären. Gleichwohl fehlte es seinem Unterricht keineswegs an Härte. Das galt auch für die anderen Fächer an der Kant-Oberschule. Mochten die Stimmung und die Lehrer noch so freundlich sein, der Unterricht war brutal. Der Unterschied zu den anderen Schulen, die ich bisher besucht hatte, war wirklich heftig. Bereits meine Englischlehrerin an der Bertha-von-Suttner hatte mich gewarnt: »Der Niveauanstieg allein von der zehnten Klasse im Gymnasium zum Abitur ist schon enorm. Da kannst du dir sicher vorstellen, wie enorm der Anstieg von unserer Schule, auf der weniger Schüler ihren MSA erreichen als an den Hauptschulen, zur Oberstufe sein wird. Du wirst definitiv nicht oft fehlen dürfen!«

Jetzt verstand ich, was sie meinte. Die Unterforderung, die mich an den anderen Schulen so oft geplagt hatte, war plötzlich wie weggeblasen. Selbst die Pausen boten nicht wirklich Erholung. Die Schüler redeten hier anders. Viel gehobener. Es fielen keine Worte wie »Opfa« oder »Spasten«. Nicht »Ficken« und »Blasen« standen hier im Mittelpunkt der Gespräche, sondern Politik, verschiedene Ideologien etc. Und war tatsächlich mal von Blasen die Rede, dann ging es um überheizte Immobilienmärkte oder Ähnliches. Themen eben, die weiße, wohlhabende Westler so umtreiben.

Die weiße Hegemonie spiegelte sich, wie bereits erwähnt, auch durchaus im Klassenbild wider. Nahezu alle waren blond und so weiß wie die Kutte des Ku-Klux-Klans. Der Einzige, der neben Vincent und mir noch aus dem ethnischen Rahmen fiel, war ein Fernost-Asiate. Er hieß Claus. Rein vom Namen her war er also bereits voll assimiliert. Trotzdem bekam er sein Fett weg, vor allem von den Brüdern Bukowski. Sie waren Zwillinge und saßen zu allem Überfluss auch noch nebeneinander. Getrennt ließen sie sich gut ertragen, aber im Doppelpack raubten sie einem jeden einzelnen Nerv. Sie waren intelligent, gleichzeitig sadistisch und besaßen den Charme einer Stechmücke. Am liebsten stachen sie auf Claus ein. Sie machten sich über sein Äußeres lustig oder fragten ihn, ob er illegal in Deutschland sei. Auch eine exzellente Schulbildung schützt eben nicht vor spätpubertärem Verhalten. Trotz ihrer Intelligenz konnten die Zwillinge sich allerdings nicht lange an der Schule halten.

Ähnlich erging es Viktoria. Sie kam wie ich aus Neukölln, jedoch aus der südlichen Region Rudow, wo die Spießer wohnten. Während der ersten Klausurphase gab ich ihr Nachhilfe in Biologie. Kurz darauf bot sie mir an, mich auf dem Weg zur

Schule von ihrer Mutter abholen und mitnehmen zu lassen. Wohlgemerkt: jeden Morgen. Wie nett, dachte ich mir, und nahm das Angebot an. Einige meiner Mitschüler munkelten zwar, Viktoria sei verknallt in mich, aber ich war nicht bereit, das ernst zu nehmen. Ich war nett zu ihr gewesen, nun war sie nett zu mir. Nichts also, was wohlerzogene Leute nicht täten. Eine Hand wäscht die andere, auch in Rudow. Nur dass die Hände in Rudow vielleicht weniger Hornhaut haben als jene im Norden Neuköllns. Und seltener gebrochen werden.

Eines Tages besuchte uns dann eine gute Freundin von mir in der Schule und saß mit im Unterricht. Sie hatte so viel von den angeblich tollen Lehrern gehört, die ihre Schüler tatsächlich wie richtige Menschen behandelten, dass sie sich selbst davon überzeugen wollte, ob das nicht nur ein urbanes Märchen war. So wie das Krokodil im Abwassersystem von New York. Als mein Mitschüler Tim, den sie zufällig auch kannte, ihr dann erzählte, Viktoria sei in mich verknallt, hatte sie eine Idee, von der sie mir allerdings nichts erzählte. Sie wollte Viktoria glauben lassen, wir seien ein Paar. Tim sollte den Boten mimen. Er setzt sich also zu Viktoria und erwähnte beiläufig, dass es meine feste Freundin sei, die uns da an diesem Tag in der Kant-Oberschule besuche. »Ist sie nicht hübsch? Die beiden sehen super aus zusammen. Sie sollten heiraten, denkst du nicht auch?«

Viktoria dachte nichts dergleichen. Nicht mal im Ansatz. Sie stand auf, verließ den Raum und knallte die Tür hinter sich zu. Ich stand derweil mit meiner vermeintlichen Freundin rum, sah im Augenwinkel Viktoria an mir vorbeiflitzen und hatte keinen Schimmer, warum sie derart aufgewühlt war. Meine Begleitung grinste nur stumm vor sich hin.

Nach Schulschluss kam Emma zu mir, die beste Freundin von Viktoria. Sie berichtete mir in epischer Breite von Viktorias Gefühlen für mich. Davon, wie sie allein drei Mal pro Woche mit ihrer Mutter stritt, damit diese einen Umweg fuhr und mich von zu Hause abholte. Davon, wie Viktoria es genoss, auf dem Weg zur Schule neben mir zu sitzen. Davon, wie sich ihr Freund von ihr trennte, weil sie so oft über mich sprach. Und davon, wie Viktoria sogar plante, zum Islam zu konvertieren, um die tiefe Ernsthaftigkeit ihrer Zuneigung zu mir zum Ausdruck zu bringen. Schließlich habe sie sogar ausprobiert, wie ihr ein Kopftuch stünde. »Ihr Kopf ist aber zu groß«, sagte Emma.

Ich machte Emma klar, dass das mit mir und Viktoria nichts werden würde.

»Wegen dem großen Kopf, stimmt's?«

»Nein, nicht wegen dem großen Kopf. Ich finde an der Größe ihres Kopfes ehrlich gesagt nichts Ungewöhnliches.«

»Und du bist nicht mal ein kleines bisschen verknallt in sie?«

»Leider nein.«

»Dann verstehe ich nicht, wie du das mit dem Kopf übersehen kannst. Aber gut ... Jeder hat ja so seine eigenen Vorstellungen von gesunden Körperproportionen.«

Ich hielt fortan einen deutlichen Abstand zu Emma und Viktoria. Zu Emma, um weitere Diskurse über Körperproportionen zu vermeiden, und zu Viktoria, um bei ihr keine falschen Hoffnungen zu wecken. Leider musste ich von nun an wieder jeden Tag mit der Bahn zur Schule. Somit war auch ich ein bisschen traurig über den Ausgang der Geschichte. Aber man muss sich selbst treu bleiben. Und klein war Viktorias Kopf tatsächlich nicht. Im Grunde war es ein Wunder, dass sie nicht ständig vornüber fiel. Früher hätte ich die ganze Situation vermutlich trotzdem zu meinem Vorteil ausgenutzt, doch kürzlich hatte ich beschlossen, weniger Zeit mit dem weiblichen Geschlecht zu verbringen. Dafür mehr Zeit mit der Ausgestaltung meiner Zukunft. Nicht zuletzt führten meine häufigeren Besuche der Freitagsgebete und die vielen Gespräche mit anderen Leuten in der Moschee dazu, dass mein Blick auf Frauen sich änderte und ich sie mit mehr Respekt behandelte. Immerhin waren sie alle die Schwestern, Mütter oder Töchter von irgendwem. Irgendwann begann ich, die bei den Muslimen geltenden Pflichtgebete auch an normalen Tagen wahrzunehmen. Dadurch stiegen meine innere Ruhe und meine Geduld noch mehr an.

Als wir dann zum ersten Mal unsere mündlichen Zwischennoten bekamen, wurde mir klar, dass ich tatsächlich gute Chancen hatte, das Abitur zu meistern. Zumindest, wenn ich weiterhin am Ball bleiben würde. Ich hatte in nahezu jedem Kurs eine mündliche Zwei. Gleichzeitig waren sich alle Lehrer einig in ihrer Kritik: »Yiğit, die Quantität deines Inputs ist hervorragend. Woran es etwas mangelt, ist die Qualität. Du solltest noch etwas analytischer werden.«

Leichter gesagt als getan. Ich konnte mir ja keine Analysen aus den Rippen schneiden. Außerdem war Qualität bisher nie ein Maßstab gewesen, was die mündliche Mitarbeit betraf. An meinen bisherigen Schulen hatte es gereicht, sich einfach nur so oft wie möglich zu melden. Und nach dem Unterricht zum Lehrer zu gehen, um zu fragen, wie man heute so war.

An der Kant-Oberschule zog das nun jedoch nicht mehr. Und so war ich regelrecht gezwungen, bereits im Vorfeld gründlicher über das nachzudenken, was ich im Unterricht zu einer bestimmten Fragestellung äußern wollte. Tatsächlich wurde dadurch meine Fähigkeit zum analytischen Denken gestärkt. Jetzt begann ich, die Frage bereits in Gedanken von allen Seiten zu erörtern und mir selbst mögliche Folgefragen zu stellen, bevor ich etwas kundtat. Auf diese Weise schaffte ich es, die Qualität meiner Antworten erheblich zu steigern und kam in einigen Fächern von einer Zwei auf eine Eins im Mündlichen. – Nur nicht in Chemie.

Valenzschalen und Co., das war einfach nicht mein Ding. Hinzu kam, dass meine Chemielehrerin eine überaus ansprechende Blondine war. Zwar hatte sich meine Betrachtungsweise hinsichtlich des weiblichen Geschlechts generell geändert, doch gegen gewisse Automatismen kommt eben auch die Vernunft nicht an. Selbst der diszipliniertestе Diabetiker dürfte Speichelfluss kriegen, wenn er eine Torte sieht. Und meine Chemielehrerin war so eine Torte. Meiner Fantasie half ihre Erscheinung jedenfalls spürbar auf die Sprünge, meinen analytischen Fähigkeiten dagegen nicht im Geringsten.

Um mich überhaupt irgendwie auf den Unterricht konzentrieren zu können und keinen unsittlichen Gedanken nachzugehen, bemühte ich mich, auf ihre Nase zu starren. Zugegeben, ihre Nase machte es einem nicht sonderlich schwer. Ihr eines Nasenloch war sichtlich größer als das andere, diese anatomische Unregelmäßigkeit schmälerte ihre Attraktivität wenigstens ein winziges bisschen.

Einer der Bukowski-Zwillinge flüsterte mir einmal zu: »Ist die mit dem Daumen in der Nase eingeschlafen?« Immer wenn ich merkte, wie mein Interesse für den Unterrichtsstoff erneut dem für die Lehrerin wich, stellte ich sie mir mit dem Daumen in der Nase vor. Das brachte mich meistens gut durch die Stunde.

Ich strengte mich wirklich unfassbar an, um auch in Chemie die bestmögliche Punktzahl zu erreichen. Nach langem, mühseligem Lernen schaffte ich es schließlich, in der Klausur eine Vier Plus zu schreiben. Immerhin die zweitbeste Arbeit der Klasse.

Valenzschalen, so viel hatte ich mittlerweile gelernt, sind keine Tischdekoration. Darauf ließ sich aufbauen.

Solange nur weiter das Geld floss, um die monatliche Schulgebühr zu bezahlen.

Kapitel 12

Echo

Um mir die nötige Kohle zu verdienen, jobbte ich als Türsteher. Die passende Statur für den Job besaß ich ja bereits – 98 Kilo auf 1,86 m. Ich sah aus wie ein riesiger Klumpen osmanischer Muskelmasse. Meine Arbeitsstätte war eine Diskothek am Potsdamer Platz. Ich hatte keine große Lust auf die Arbeit, doch ich wollte einen Teil der Schulgebühren übernehmen, um meine Mutter zu entlasten. Außerdem bestand mein Team beinahe ausschließlich aus Freunden. Ich konnte ihnen blind vertrauen. Andernfalls hätte ich den Job nicht angenommen.

Mein erster Tag am Potsdamer Platz verlief denkbar ruhig. Es gab keine größeren Streitigkeiten oder Aufreger, mal abgesehen von einem Mädchen, das bewusstlos auf dem Damenklo lag. Als ich reinging, um sie rauszutragen, schrie ein anderes Mädchen aus der Kabine heraus: »CANSUUU, BITTEE. LASS UNS GEEEHHHNNN!« Nachdem sie das gesagt hatte, musste sie kotzen.

»Cansu ist gerade nicht ansprechbar«, sagte ich. »Ich schätze, in weniger als einer Viertelstunde wird ihr der Magen ausgepumpt werden. Soll ich dich gleich mit anmelden, oder wie sieht das aus?« Hinter der Kabinentür ertönte erneut ein brachiales Kotzgeräusch.

»Ich betrachte das mal als Ja«, sagte ich und ging mit dem bewusstlosen Mädchen auf dem Arm nach draußen, wo mir bereits die Sanitäter entgegenkamen. »Da drinnen wartet noch eine«, sagte ich zu einem von ihnen, »vor zwei Sekunden war sie noch bei Bewusstsein, aber vielleicht schaut ihr lieber mal nach, ob sie nicht mittlerweile das Klowasser inhaliert.«

Wenige Wochen später fragte mich ein Freund aus einer Diskothek nahe der Warschauer Straße, ob ich ihm nicht aushelfen könne. Die Disko war bekannt dafür, dass ausschließlich Neuköllner mit schwarzen Haaren dort reindurften. Für eine gute Summe willigte ich ein, und da stand ich nun. Mir schwante nichts Gutes, als ich bereits kurz nach Dienstantritt sah, wie ein alter Bekannter nach dem anderen auf den Club zusteuerte – ich wusste, dieser Abend würde nicht ruhig enden. So viele Ex-Knackis, wie hier in diesem Laden versammelt waren, findet man sonst vielleicht noch auf der Jahresversammlung der Hells Angels. Und so kam, was kommen musste: Auf der Tanzfläche gerieten zwei Männer in einen Streit. Der eine griff nach einer Bierflasche und warf sie auf den anderen. Dieser wehrte die Flasche ab und warf sie zurück. Wer immer dem Szenario beiwohnte, verstand auf einmal, warum es Mehrwegflasche heißt. Das Flaschentennis ging noch etwa zehn Sekunden weiter, bis einigen im Publikum offenbar der Geduldsfaden riss und sie das Match beendeten. In Form einer Massenschlägerei. Die Polizei wurde gerufen, danach stürmten wir mit allen Mann auf die Tanzfläche. Bis zum Eintreffen der Bullen galt es, den Schaden an Leib und Leben möglichst gering zu halten. Zeit für Gespräche blieb keine. Jeder, der nicht bei drei aus dem Weg war, wurde im Würgegriff vor die Tür gebracht.

Ich für meinen Teil hatte der Gewalt eigentlich abgeschworen, nur war Abstinenz hier leider keine Option. Es machte mich traurig, wieder handgreiflich werden zu müssen, doch ich brauchte das Geld. Und gelernt ist gelernt. Die Bilanz des Abends: mehr Angetrunkene vor als in der Disko, zahlreiche Verhaftungen und ein ruinierter Anzug. Leider meiner. Ein toller erster Arbeitstag. Überdies musste ich wenige Stunden nach Dienstende bereits wieder in der Schule sein. Mir war direkt klar, dass das nicht lange gut gehen konnte. Also versuchte ich, irgendwelche Wochenendjobs zu ergattern und arbeitete vermehrt auf Messen oder Boxevents. Bei einer Kampfveranstaltung in der Universal Hall war es beispielsweise meine Aufgabe, die Besucher beim Einlass zu filzen. Damit keine Waffen oder Flaschen hineingeschmuggelt wurden. Und während ich so dastand und die Leute abtastete, machte unter den Kollegen plötzlich die Runde, dass ein berühmter deutscher Schauspieler soeben angekommen sei. Das war er tatsächlich, und zwar in Begleitung seiner Tochter und deren Freund. Sie wollten sich wie alle anderen die Kämpfe anschauen. Nur die Tochter ging ungefähr zur Hälfte der Veranstaltung mit ihrem Freund nach draußen. Nach etwa einer halben Stunde kam sie jedoch ohne ihn zurück. Sie fragte mich, wie lange die Kämpfe noch gehen würden. Ich gab ihr die gewünschte Auskunft, und sie schaute mich an.

»Willst du danach mit zu mir kommen?«, fragte sie und fixierte meine Augen.

»Bist du nicht gerade noch mit deinem Freund hier rausmarschiert?«

»Ach, das war nur mein Cousin.«

»Ihr habt Händchen gehalten, als ihr gekommen seid.«

»In meiner Familie stehen wir uns eben sehr nah. Wie sieht's jetzt aus, kommst du mit zu mir?«

Ich lehnte dankend ab. Den Stress konnte ich mir sparen. Davon bot der Job bereits mehr als genug. Da brauchte ich nicht noch irgendwelche verzogenen Prominenten-Töchter, die sich von der Leere ihres Daseins mit den Türstehern dieser Stadt ablenken wollten. Trotzdem genoss ich den Glamour, den die Boxevents so mit sich brachten. Bei Boxveranstaltungen schlagen immer irgendwie Prominente auf bzw. solche, die sich dafür halten. Das war eine willkommene Abwechslung zu der Klientel, die mir sonst unter die Fittiche kam. Als ich zum Beispiel einmal am Potsdamer Platz die Gegend rund ums Hyatt im Blick behalten sollte, kam es in der dortigen McDonalds-Filiale zu einer ganz besonders leckeren Begegnung. Die Filiale war generell schon einiges an Kummer gewohnt, da hier nach den Feierlichkeiten in der benachbarten Diskothek gerne mal die Stühle über die Theke flogen. Bis dahin war es in der Regel allerdings sehr ruhig, die erste Hälfte des Abends hatte ich also einen durchaus angenehmen Job. Zumal ich in der Filiale so viel essen durfte, wie ich wollte, wenngleich mir bei dem ständigen Geruch der Appetit auf Fast Food schnell vergangen war. Ich drehte also meine Runde und stieg die Treppen in die obere der beiden Etagen hinauf. Dort sah ich direkt einen Typen mit dem Kopf auf dem Tisch liegen. Ich ging zu ihm hinüber und betrachtete ihn genauer. Er war tatsächlich in seinem BigMac eingeschlafen. Ich hob seinen Kopf an. Der Käse hing an seinem Gesicht und zog lange Fäden. Während ich den Kopf des Mannes mit der einen Hand hielt, nahm ich mit der anderen eine Serviette und bedeckte den Burger damit. Dann ließ ich den Kopf des Mannes wieder zurück auf seine Mahlzeit sinken, schließlich hatte er dafür bezahlt. Ob er sie nun aß oder als Kopfkissen nutze, war seine Sache, fand ich.

Ich inspizierte daraufhin die Klos und erwischte einen Typen dabei, wie er sich eine Line Koks genehmigte. Gerade wollte ich ihn mir zur Brust nehmen, da hörte ich, wie in der unteren Etage ein Mann rumbrüllte. Aufgrund seiner eingeschränkten Fähigkeit, die von ihm gewählten Wörter sauber zu artikulieren, konnte ich schon aus der Entfernung erahnen, dass es sich bei dem Unruhestifter entweder um einen stark alkoholisierten oder um einen geistig behinderten Menschen handelte. »GUGG NICH! ICH HAB GESAGT, DU SOLLS NICH GUGGEN! GUGG WEGGGG!«, hörte ich ihn brüllen, während ich die Treppe runtereilte. Das Bild, das sich mir dann bot, war einigermaßen grotesk. Ein sehr schmächtiger weißer und ein sehr breiter arabischer Mann standen sich dort gegenüber. Breit in jeder Hinsicht. Er besaß ungefähr meine Statur, hatte aber deutlich mehr Promille im Blut. Der Schmächtige hatte offenkundig den Fehler begangen, den Breiten zu lange anzuschauen. Und er hörte nicht auf damit! Er starrte einfach weiter. Weshalb der in jeder Hinsicht Breite wiederum nicht müde wurde, zu brüllen: »GUGG NICH! ISCH HAB GESAGT, DU SOLLS NICH GUGGEN! GUGG WEGGGG!«

Der Schmächtige blieb weiterhin erschreckend unbeeindruckt. Den Breiten machte das umso wütender. Ich ging zu ihm hin und bat ihn, sich entweder zu beruhigen oder rauszugehen. Prompt gesellte sich einer seiner Kumpels zu uns, der mich zufällig aus Neuköllner Zeiten kannte, und half mir, den Schreihals zu beruhigen. Im Grunde waren wir nun fast am Ziel. Wäre nicht der Schmächtige gewesen ... Er starrte weiter, als hätte er noch nie in seinem Leben einen Araber gesehen und wollte diesen Augenblick für immer auf seiner Großhirnrinde einbrennen.

»GUUUGG MICH NICH AAAAN, ISCH SCHWÖRE, ISCH FICKE DISCH!« Alles ging wieder von vorne los. Der eine brüllte, der andere starrte. Zusammen mit einem Kollegen schmiss ich die gesamte Truppe vor die Tür. Mein Kollege schickte sie alle weg, während ich mich um den schmächtigen Herrn kümmerte.

»Ist alles in Ordnung?«, fragte ich ihn. »Was war denn los?«

Seine Antwort: »Sorry, I don't speak German.« Der Grund für das stoische Starren war somit gefunden.

Derselbe Kollege, der mich in dieser Situation bei McDonalds unterstützt hatte, wies mich später in eine ganz besondere Technik der Deeskalation ein. Er arbeitete schon länger für die für den Potsdamer Platz zuständige Security-Firma. Eines Abends bestand er darauf, mir etwas zu zeigen. Ich müsse dafür allerdings mit zu seinem Auto kommen. Wir gingen hin, er schloss auf, und wir setzten uns rein. Er sagte: »Wenn du diesen Job 'n paar Jahre machen willst, solltest du dir eines jeden Tag aufs Neue ins Bewusstsein rufen: Deeskalation geht vor Intervention. In diesem Sinne, gute Nacht.« Dann kurbelte er den Sitz nach hinten und legte sich schlafen.

Ich hockte verdutzt da. Doch er schien zu wissen, was er tat. Also gönnte auch ich mir eine gute Portion Schlaf. Um sechs Uhr morgens gingen wir zur Zentrale hoch und ließen uns auszahlen. Hätte an jenem Abend der berühmte Pokerraub in Berlin stattgefunden, wir hätten vermutlich ein mittelschweres Problem gehabt. Der fand nämlich an exakt derselben Ecke statt.

Kapitel 13

Anne

Abends unterhielt ich mich mit meiner Mutter bei einem Kaffee wie immer über den Tag. Über die Schule, meine Zukunft oder auch darüber, wie es in ihrem Leben gerade aussah. Ich wollte ihr das Gefühl geben, dass ich stets für sie da war. Sie hatte es nie leicht gehabt. Dass sie mit mir damals zur Max-Planck-Oberschule gegangen war, um die Direktorin um meine Aufnahme zu bitten, war im Prinzip ein Verstoß gegen jegliche Regeln, die ihr auferlegt worden waren. Zwar besuchte mein Vater mit ihr zusammen sehr viele Länder, von Europa bis zu den USA, doch sie war stets an ihn gebunden. Das war dem Einfluss meiner Großmutter zu verdanken, die es selbst aus der Ferne schaffte, meiner Mutter und meinem Vater das Leben schwer zu machen, gerne auch, indem sie andere Menschen gegen meine Mutter aufbrachte, wo sie nur konnte. Als der Vater meiner Mutter tödlich erkrankte, reiste ich gemeinsam mit ihr in die Türkei, um die letzten Wochen bei meinem Großvater zu sein. Kaum in der Türkei angekommen, bat ihre Schwiegermutter sie darum, Gardinen in ihrem Sommerhaus aufzuhängen. Meine Mutter verließ also ihren kranken Vater, um Gardinen zu kaufen und diese im Haus meiner Oma anzubringen. Und während sie mit dem Bohrer kämpfte und dabei beinahe vom Stuhl fiel, meinte eine Freundin zu meiner Oma: »Schau, was für eine Schwiegertochter du hast! Du kannst dich glücklich schätzen.« Meine Oma erwiderte nur: »Ach, was für eine

Schlange sie doch ist, du hast keine Ahnung!« Die Freundin meiner Großmutter erzählte uns später davon. Ich besuchte daraufhin meine Oma. Nach einem lautstarken Streit, in dem ich mir viele Beleidigungen über meine Mutter anhören musste, verbot ich ihr schließlich, uns jemals wieder besuchen zu kommen. Danach rief ich meine Mutter an und sagte ihr, dass Oma ab jetzt Geschichte ist. Meinem Vater teilte ich mit, dass diese Frau künftig nicht mehr über unsere Türschwelle treten wird. Er sah es nach einer kurzen Diskussion ein. Er kümmerte sich danach noch viele Jahre um seine Mutter, aber nicht mehr bei uns zu Hause, bis er selbst irgendwann nicht mehr konnte und den Kontakt abgebrochen hat. Blut ist halt nicht immer dicker als Wasser.

Mein alter Herr hatte leider nicht immer ein goldenes Händchen, wenn es darum ging, wem er seine Gunst zuteil werden ließ und wem nicht. So war mein Bruder beispielsweise immer schon das schwarze Schaf der Familie in seinen Augen – auch wenn er sich nie etwas zu Schulden hatte kommen lassen, im Gegensatz zu mir nicht eine einzige Anzeige kassiert hatte und niemals Mitglied einer Gang gewesen war. Genau wie ich entwickelte sich mein Bruder bereits früh zu einer Sportskanone, widmete sich ab einem bestimmten Alter dann aber nur noch seiner größten Leidenschaft, dem Billard, und wurde sogar mal Dritter bei der Deutschen Meisterschaft. Als Kind konnte er kaum ein Wort Deutsch sprechen. Als er nämlich auf die Rathenau-Grundschule kam, wo ich zehn Jahre später ebenfalls landen sollte, wurden die Ausländer noch strikt von den deutschen Schülern getrennt, was Integration und Spracherwerb natürlich nicht unbedingt vereinfachte. Wenn jemand ihn fragte, wie er heiße, schaute er denjenigen nur mit vielen Fragezeichen auf der Stirn an. Nach der Schule kam er dann mit seinen Klassenkameraden zu uns nach Hause, wo meine Mutter ihnen bei den Hausaufgaben half. Und das, obwohl sie selbst kaum ein Wort Deutsch sprach. Sie tat immer alles in ihrer Macht Stehende, damit wir in der Schule nicht den Anschluss verloren. Als sich in der achten Klasse mein Gangleben seinem Höhepunkt näherte, schwänzte ich aus Langeweile beinahe täglich die Schule, um in Ruhe auszuschlafen. Bis meine Mutter Wind davon bekam. Sie rief mich von der Arbeit aus an und kam notfalls sogar extra heim, um mich zu wecken. Ohne sie wäre ich total versumpft. Sie riskierte dabei einiges. Denn dass sie überhaupt arbeiten gehen konnte, war alles andere als eine Selbstverständlichkeit und genau zu der Zeit noch neu für sie. Mein Vater war stets dagegen gewesen, und es hatte sie viel Zeit und Kraft gekostet, den Mut nicht zu verlieren und sich dieses Privileg zu erkämpfen. Insbesondere nachdem ihr Kind gestorben und sie von ihrer Schwiegermutter für die nicht gemachten Betten meiner Cousinen geschlagen worden war, litt sie zunehmend an Depressionen. Ich erinnere mich an eine Situation in der dritten Klasse, als ich zu einer Klassenfahrt sollte und meine Mutter über Nacht, während ich schlief, meine Reisetasche packte. Sie setzte sich anschließend mit den Füßen nach draußen auf die Fensterbank. Wir wohnten im fünften Stock. Dass sie nicht so dort saß, um die Aussicht zu genießen, war damals selbst mir als Drittklässler klar. Später erzählte sie mir, sie habe in dem Moment meine Stimme gehört: »Bitte spring nicht!«, und sich deshalb umentschieden.

Viele Jahre später hatte es meine Mutter schließlich geschafft, sich ein Stück weit zu emanzipieren, und auch ihr Jüngster bereitete ihr immer weniger Sorgen. Ich hatte den erweiterten Hauptschulabschluss nachgeholt, mich von der Krankheit erholt, den mittleren Schulabschluss hingelegt. Ich hatte mich der Gewalt auf der Straße so gut es ging entzogen und war nun sogar dabei, mein Abitur zu machen. Meine Mutter war also im Glück. Sie hatte den Glauben an mich nie verloren, doch nun schienen ihre Träume tatsächlich wahr zu werden. »Werd doch Arzt oder Anwalt! Warum wirst du nicht Arzt oder Anwalt?«, waren ihre Worte immer gewesen.

»Arzt oder Anwalt« – das ultimative Synonym für Erfolg. Bei Türken zählen praktisch nur diese beiden Berufe. Vielleicht weil sie im deutschen Alphabet so weit vorne stehen. Tatsächlich haben es Zoologen eher schwer auf türkischen Familienfeiern. Welche Art Arzt genau, das spielt dabei überhaupt keine Rolle. Keinen interessieren die Details. Oder die Fachrichtung. Ob einer seinen Arbeitstag mit komplizierten Hirn-OPs zubringt oder fünf Tage die Woche Hodensäcke abtastet, egal. Hauptsache, er ist Arzt. Mit einer Ausnahme: dem Tierarzt. Zu nah am Zoologen. Und kein Türke ist stolz auf ein Kind, das seinen Arm regelmäßig bis zum Ellbogen in den Anus eines Rindviehs steckt. Das lässt sich der Verwandtschaft einfach nicht mit dem nötigen Flair vermitteln. Dann lieber sagen, das Kind ist im offenen Strafvollzug. Und deswegen eben abends immer zu Hause.

Wegen des Mythos vom Arztberuf und auch wegen meiner eigenen Erkrankung hatte ich schließlich tatsächlich überlegt, nach dem Abitur Medizin zu studieren. Herr Schluckebier, den ich zunehmend als Mentor sah, legte uns jedoch nahe, nicht darauf zu achten, was andere für gut befanden. Viel wichtiger sei es, dass wir unsere berufliche Zukunft danach ausrichteten, was uns selbst Freude bereitete. Man müsse stets mit sich selbst im Reinen sein, so seine Maxime, dann würden sich zwangsläufig irgendwann auch die Türen zum Erfolg öffnen. Bei dem einen früher, bei dem anderen später. Fest stünde: Wer sich selbst und seinen Interessen treu bleibt, der wird sein Glück über kurz oder lang finden. In der Art hatte ich das noch nie von einem Lehrer vermittelt bekommen. Wenn meine Mutter bis dahin mit ihren Ideen für meine berufliche Zukunft an mich herangetreten war, waren meine insgeheimen Gedanken immer nur gewesen: »Arzt ... Anwalt ... Was für Träumereien! Als würden mir diese Wege offen stehen.« Ich kannte schließlich niemanden, der es geschafft hatte. Die meisten Ärzte und Anwälte, denen ich begegnet war, hatten auf mich immer gewirkt, als seien sie gewissermaßen in den Beruf hineingeboren worden. Während wir als Kinder mit dem Butterfly-Messer durch Neukölln zogen, saßen diese Ärzte und Anwälte in spe in ihren Kinderzimmern, blickten auf den weißen Gartenzaun ihrer Eltern und spielten mit Barbie und Ken Scheidungsprozesse nach allen Regeln des Zivilrechts durch. So ungefähr stellte ich mir das vor.

Nun aber wurde mir langsam bewusst, dass ich tatsächlich nahezu alles studieren konnte. Ausgenommen natürlich Veterinärmedizin. Schließlich wollte ich meine Mutter stolz machen und nicht in Verlegenheit bringen. Alles, was ich tun musste, war, den eingeschlagenen Pfad weiter verfolgen. Parallel zur Schule begann ich medizinische Sachbücher zu lesen und den menschlichen Körper zu studieren. Selbst Biologie, bis dahin nicht gerade mein Lieblingsfach, wurde dadurch zunehmend zu meinem Favoriten im Stundenplan. Das lag nicht zuletzt auch an Herrn Baum, ein weiterer Lehrer an der Kant-Oberschule, der nicht nur mit Fachwissen glänzte, sondern auch durch sein Charisma. Hinzu kam, dass seine Art, den Stoff zu vermitteln, einen einfach erfreute: »Mit den Enzymen und den Substraten verhält es sich ganz einfach. Die Enzyme sind das Schloss und die Substrate der Schlüssel. Ohne Substrate ...«, er lief zur Klassentür und knallte mit voller Absicht dagegen, »öffnet sich auch nicht das Schloss.« Slapstick als didaktisches Mittel. Wer so unterrichtet wird, vergisst den Unterrichtsstoff ein Leben lang nicht. Ich lernte bei ihm unheimlich viel. Eines Tages erlitt er jedoch einen schweren Motorradunfall und fehlte für längere Zeit.

Während seiner Abwesenheit wurde er von Frau Schatz vertreten. Sie war recht klein, aber für eine Lehrerin ausgesprochen sportlich. Es hieß, sie sei früher Kugelstoßerin gewesen. Oder Hammerwerferin. Somit überraschte es wenig, dass Frau Schatz trotz ihres Namens vor allem für ihre Strenge und Härte bekannt war, die schon mal überhand nehmen konnten. In einer der Oberschulklassen gab es beispielsweise einen Schüler Namens Valentin, der schätzungsweise 140 bis 150 Kilo wog. Er setzte sich eines Tages mit voller Wucht auf ein Pult, woraufhin dieses in der Mitte zerbrach. Ich ging mit einem Klassenkameraden gerade an dem Raum vorbei, in dem das Malheur passiert war, als wir sahen, wie Frau Schatz neben dem Tisch stand und sich aufregte.

»Frau Schatz«, fragten wir, »wie konnte der Tisch denn so zerbrechen?«

Sie zeigte auf Valentin und rief: »Na, guckt ihn euch doch an!«

Am liebsten hätte Valentin sie vermutlich geschlagen. Doch er wusste, er war ihr körperlich unterlegen. Sie hätte selbst Bud Spencer auseinandergenommen und versandfertig gemacht, daran bestanden keine Zweifel. Ihr Biologie-Unterricht konnte an den von Herrn Baum allerdings mehr als nur heranreichen. Sie war überaus qualifiziert.

Und obwohl mein Interesse für Biologie plötzlich regelrecht aufblühte, interessierte ich mich fast noch mehr für ein Fach, das bis dahin für mich stets die reinste Folter dargestellt hatte: Geographie. Einen Sinn hatte ich in diesem Fach bislang nicht gesehen. Doch auf der Kant-Oberschule standen nun Dinge wie Glaziale Erosion von Gletschern und die Bildung von Erzlagerstätten auf dem Plan. Mich faszinierte das alles so dermaßen, dass ich mich sogar in meiner Freizeit damit beschäftigte. Auch wenn meine Begeisterung für den Unterrichtsstoff in diesem Fall nicht das Geringste mit der Lehrkraft zu tun hatte. Denn Frau Hanneken, die Geographie-Lehrerin, kam den Pädagogen an meinen alten Schulen erschreckend nahe. Keine Improvisationsfähigkeit, kein Feingefühl für den Umgang mit Schülern oder generell Menschen, null Objektivität. Ein einziger kleiner schriftlicher Test zwischendurch hatte in der Endbewertung beinahe dasselbe Gewicht wie eine Klausur. Außerdem war hinlänglich bekannt, dass männliche Schüler sich bei ihr nur halb so viel anstrengen mussten wie weibliche.

Zum Ende des Schuljahres kam ich in Geographie auf zwölf Punkte, also Zwei Plus. Ich bat Frau Hanneken daraufhin um ein Vortragsthema. Mit einer sehr guten Präsentation, so meine Überlegung, würde ich es noch auf eine Eins Minus schaffen. Zwar hatten wir in der fraglichen Woche noch zwei Klausuren zu schreiben, doch mit der ausreichenden Menge Red Bull im Blut würde ich das schon irgendwie hinbekommen.

»Okay«, sagte Frau Hanneken, »dann mach ein Referat über die Entwicklung vom geografischen Gürtel und den Ökozonen der Erde.«

Drei Tage saß ich mit meinem Mitschüler Daniel an der Präsentation. Als sie fertig war, stellte sie die mit Abstand beste Präsentation dar, die wir bis dato erlebt hatten, darin waren wir uns einig. Wir hatten Thesenpapiere geschrieben und ausgedruckt und für jeden einzelnen Schüler in eine Mappe geheftet. Für siebzig Euro hatten wir zudem ein Plakat anfertigen lassen, auf dem die Leitfrage der Präsentation sowie die Agenda abgedruckt waren. Das Plakat hängten wir an die Tafel. Als besonderes Bonbon hatten wir außerdem ein weiteres Plakat erstellt, auf dem wir alle wichtigen Daten noch einmal differenzierter darboten. Es war bestimmt zehn Meter lang und von uns als dauerhafte Installation im Unterrichtsraum gedacht. Während des Vortrags nutzten wir zwei

Projektoren: einen für die Powerpoint-Präsentation, einen für weitere Visualisierungen verschiedenster virtueller Grafiken, um den Stoff noch besser verständlich zu machen. Wir waren so gut vorbereitet, dass wir die Karteikarten unseres 45-minütigen Vortrages nur in den Händen hielten, damit diese nicht in der Luft baumelten. Dies war der Kampfstern Galactica unter den Schulreferaten!

Und wir standen nicht alleine da mit unserer Verzückung. Ein Lehramtsstudent, der zu der Zeit bei uns mit im Unterricht saß, beglückwünschte uns später zu »der besten Präsentation, die ich je gesehen habe«. Auch Frau Hanneken war beeindruckt. »Das war ein sehr guter Vortrag«, sagte sie zufrieden und gab uns für das Referat tatsächlich eine Eins Plus. Es hatte sich also gelohnt!

Zumindest dachte ich das. Denn als wir schließlich unsere Zeugnisse bekamen, hatte ich in Geographie nach wie vor eine Zwei Plus. Ich sprach Frau Hanneken darauf an.

»Für den Vortrag haben Sie uns doch eine Eins Plus gegeben. Hätte es da nicht am Ende in der Gesamtnote eine Eins Minus sein müssen?

»Yiğit«, sagte sie und guckte mich grimmig an, »jetzt werde ich aber wirklich sauer. Eine Präsentation macht man doch nicht für die Note! Sondern fürs Wissen!«

Mir fiel die Kinnlade runter. Der Mund stand mir so weit offen, dass ich den Kopf der Hanneken hätte verschlingen können, ohne mir den Kiefer auszurenken.

»Aber …«, brachte ich irgendwie hervor, »… da hätte ich mir die drei Tage ja komplett sparen können und stattdessen für die anderen beiden Klausuren gelernt.«

»Das ist korrekt«, sagte Hanneken. »Aber wie heißt es so schön? Nicht für die Schule lernt man, sondern fürs Leben.« Fast hätte ich ihrem ein Ende gemacht, so sauer war ich. Gott sei Dank waren die anderen beiden Klausuren trotz allem gut gelaufen. Insgesamt sah mein Notenschnitt also bestens aus, selbst die Naturwissenschaften liefen besser als erwartet.

Nur zwischen mir und dem Chemieunterricht wollten partout keine Bindungskräfte entstehen.

Kapitel 14

Nerd

Der Wirtschaftsunterricht von Herrn Schluckebier wurde mehr und mehr zu meinem Lieblingsfach. An den anderen Schulen war das immer Sport gewesen. Man sagte mir nach, die Schule nur dann zu besuchen, wenn an dem Tag Sportunterricht anstand. Hier aber, an der neuen Schule, machten mir plötzlich alle Fächer genau so viel Spaß. Mittlerweile begriff ich den Unterricht als Sport für den Geist. Mens sana in corpore sano, zu Deutsch: ein gesunder Geist in einem gesunden Körper – das Motto war zu meinem Leitsatz geworden.

Selbst im Kunstunterricht entwickelte ich mich zum Leistungsträger. Zwar konnte ich praktisch keinen Baum malen, der nicht aussah wie ein Lolli mit Waldmeistergeschmack, doch die Theorie machte mir unheimlich Spaß. Wie die Höhlenmalereien entstanden waren, was es mit der antiken griechischen Architektur auf sich hatte oder was der Unterschied war zwischen Expressionismus und Impressionismus, das zu lernen bereitete mir einfach Freude. Und was die Bildanalyse betraf, machte mir keiner was vor. Meine eigenen Kunsterzeugnisse sahen zwar weiterhin aus wie die eines Grundschülers, der ernsthafte Probleme mit der Augen-Hand-Koordination hat, doch das war halb so schlimm. Mit dem entsprechenden theoretischen Hintergrundwissen konnte ich selbst den letzten Pfusch von mir schönreden, falls der kritische Blick des Lehrers danach verlangte:

»Sehen Sie? Hier habe ich mich an Jackson Pollock und dem von ihm entwickelten Action Painting orientiert.«

»Okaaay … Und du bist dir sicher, dass dir nicht einfach nur die Farbe umgekippt und übers Bild gelaufen ist?«

»Gegenfrage: Jackson Pollock sagt Ihnen schon was, oder?«

»Durchaus. Dann vermute ich, die wässrigen Flecken oben rechts in der Ecke sind eine Verbeugung vor dem von Pollock etablierten Drip Painting?«

»Exakt.«

Tatsächlich hatte ich einfach versehentlich aufs Bild geniest. Den Fehler, mir die Hand vor den Mund zu halten, während ich einen Pinsel halte, machte ich genau ein Mal. Ich sah danach aus wie ein Mohikaner, dem die Kriegsbemalung verlaufen war. Doch statt dem weißen Mann mein Land zu überlassen, eroberte ich seine Bildungseinrichtungen! Es lief richtig gut an der Kant-Oberschule. Alle Fächer pendelten sich peu à peu auf einem sehr guten Niveau ein. Alle Fächer – bis auf eines eben: Chemie. Nach wie vor meine schulische Achillesferse. Hier rächte sich, dass ich aufgrund der Erkrankung in der neunten und zehnten Klasse kaum zur Schule hatte gehen können und in den darauffolgenden Jahren nur auf Berufsschulen war. Da spielte Chemie eine ganz und gar praktische Rolle: Führt man Eiern Hitze zu, werden sie hart. Führt man Nudeln Hitze zu, werden sie weich. Und führt man Nudeln Eiern zu, ergibt das chinesisches Fast Food.

Das war auch der Hauptgrund für meinen Wechsel an die Kant-Oberschule gewesen: Wegen der kleineren Kurse dort hatte ich eine reelle Chance, in den Naturwissenschaften aufzuholen und nicht komplett unterzugehen, wie es wahrscheinlich an »normalen« Schulen mit größeren Klassen passiert wäre. Das Abitur ebenfalls an der Kant-Oberschule zu machen, war nie der Plan gewesen. Ich wollte dort einfach nur die elfte Klasse absolvieren, um den Anschluss wiederzufinden. Immerhin stellte die monatliche Schulgebühr für meine Familie und mich eine ziemliche Belastung dar. Ich musste mir nach wie vor mit Jobs als Türsteher etwas dazuverdienen, und meine Mutter sparte sich ihren Anteil faktisch vom Mund ab, um mir damit unter die Arme zu greifen. Davon abgesehen verspürte ich selbst auch wenig Lust, weitere zwei Jahre drei Mal pro Woche angetrunkene Menschen aus irgendwelchen Clubs zu schmeißen bis tief in die Nacht, nur um kurz danach mitunter schon wieder zur Schule gehen zu dürfen. Anfangs wunderten sich meine Lehrer und Mitschüler noch, als ich morgens im Anzug beim Spanisch-Unterricht auftauchte. Doch nach dem dritten Auftritt dieser Art war für sie auch daran nichts Ungewöhnliches mehr. Dennoch wollte ich mich nicht dauerhaft damit arrangieren müssen. Der Konzentrationsfähigkeit ist Schlafmangel nicht unbedingt zuträglich. Und sich bis in die frühen Morgenstunden mit besoffenen Idioten auseinanderzusetzen, bringt einen auch intellektuell nicht wirklich weiter, zumal ich vielen wie ein »Genie« vorkam, nur weil ich in ganzen Sätzen sprach.

»Versuch es selber«, sagte ich. »Subjekt, Prädikat, Objekt: Yiğit lässt Uran nicht rein.«

»Ach ja? Uran schlitzt Yiğit ab, wenn der nicht aufpasst!«

»Sehr gut, Uran. Das war dein erster Konditionalsatz.«

Umso wichtiger war es daher, dass der ursprüngliche Plan aufging und ich nach der elften Klasse meine Lücken in den Naturwissenschaften hinreichend gefüllt hatte, um zu Beginn der zwölften Klasse an eine öffentliche Schule wechseln zu können. Ohne dort direkt wieder in den Naturwissenschaften abzukacken.

Ein anderer Grund, der für ein lediglich vorübergehendes Gastspiel an der Kant-Oberschule sprach und nicht für einen dauerhaften Aufenthalt: Ich gehörte nach wie vor nicht wirklich dazu. Ich kam nicht aus dieser Welt, in der man sich eine Pizza kaufte und die gesamte Scheibe alleine aufaß, ohne vorher den anderen etwas anzubieten. Gleichzeitig würde ich in den Augen meiner Mitschüler für immer der bleiben, der aus dem Ghetto kam. Zwar hatten mir meine Leistungen Respekt eingebracht. Die Klausuren des ersten Halbjahrs hatte ich stets als einer der Besten absolviert, deswegen akzeptierten meine Klassenkameraden mich langsam als halbwegs vollwertiges Mitglied ihrer *Spiegel* lesenden Pseudobildungsgesellschaft. Doch wie sie mir hinterher beichteten, titulierten sie mich noch immer als Kanake und äußerten sich abfällig über Muslime. Während ich Ersteres noch mit Humor nehmen konnte – dann war ich halt der Quoten-Kanake, meinetwegen –, verstand ich beim zweiten Punkt überhaupt keinen Spaß. Ich empfand es als verletzend, wenn geringschätzig über den Islam oder Muslime im Allgemeinen gesprochen wurde. Den einen oder anderen Scherz zu machen ist ja halb so wild, aber das, was dahintersteckt, ist das Verletzende. Nicht zuletzt meine Auseinandersetzung mit dem Islam hatte dazu geführt, dass ich der Gewalt den Rücken kehrte. Auch vielen der anderen Jungs aus der Gang hat der Glaube geholfen, von ihrem alten Leben Abstand zu gewinnen und all das zu hinterfragen, was sie bis dahin als normal empfunden hatten. Ihre Aggression. Die Brutalität. Ja, die Erbarmungslosigkeit, mit der wir teilweise zur Sache gegangen waren.

Und die Argumentation meiner Mitschüler gegen den Islam oder Muslime oder Ausländer generell war oftmals erschreckend nah am Niveau eines Stammtischs, selbst in diesem Umfeld. Als wir in der Klasse eines Tages zufällig über Zuwanderung und Ausländerfeindlichkeit sprachen, sagte Darius: »Schaut doch mal, wie die *uns* in ihren Ländern behandeln, wenn *wir* mal dorthin reisen. Also ich finde es gerechtfertigt, wenn wir dasselbe tun.« Ich wollte gerade etwas einwenden, da kam mir Jan zuvor und erwiderte hoch emotional: »Was für eine gequirlte Scheiße! Es kann doch wohl nicht angehen, dass wir hier im aufgeklärten Teil Europas mit dem Finger auf wen auch immer zeigen und sagen: ›Aber dieee machen das ja auch!‹ Das ist so dumm, dass sich mir die Fußnägel aufstellen.«

Alle verstummten. Mein Glaube an den gesunden Menschenverstand in der Klasse war dank Jans Intervention vorübergehend wiederhergestellt. Leider war seine Sichtweise eher die Ausnahme als die Regel. Viele in der Klasse machten weiterhin keinen Hehl daraus, dass sie Muslime für Halbaffen hielten. Es ärgerte mich maßlos, trieb mich jedoch gleichzeitig an, ihnen das Gegenteil zu beweisen und noch bessere Leistungen zu bringen. Als dann der Tag der Zeugnisausgabe kam, war ich natürlich aufgewühlt. Ich wollte unbedingt endlich die Früchte ernten, die ich gesät hatte. Herr Janssen trat an mich heran und sagte: »Ich muss zugeben, das hätte ich nicht erwartet.« Er überreichte mir mein Zeugnis. Ich hatte einen Notenschnitt von 1,7. Das machte mich zum Jahrgangsbesten.

Später am Abend schrieb ich Herrn Janssen über MSN Messenger an, um ihn zu fragen, was genau ihn denn eigentlich überrascht hatte: Dass der Kanake aus Neukölln lesen und schreiben kann? Es war als Scherz gemeint, doch Herr Janssen reagierte erschrocken und schrieb direkt zurück: »Nein, nein, nicht doch!« Ich antwortete, dass ich ihn nur aufziehen wolle, alles sei gut. Er erklärte mir daraufhin, er habe zu Beginn des Schuljahres einfach nur zwei oder drei andere Schüler vorne gesehen und nicht erwartet, dass ich sie im Rennen um den Jahrgangsbesten hinter mir lassen würde. Er sei aber umso stolzer auf mich, weil es mir gelungen war. Seine Worte motivierten mich nochmals zusätzlich. Ich wollte den Titel im zweiten Halbjahr unbedingt verteidigen. Doch ich musste nach wie vor die Schulgebühr erwirtschaften. Ich arbeitete also noch etwas mehr als sonst als Türsteher. Die Kehrseite davon war, dass ich manchmal aus Müdigkeit im Unterricht nicht aufpasste oder gleich ganz fehlte. Ich versuchte daher, meine Arbeitszeiten in die Tagesstunden zu verlagern – und wurde Nachhilfelehrer.

Eigentlich hatte ich selbst immer noch Defizite genug, was das Basiswissen für die Oberschule anbelangte. Ich hatte beispielsweise keine Ahnung, was Anaphern oder Ellipsen oder ähnliche rhetorische Mittel waren. Ich konnte die vollständige Induktion anwenden, wusste aber nicht, wie ich das Volumen einer Pyramide berechne. Doch der Nachhilfeunterricht, den ich Schülern von der Grundschule bis zur elften Klasse gab, wurde auch zur Nachhilfe für mich selbst. Denn bevor ich irgendetwas anderen vermitteln konnte, musste ich es mir zuerst selbst aneignen. So holte ich immer mehr Stoff nach. Und es stellte sich heraus, dass ich als Lehrer sehr gut taugte, zumindest erreichte jeder meiner Nachhilfeschüler seine jeweilige Wunschnote.

Ich ging nach wie vor sehr gerne zur Kant-Oberschule. Gleichzeitig wusste ich, dass die schöne Zeit sich langsam dem Ende zuneigte. Schließlich war es der Plan, ab der zwölften Klasse wieder auf eine öffentliche Schule zu gehen, die ich mir finanziell besser leisten konnte. Mittlerweile war ich selbst in den Naturwissenschaften zum Leistungsträger mutiert und hatte somit keinen großen Grund zur Sorge, was den Wechsel betraf. Dennoch wäre ich liebend gerne geblieben. Das Einzige, was mich dort störte, waren meine teilweise wirklich arroganten und auch ignoranten Mitschüler. Sie schienen nicht zu begreifen, was für ein Privileg es war, von solchen Lehrern zu lernen. Auf der anderen Seite, wer wollte es ihnen verdenken? Sie kannten es nicht anders.

Ich packte das zweite Halbjahr der elften Klasse schließlich mit einem ähnlichen Ergebnis wie das erste und sollte nun in die zwölfte Klasse kommen. Ab jetzt würde jede Note für meine spätere Abiturnote zählen. Das wusste ich. Abends unterhielt ich mich wie gewohnt mit meiner Mutter. Unser tägliches

Mokka-Ritual half mir dabei, meine Situation zu reflektieren und einzuordnen. Meine Mutter äußerte die Befürchtung, dass ich auf einer anderen Schule eventuell wieder den Spaß am Lernen verlieren könnte. Deshalb bat sie mich, doch auf der Kant-Oberschule zu bleiben.

Ich teilte ihre Befürchtung nicht. So weit, wie ich nun schon gekommen war, würde ich nicht auf den letzten, entscheidenden Metern nachlassen. Aber der Gedanke, weiter zu dieser Schule zu gehen, gefiel mir. Sehr sogar. Und so blieb ich.

In den Sommerferien war ich wie immer fleißig am Pumpen. Ich hatte mir mittlerweile eine ansehnliche Figur antrainiert, und im Fitness Center oder im Schwimmbad nannten mich alle nur noch Adonis, und so wurde mir eines Tages ein Model-Job angeboten. Das war nicht das erste Mal. Doch bisher hatten die Angebote allesamt so seriös geklungen wie eine Gay-Hotline, wo die Fotos vermutlich auch geendet wären, weshalb ich stets dankend abgelehnt hatte. Dieses Mal jedoch schien das Angebot solider Natur zu sein. Ich wurde zum Essen mit verschiedenen Vertretern der Agentur eingeladen, wo wir einen Termin für ein erstes Probeshooting festlegten, das dann auch vollkommen reibungslos verlief. Ich war bis zuletzt skeptisch, ob nicht doch plötzlich irgendwer einen String-Tanga hervorzieht und mich um laszive Posen auf einem Tigerfell bittet. Doch nichts der Art passierte. Irgendwann stand ich wieder draußen auf der Straße und freute mich: Dies war die perfekte Chance, gutes Geld zu verdienen, ganz ohne Massenschlägereien und Reizgasgeruch am Anzug. Das Modeln würde als primäre Einnahmequelle locker reichen, um die Schulgebühren zu finanzieren.

Ich ließ mich also darauf ein, absolvierte einige Shootings und schmückte schließlich Plakate in der Stadt und sogar Doppeldeckerbusse. Anscheinend war ich den Auftraggebern nur eine Spur zu muskulös, denn sie hatten mich in Photoshop einer regelrechten Metamorphose unterzogen, nach dem Motto: »An den Armen was weg, am Nacken was weg, und die Hühnerbrust muss wieder her!« So passte ich anscheinend besser auf den Bus drauf. Trotzdem war ich noch immer eindeutig zu erkennen, wie sich herausstellte, als kurze Zeit später mein Telefon klingelte.

»Hallo, Yiğit?«

»Ja? Wer ist denn dran?«

»Ich bin's, Ali!«

»Welcher Ali? Ich kenne um die siebzig Alis.«

»Der mit dem Transporter, der Albaner. Wir haben ungefähr fünf Jahre nichts voneinander gehört. Ich hab dich auf einem Bus gesehen!«

»Ah, Aliiiii, wie geht's dir so?«

»Geht so, Bruder. Ich hab 'ne Schlägerei. Kommst du?«

»Sorry, Ali. Ich bin raus aus dem Ganzen. Kann dir leider nicht helfen.«

Ich hatte seit fünf Jahren nichts von dem Typen gehört, da ruft er mich wegen einer Schlägerei an! Das kam überhaupt nicht infrage. Erstens war ich mehr als glücklich, mit diesen Dingen nichts mehr zu tun zu haben. Zweitens konnte ich mir Blutergüsse und blaue Flecke weniger denn je leisten. Oder gar eine Platzwunde im Gesicht. Immerhin verdiente ich mit diesem Gesicht nun meine Brötchen beziehungsweise die Schulgebühr. Und dafür, dass ich das Modeln ausschließlich nebenher betrieb, war ich mittlerweile wirklich gut im Geschäft. Da gab es keinen Platz für Hämatome.

Eines Tages meldete sich eine Firma, mit der ich bis dahin noch nichts zu tun gehabt hatte. Ich versuchte, im Internet an konkrete Informationen über das Unternehmen zu gelangen, was aber erfolglos blieb. Das in Aussicht gestellte Honorar war indessen zu hoch, um den Auftrag leichtfertig auszuschlagen. Ich ging also zu dem vereinbarten Termin. Immerhin war ich kampferprobt und durchaus in der Lage, mich zu wehren. Wenn sie mir komisch kamen, würde mir notfalls schon die passende Reaktion einfallen. Das Shooting fing jedoch wider Erwarten ganz normal an. Wir machten drei Stunden lang Fotos, und alles lief regulär ab. Dann trat ein Firmenvertreter an mich heran. In seinen Händen hielt er … einen roten String-Tanga! Ich lachte. Er blickte unbeeindruckt zurück.

»Ziehst du den bitte an und posierst da an der Treppe?«

»Ääh … nein?!«

Ich packte meine Sachen und ging. Der Islam hatte mich gelehrt, allen Menschen gegenüber friedfertig und tolerant zu sein. Ob dies wohl auch für Menschen galt, die einen ohne Vorankündigung mit einem roten String-Tanga in der Hand zu einer Treppe drängen? Überhaupt, warum spielen Treppen bei Gay-Fotos so eine zentrale Rolle? Liegt es an ihrem Faible für Innenarchitektur?

Kapitel 15

Evolution

Die zwölfte Klasse ging los. Nicht wie ursprünglich geplant an einer öffentlichen Schule, sondern nun doch an der Kant-Oberschule. Ich entschloss mich, aus taktischen Gründen Deutsch als Leistungskurs zu wählen. Statt Mathematik. In Deutsch, so meine Vermutung, wäre der Unterschied zwischen Leistungs- und Grundkurs nicht so groß wie in Mathematik. Viele meiner Mitschüler konnten diese Entscheidung nicht nachvollziehen, da ich eine recht gute Note in Mathe bekommen und eigentlich keinerlei Probleme mit dem Fach hatte. Es sollte sich dennoch als die richtige Entscheidung herausstellen. Denn im Deutsch-Leistungskurs unterrichtete uns Frau Lüdtke. Sie ist einer der freundlichsten Menschen, die ich je kennengelernt habe, man wollte sie einfach die ganze Zeit drücken und knuddeln. Daran war sicher auch ihre physische Erscheinung nicht ganz unschuldig. Das Engelslächeln in ihrem Gesicht zierte nämlich einen kleinen, ebenso knuddeligen Körper.

Ihr Deutsch-Unterricht faszinierte mich mehr und mehr, nicht zuletzt wegen der historischen Exkurse. Frau Lüdtkes Tempo hatte es allerdings in sich. Und auch ihre Benotung war keineswegs so milde, wie ihre Erscheinung vermuten ließ. Selbst in den vermeintlichen »Laber-Fächern« wurde einem an der Kant-Oberschule eben nichts geschenkt. Wer schlecht in Physik, Chemie und Bio war, konnte das hier nicht damit auffangen, dass er in Fächern wie Kunst oder Geschichte einfach übertrieben schwadronierte, bis er allein schon deshalb eine Zwei bekam, damit er endlich aufhörte zu reden.

In Politikwissenschaft mussten wir zum Beispiel Prof. Dr. Jürgen Overhoffs Buch *Vom Glück, lernen zu dürfen* lesen, um danach eine Podiumsdiskussion zu besuchen, bei der der Autor selbst zu Gast war. Uns wurde gesagt, dass wir in der ersten Reihe sitzen würden und aktiv an der Diskussion teilnehmen müssten, dem Autor also Fragen stellen sollten, die sich uns bei der Lektüre seines Buches gestellt hätten. Ich fing also an, zu lesen. *Vom Glück, lernen zu dürfen* – der Titel klang durchaus verheißungsvoll und fast schon so, als könnte man damit auch im echten Leben etwas anfangen. Die ersten Kapitel waren tatsächlich ganz interessant, doch ich hatte das gleiche Problem wie meine Mitschüler: Ich fand einfach nicht die nötige Zeit, es richtig zu lesen. Bei dem umfangreichen Lernstoff musste man irgendwo Abstriche machen. Sicher, hätte man es unbedingt und unter allen Umständen gewollt, wäre es möglich gewesen. Ich hätte es zum Beispiel lesen können statt ins Fitnessstudio zu gehen. Aber gesund wäre das nicht gewesen. Lesen mag noch so wichtig für die geistige Entwicklung sein, seine positive Wirkung auf den Cholesterinspiegel bleibt überschaubar. Deshalb fand ich es schon immer einigermaßen bemerkenswert, wenn selbsterklärte Intellektuelle sich bei Wein und Leckereien aus der Toskana über jene amüsieren, die in die Muckibude gehen. Warten wir einfach mal, wer zuletzt lacht. Die Leute in der Muckibude mögen unterdurchschnittlich häufig promovieren, stolpern in ihrem späteren Leben aber auch unterdurchschnittlich häufig über ihren diabetischen Fuß.

Wie auch immer, als wir mit dem versammelten Politikwissenschaftskurs bei der Podiumsdiskussion ankamen, folgten wir unserem Auftrag und setzten uns in die erste Reihe. Wir hatten uns gerade niedergelassen, da rief unser Lehrer: »Nicht dorthin.« Er schüttelte den Kopf und zeigte auf die Bühne, wo die

Stühle für die Podiumsdiskussion aufgestellt waren. »Dorthin sollt ihr euch setzen!« Er lachte, als hätten wir ihm bewusst einen kleinen Scherz gespielt. Uns dagegen war überhaupt nicht zum Lachen zumute, mir am allerwenigsten. Wie es aussah, sollte ich mit einigen anderen tatsächlich mit Prof. Dr. Overhoff über sein Buch diskutieren. An sich eine Ehre und eine tolle Sache – hätte ich das Buch gelesen!

Schlimmer hätte es kaum kommen können. Als ich auf dem Podium saß und die anderen zu diskutieren begannen, wurde mir innerhalb weniger Sekunden abwechselnd heiß und kalt, als wäre ich in den Wechseljahren. Mein Mund war trocken, meine Zunge fühlte sich an wie eine narkotisierte Maus, pelzig und unbeweglich. Ich erblickte die Flasche Wasser vor mir auf dem gläsernen Beistelltisch, hatte jedoch so schweißnasse Hände, dass ich bei dem Versuch, die Flasche zu öffnen, gleich den ganzen Tisch zerbrochen hätte. Ich bat Jan, der neben mir saß, mir etwas Wasser einzuschenken. Der guckte mich nur an.

»Die Flasche steht direkt vor dir, Yiğit.«

Noch bevor ich ihm antworten konnte, kam auch schon die erste Frage in meine Richtung: »Was meinen sie, Herr Muk? Kann es in fünfzig Jahren einen gemeinsamen Wertekanon auf der Welt geben?«

Mir rauschte dermaßen der Kopf, ich begriff nicht mal, von wem die Frage gekommen war.

»Ischh … ehhh …«

Meine Deutschkenntnisse waren mit einem Mal auf das Niveau eines Asylanten gesunken, der beim Amt vorsprechen muss. Vor lauter Aufregung redete ich einfach drauflos. Wie aus der Ferne hörte ich meine eigene Stimme irgendwas darüber faseln, dass ein gemeinsamer Wertekanon im Grunde nicht nur vollkommen utopisch sei, sondern auch: »… nicht im Sinne des Erfinders … da, ähm … verschiedene Völker ja nun mal verschiedene soziokulturelle Erfahrungen machen.«

Im Plenum hörte ich ein paar Leute lachen, als ich den Erfinder ins Spiel brachte, doch inzwischen hatte ich mich wieder einigermaßen gefangen. »Freiheit bedeutet immer auch die Freiheit der Andersdenkenden«, fügte ich souverän an. Das saß. Und mit der These von der Unsinnigkeit eines gemeinsamen Wertekanons hatte ich ein Fass aufgemacht, das nun alle anderen auf den Plan rief und den Fokus auf angenehme Weise von mir wegzog. Ich nutzte die Zeit, um mich weiter zu beruhigen. Nachdem sich meine Aufregung schließlich auf Normalniveau runtergepegelt hatte und sich meine Zunge nicht länger anfühlte wie ein ohnmächtiges Nagetier, brachte ich mich mehr und mehr in die Diskussion ein.

Irgendwann war es geschafft. Es war ein kontroverser, aber interessanter Disput geworden. Unser Lehrer saß sichtlich stolz und hochzufrieden in der ersten Reihe. Für mich galt das Gleiche. Von diesem Tag an sollte ich nie wieder ein Problem damit haben, vor Leuten zu reden. Die Feuertaufe hatte ich bestanden! Ich war ins kalte Wasser geschmissen worden und brachte mir aus reinem Überlebenstrieb das Schwimmen bei. Diese Erfahrung gemacht zu haben stärkte mein Selbstbewusstsein, ich fürchtete nun endgültig keine rhetorische Auseinandersetzung mehr. Etwas, das speziell im Deutsch-Leistungskurs einen erheblichen Vorteil darstellte.

Denn der Unterricht von Frau Lüdtke wurde zunehmend anspruchsvoller. Das bekamen auch meine Mitschüler schmerzlich zu spüren. Immer mehr von ihnen stiegen aus, wechselten an andere Schulen, und der Kurs wurde kleiner und kleiner. Wer hier öfter als eine Stunde fehlte, hatte ein reelles Problem. Umso größer war der Schock, als ich ungefähr zur Hälfte des ersten Halbjahres plötzlich morgens mit hohem Fieber aufwachte. Sofort wurden Erinnerungen in mir wach. Und tatsächlich waren meine Mandeln erneut angeschwollen. Ich ging direkt zu meinem Arzt, der mir erklärte, dass der alte Virus wirklich wieder aufgetaucht sei. Er verordnete mir strenge Bettruhe. Ich war am Boden zerstört. Wiederholt würde ich mehrere Wochen lang in der Schule fehlen. Ich wusste, was das bedeutete. An einer Schule mit diesem Niveau bedeutete das das sichere Aus.

Doch Herr Schluckebier ermutigte mich, nicht aufzugeben. Er hielt die ganze Zeit über Kontakt zu mir. Das war das Besondere an der Kant-Oberschule: Sowohl Herr Schluckebier als auch viele andere Lehrer kümmerten sich eben nicht nur um die schulischen Themen, sie waren auch privat für ihre Schüler da, wenn sie gebraucht wurden. Ich bildete dabei keine besondere Ausnahme. Als einer meiner Mitschüler im Unterrichtsstoff hinterherhinkte und die doppelte Buchführung einfach nicht begreifen wollte, ging Herr Schluckebier nach Feierabend zu ihm nach Hause, setzte sich mit ihm in dessen Zimmer und dröselte ihm die doppelte Buchführung auseinander. Gratis. Bei den Klausurvorbereitungen kam es mitunter sogar vor, dass wir Herrn Schluckebier oder auch Herrn Baum um 23 Uhr noch anriefen, um Ungereimtheiten zu klären, die erst während des abendlichen Lernens entstanden waren. Nicht ein einziges Mal haben sie uns abgewiesen. Sie übten ihren Beruf wahrlich mit ganzem Herzen aus. Herr Schluckebier besaß neben seiner Anstellung an der Kant-Oberschule ein eigenes Bildungsinstitut und war ohnehin finanziell abgesichert. Um nicht zu sagen: ziemlich wohlhabend. Das Lehren machte ihm ganz einfach Spaß. Und er hatte damit seinen eigenen Worten Taten folgen lassen: »Solange ihr den Beruf ausübt, der euch Freude bereitet, werdet ihr gut darin sein. Wenn euch euer Job hingegen unzufrieden macht, buhlt gar nicht erst um mehr Gehalt. Folgt stattdessen dem Weg, der euch glücklich macht.«

Dem ist im Grunde nichts hinzuzufügen – außer dass man gesund bleiben muss, um den gewünschten Weg beschreiten zu können. Das wusste ich leider nur zu gut aus eigener Erfahrung. Die Erkrankung hatte mich wiederholt aus dem Rennen geworfen, wenn auch glücklicherweise bisher stets nur vorübergehend. Dieses Mal würden die Defizite jedoch nicht mehr so leicht aufzuholen sein wie bei den niederen Schulformen. Und aufgrund der mittlerweile recht beachtlichen Anzahl von Fehltagen zog sich die Schlinge immer fester um meinen Hals. Kurz vor der Klausurphase hatte ich kaum noch einen Plan vom Unterrichtsstoff. Ohne Hilfe wäre es mir nicht möglich gewesen, die Klausuren zu bestehen. Von guten Noten ganz zu schweigen. Ich griff also zum allerletzten Strohhalm: Spickzettel. Sie waren doppelseitig bedruckt und sehr präzise vorbereitet. Wären die Spickzettel benotet worden, hätten sie eine Eins bekommen, allein für die Sauberkeit.

Leider nutzten sie mir nicht allzu viel, da eine Menge Themen der aktuellen Klausuren auf den vorherigen Themen des Unterrichts aufbauten und es somit nur eine Frage der Zeit war, bis ich stolperte. Ich verstand die Grundlagen einfach nicht, da konnte ich noch so viele Spickzettel anfertigen. Zusätzlich kam erneut ein gewisses Maß an psychischem Druck bei mir auf, da ich befürchtete, wieder genauso krank zu werden wie die vorherigen Male.

Kapitel 16

Hilfe

Nach einer weiteren ausgedehnten Fehlzeit kam ich gerade pünktlich zur Klausur zurück in die Schule. Fünf Seiten voller Fragen starrten mich an, und ich starrte voller Unwissen zurück. Doch ich war nicht unvorbereitet gekommen. Ich hatte mir dieses Mal ein noch ausgeklügelteres Spickzettelsystem gebastelt, mit dem ich hoffte, die Prüfung zu meistern. Dank der Spicker konnte ich tatsächlich auch die eine oder andere Frage beantworten. Dann jedoch brachte ich mein System durcheinander und verlor den Überblick. Es waren einfach zu viele Spicker, als dass ich auf die Schnelle und in aller Heimlichkeit den Durchblick darüber behalten konnte, welchen ich wann brauchte. Im Minutentakt musste ich nach vorne schauen, um Frau Hanneken nicht aus den Augen zu verlieren. Sie war dafür bekannt, dass sie einem das Spicken nahezu unmöglich machte. Ihr Blick wanderte permanent über die gesamte Klasse, wie der Suchscheinwerfer eines Hochsicherheitsgefängnisses. Mein Unterfangen war also hochgradig riskant. Doch ich musste das Risiko eingehen. Es gab keine Alternative. Ohne zu spicken würde ich definitiv durchfallen. Ich bemühte mich also weiter, meine Spickzettel zu ordnen. »Was habe ich schon zu verlieren«, dachte ich mir, »außer meiner vermeintlich reinen Weste?«

Da kam mir eine Idee. Meine Weste war tatsächlich unfassbar rein, ich war noch nicht ein einziges Mal beim Spicken erwischt worden. Bevor ich wieder krank wurde, hatte ich es ja auch gar nicht gebraucht. Diese strahlend weiße Weste war meine einzige Chance. Vielleicht würde sich Frau Hanneken durch sie blenden lassen! Das nervöse Rumgefummel unter dem Tisch war genau das, worauf sie lauerte. Eine verkrampfte Körperhaltung, übertrieben häufiges Gähnen und Strecken, asymmetrische Sitzpositionen, das waren die Dinge, auf die ihre Aufmerksamkeit jahrein, jahraus getrimmt worden war. Ich musste folglich außerhalb ihres sensiblen Messbereichs gelangen. Wie ein Sportwagen, der mit 200 km/h durch die Radarmessung einer verkehrsberuhigten Zone heizt.

Ich ließ meinen Blick durch die Klasse schweifen. Alles, was ich brauchte, war ein Mitschüler, der ebenfalls kurz in der Gegend rumguckte. Ich saß ganz hinten auf der rechten Seite und hatte somit den idealen Ausblick. Reihe für Reihe scannte ich die Köpfe meiner Mitschüler und wartete auf die entscheidende Bewegung. Doch keiner rührte sich, alle waren tief in die Beantwortung ihrer Fragen versunken. Mein suchender Blick war bereits in der vordersten Reihe angelangt, als sich am linken Rand plötzlich etwas regte. Patrick, er schaute hoch, schien zu überlegen und ließ dabei seinen Blick ebenfalls wandern. Plötzlich schien er zu spüren, dass er von jemandem angestarrt wurde. Er drehte leicht den Kopf nach hinten, und unsere Blicke trafen sich.

Das war meine Chance.

Ich nahm meinen Bleistift und stand auf. Ich spürte, wie Frau Hannekens Augen mich blitzschnell fixierten. Ohne ihren Blick zu erwidern, durchquerte ich den ganzen Raum und schritt auf Patrick zu, der mich mit großen Augen anguckte. »Hier, dein Stift«, sagte ich. Während ich ihm den Stift auf den Tisch legte, schob ich leicht den Oberkörper in die Blickachse zwischen Patrick und Frau Hanneken.

Alle starrten mich an und sahen, was ich daraufhin tat. Hinter meinem Rücken machte Frau Hanneken einen Ausfallschritt, um ebenfalls sehen zu können, was ich da an Patricks Tisch trieb. Sie wollte gerade protestieren, als ich mich wieder umdrehte und ihr mein unschuldigstes Lächeln schenkte. Das erstickte den Protest. Doch in ihrem Blick war klar zu lesen: »Hat er? Nein, das *kann* nicht sein. So dummdreist ist keiner!« Ich ging zurück zu meinem Platz und setzte mich. Frau Hanneken beäugte mich kritisch. Wenn sie aufstünde und zu mir käme, wäre alles verloren. Ich musste ihre Aufmerksamkeit schnellstens auf etwas anderes lenken.

»Frau Hanneken«, fragte ich höflich, »könnten Sie vielleicht die Rollladen vorne ein bisschen runterfahren? Wenn die Sonne durchkommt, blendet es immer so.«

»Klar«, sagte sie. »Kein Problem.« Sie ging zur Fensterwand und steckte ihre Schlüssel in die Vorrichtung zum Runterfahren der elektrischen Rollladen. Ich wusste, was als Nächstes geschehen würde. Ich wusste nicht, *wer* den Fehler machen würde. Nur *dass* einer ihn machen würde, das ließ sich mit großer Wahrscheinlichkeit vorhersagen. Ich sollte nicht enttäuscht werden.

»Marco!«, brüllte Frau Hanneken und zog den Schlüssel aus der Vorrichtung. »Das war ja wohl nix! Du kannst abgeben.«

»Aber …«

Marco also. Während Frau Hanneken die Rollladen runtergefahren hatte, hatte Marco sich in Sicherheit gewähnt und seinem Spickzettel einen ausgiebigen Blick gegönnt. Was ihm nicht klar war: Kaum, dass die Rollladen auf Augenhöhe von Frau Hanneken angelangt waren, hatte sich das Fenster zum Spiegel gewandelt und Frau Hanneken genau sehen können, was hinter ihr passierte. Nun ging sie mit ausgestreckter Hand auf Marco zu und bat wortlos um die Aushändigung von dessen Arbeit.

Ich nutzte die Gelegenheit und holte die zwei Seiten unter meiner Jacke hervor, die ich gerade bei Patrick entwendet hatte.

Der wiederum hatte den Diebstahl natürlich längst bemerkt und sah mich mit ängstlichen Augen an. Ich gestikulierte ihm, er möge sich beruhigen und dass er seine Seiten sofort wiederbekäme. Es lagen ja noch drei weitere Seiten vor seiner Nase, an denen er arbeiten konnte.

Als ich schließlich fertig war und alles abgeschrieben hatte, packte ich Patricks beide Seiten unter meine fünf und stand auf, um meine Arbeit abzugeben. Für eine gute Note würde es nicht reichen, aber das war ohnehin nicht zu erwarten gewesen. Hauptsache, ich würde bestehen. Ich schnappte meinen Rucksack, das internationale Zeichen für: »Keine Grund zur Anspannung, Herr Lehrer, ich will abgeben.« Auf meinem Weg nach vorne passierte ich Patricks Tisch, hielt dann aber inne und machte einen Schritt zurück.

»Warte mal, das ist überhaupt nicht dein Stift.« Ich kramte in meinem Rucksack und zog einen anderen Stift hervor, während ich meinen Körper wieder dezent in das Sichtfeld von Frau Hanneken schob. »Der hier ist deiner!« Ich legte den Stift auf den Tisch und schob Patrick seine beiden Zettel zu.

Am Ende bekam ich eine glatte Vier. Die Prüfung war bestanden.

Fast fühlte es sich an wie eine Belohnung für meinen Mut – wobei andere hierfür vielleicht eher das Wort Dreistheit wählen würden. So oder so, ich hatte mein Ziel erreicht. Siegessicherheit war trotzdem alles andere als angebracht. Meine langen Fehlzeiten hatten mir diese Verzweiflungstat regelrecht abgenötigt, sie würde jedoch nicht jedes Mal und bei jeder Prüfung zünden. Bei den nächsten Klausuren würde ich also auf mich allein gestellt sein. Das ausgeklügelte Spickzettelsystem hatte sich als viel zu komplex erwiesen, um es im Eifer des Gefechts noch beherrschen zu können. Doch mir fehlte nach wie vor die Zeit, um den Stoff in allen Fächern nachzuholen. Mein Traum vom Abitur schien vor meinen Augen zu zerplatzen.

Aufgrund meiner erneuten Erkrankung musste ich zudem mit den Nebenjobs aufhören. Als Türsteher wäre es überhaupt nicht gegangen. Und auch als Model darf man vielleicht krank aussehen, aber nicht krank sein. Höchstens essgestört. In meinem Falle bedeutete die Unfähigkeit zu arbeiten allerdings auch die Unfähigkeit, für meine Schulgebühren aufzukommen. Es war nur eine Frage der Zeit, bis das zum ernsthaften Problem werden würde. Eines Tages kam dann Herr Schluckebier nach der Stunde zu mir: »Yiğit, wartest du nach dem Unterricht bitte noch ein Weilchen?«

»Klar, Herr Schluckebier, kein Problem.« Ich konnte mir bereits denken, worum es ging.

Nach der Stunde setzte er sich zu mir und sagte: »Yiğit, so kann das wirklich nicht weitergehen.«

»Ich verstehe.«

»Du weißt, du hast das Zeug dazu, ein wirklich sehr gutes Abitur zu machen. Ich könnte mir sogar vorstellen, dass du der Erste mit einem Einser-Abitur an unserer Schule sein wirst.«

»Danke sehr.«

»Aber mit dem derzeitigen Stand deiner Gesundheit wird das nichts!« Diese Gesprächswendung hatte ich nicht erwartet. Er setzte fort: »Deswegen wäre mein Rat an dich: Nimm dir eine Auszeit bis zum nächsten Schuljahr. Und ruh dich richtig aus. Werd' gesund. Dann wiederholst du die zwölfte Klasse mit alter Frische.«

»Okay …« Ich war sehr gerührt von seiner Fürsorge.

»Und wenn du wieder fit bist, konzentrier dich auf die Schule. Arbeite nicht mehr so viel.«

»Aber ohne die Arbeit werde ich die Schulgebühren nicht bezahlen können.«

»Ich weiß, auch darüber habe ich bereits nachgedacht. Sprich darüber mal mit Frau Fürst, ich bin mir sicher, sie wird dir entgegenkommen.«

Frau Fürst war die Schulleiterin. Direkt nach der Unterhaltung mit Herrn Schluckebier ging ich also zu ihr. Ich hatte die leise Hoffnung, dass sie die Gebühren geringfügig herunterschrauben könnte. Damit wäre mir bereits sehr geholfen gewesen. Ihr Angebot an mich war letzten Endes so überraschend großzügig, dass ich direkt nach dem Gespräch meine Mutter anrief. Sie brach lautstark in Tränen aus vor lauter Glück, als ich ihr mitteilte, wie sehr Frau Fürst mir entgegengekommen war. Ich selbst war ebenfalls unfassbar dankbar und schwor mir, diese Chance zu nutzen und das Vertrauen, das mir Herr Schluckebier und Frau Fürst geschenkt hatten, am Ende zu rechtfertigen. Ich würde sie nicht enttäuschen!

Doch zuvor galt es eben noch, wieder richtig gesund zu werden. Ich blieb, wie mit Herrn Schluckebier besprochen, zu Hause und konzentrierte mich vollends auf meine Genesung. Gleichzeitig nutzte ich die schulische Zwangspause, um wieder Kontakt zu Andi und Leroy aufzunehmen. Leroy wurde gerade zum zweiten Mal Vater. Leider war er immer noch tilidinabhängig und bekam seine Rolle als Familienvater verständlicherweise nicht wirklich auf die Reihe. Er entschied sich, unter ärztlicher Begleitung auf ein Substitutionsmittel umzusteigen. Dieses Mittel hatte es aber kaum weniger in sich und wird mittlerweile sogar von Tilidindealern als Ersatzmittel für die Kunden angeboten, die vom Tilidin runter wollen. Auch nahm der Arzt – wie eigentlich üblich – keine sukzessive Reduzierung der Dosis vor. Als Leroys Mutter, die selbst als Krankenschwester arbeitete, davon Wind bekam, drängte sie ihren Sohn zum Entzug in einer richtigen Klinik. Es sollte sich letzten Endes zwar noch weitere vier Jahre hinziehen, bis er den Entzug endlich machte und vollkommen clean wurde. Doch der Grundstein für den Wandel war gelegt. Und aufgrund der vielen Gespräche, in denen ich ihm und Andi von meinen jüngsten Schulerfahrungen berichtete, stieg bei den beiden die Motivation, etwas aus ihrem Leben zu machen. Sie wollten ebenfalls das Abitur in Angriff nehmen und begannen, ihren Hauptschulabschluss nachzuholen. Jede Reise beginnt mit einem ersten Schritt. Diesen hatte sie nun immerhin getan.

Ich hatte währenddessen das Problem, dass mein Vater nichts von meiner Zwangspause erfahren durfte. Er war immer gegen einen Besuch der Kant-Oberschule gewesen, weshalb meine Mutter und ich ihn mehr oder minder vom Schulgeschehen ausgeschlossen hatten. Wenn er erfuhr, dass ich die zwölfte Klasse wiederholen musste, würde das vermutlich unschön enden. Ich beschloss aus diesem Grunde, einen kleinen Ausflug in die Vergangenheit zu unternehmen und das zu tun, was viele meiner ehemaligen Klassenkameraden schon unzählige Male getan hatten: Ich fälschte mein Zeugnis. Und diese gefälschte Version schob ich meinem Vater unter. Das verschaffte mir etwas Aufschub. Wenn ich im neuen Schuljahr wieder an meine alten Leistungen anknüpfen würde, wäre die Sache quasi verjährt und halb so wild, er würde es schon verstehen. So weit der Plan. Doch irgendwie konnte ich mich auch später nie dazu durchringen, ihm alles zu beichten. Ich wollte einfach keine zusätzliche Unruhe, sondern mich ausschließlich wieder auf die Schule konzentrieren. So log ich ihm im darauffolgenden Jahr vor, dass ich einfach deshalb ein weiteres Jahr dranhing, um meinen Notenschnitt zu verbessern.

Ich habe ihm bis heute nichts davon erzählt: Entschuldige, Baba! Ich hatte zu der Zeit das Gefühl, es sei das Richtige.

Kapitel 17

Comeback

Die Wiederholung der zwölften Klasse startete direkt mit einem Kracher, im wahrsten Sinne des Wortes: Frau Schatz, meine ehemalige Sportlehrerin, unterrichtet nun neben Sport noch zwei weitere Fächer bei uns und wurde die Haupttutorin des Jahrgangs, also eine Art Klassenlehrerin. Bisher kannte ich sie fast ausschließlich von ihrer taffen Seite. Nun sollte ich sie jedoch besser kennenlernen und erfahren, wie einfühlsam und empathisch sie tatsächlich sein konnte. Im Deutsch-Leistungskurs bekam ich ebenfalls einen neuen Lehrer, Herrn Euler. Mit ihm hatte ich bereits ein erstes Aufeinandertreffen im Kurs für Darstellendes Spiel gehabt, eine Art Theaterkurs, der mir große Freude bereitet hatte. Hätte der Kurs nicht so ungünstig gelegen, nämlich freitags von 15 bis 18 Uhr, meine Freude wäre noch größer gewesen. Und meine Fehlzeiten geringer. Denn so interessant Darstellendes Spiel auch war, wer mich an einem Freitag um diese Uhrzeit regelmäßig in die Schule locken wollte, hätte sich etwas anderes für den Stundenplan überlegen müssen. Ultimate Fighting oder so. Dabei hätte ich Herrn Euler tatsächlich gerne gesehen. Er hörte zum Einschlafen Hörbücher! Ich stellte mir immer vor, wie dieser Mann Anfang vierzig in seinem Pyjama in seinem Bettchen lag, die Pantoffeln parallel vor dem Bettkasten abgestellt hatte und mit roten Bäckchen ganz gespannt irgendwelchen Geschichten lauschte. Er hatte uns selbst davon erzählt. Von den Hörbüchern, versteht sich, nicht von den roten Bäckchen. Es ergab sich während einer ganz besonderen Unterrichtsstunde.

Der Vater eines Mitschülers von mir war ein sehr erfolgreicher Synchronsprecher. Er verlieh unter anderem Benjamin Blümchen seine Stimme. Und Chuck Norris. Ja, die beiden Figuren haben tatsächlich den gleichen Synchronsprecher. Das ist gar nicht so abwegig, wie man zuerst meinen könnte, denn die eine der beiden Figuren *soll* man nicht ernst nehmen, die andere *kann* man nicht ernst nehmen. Insofern passt's. Dieser Synchronsprecher kannte jedenfalls einen berühmten deutschen Theaterschauspieler, der ebenfalls als Hörbuchsprecher arbeitete, und er lud diesen ein, unserem Kurs für Darstellendes Spiel einen Besuch abzustatten. Herr Euler, der den Schauspieler sehr schätzte, war an betreffendem Tag maximal aufgeregt. Gemessen an ihm wirken Mädchen auf einem Justin-Bieber-Konzert geradezu gleichmütig. Am Ende der Unterrichtsstunde gelang es ihm schließlich, seine Schnappatmung kurzzeitig zu unterbrechen, um dem Schauspieler eine Frage zu stellen. Dabei erwähnte er einleitend, dass er sich noch heute zum Einschlafen die Hörspiele seines Gegenübers anhöre. Nun mochte ich mittlerweile zwar auf einem privaten Gymnasium sein, doch in mir steckte immer noch genug Neukölln, um daraufhin zu husten: »Schwachmat!« Nie hätte ich damals geahnt, dass dieser Mann einer der faszinierendsten und für meine Entwicklung bedeutendsten Menschen meines Lebens werden sollte.

Er war also mein neuer Deutsch-LK-Lehrer, und tatsächlich wusste er den gesamten Kurs mit seiner enormen Motivation und dem riesigen Spaß, den er am Unterrichten hatte, zu inspirieren. Als Erstes lasen wir Lessings *Emilia Galotti* und erstellten Standbilder zu einigen Szenen des Buches. Zur Epoche des Sturm und Drang schrieben wir nach der Analyse vieler Werke von Goethe schließlich sogar selber Gedichte, und es kamen dabei erstaunlich gute zum Vorschein. Nur die Kursgröße stellte für mich eine gewisse Umgewöhnung dar. Schließlich war ich einen Deutsch-LK bei Frau Lüdtke gewohnt, bei dem sich die Schüler beinahe im Wochentakt verabschiedet hatten, weil sie nicht mehr mitgekommen waren. Das Ganze war letztlich darin geendet, dass der Kurs am Ende nur noch zwei Schüler zählte. Alle anderen waren auf der Strecke geblieben. Kurs-Ausflüge hatten so natürlich einen äußerst familiären Charakter, man brauchte zumindest definitiv keinen Bus, um irgendwo hinzufahren. Ein Twingo hätte ausgereicht, dazu eine Packung Milchschnitten in den Kofferraum, und für die Verpflegung wäre ebenfalls gesorgt gewesen. Mit einem derartigen Schülerschwund war beim Deutsch-LK von Herrn Euler nicht zu rechnen. Sein Unterricht machte allen so viel Spaß – hätte man noch nachträglich einchecken können, wären eher noch Schüler hinzugekommen, so interessant gestaltete er seine Stunden.

Zu einem seiner Geburtstage legten wir später zusammen und kauften ihm ein schönes Geschenk: Einen Kugelschreiber, der so kostspielig war, dass ein bodenständiger Mann wie er ihn sich niemals selbst gekauft hätte. Von Herrn Schluckebier erfuhren wir Herrn Eulers Adresse und überraschten ihn zu Hause. Er freute sich sehr über unseren Besuch und das Geschenk, unsere Überraschung war somit vollends gelungen. Andere würden den Besuch vermutlich als Schleimerei abtun, doch wir wollten ihm wirklich aus reinstem Herzen eine Freude machen, weil er so ein toller Kerl war. Außerdem hätte Schleimen bei ihm sowieso nichts gebracht, dazu war er viel zu objektiv. Nicht zuletzt das machte ihn zu solch einem guten Lehrer.

Als zweiten Leistungskurs wählte ich wieder Wirtschaft. Hier konnten wir uns aussuchen, ob wir den Unterricht auf Deutsch bei Herrn Schluckebier oder auf Englisch bei Frau Warg besuchen wollten. Es stand außer Frage, für wen ich mich entscheiden würde – und so landete ich wieder bei meinem Mentor. Da ich die Auszeit, wie mit ihm besprochen, für meine vollständige Genesung genutzt hatte und mich absolut gesund fühlte, konnte ich jetzt durch lückenlose Anwesenheit glänzen und mich für die Klausuren vorbereiten, ohne auf komplexe Spickersysteme oder sonstige Aktionen zurückgreifen zu müssen. Wir bekamen im Unterricht von Herrn Schluckebier bereits sehr viel davon vermittelt, was später in einem BWL- oder VWL-Studium vertieft werden würde: Was ist die Soziale Marktwirtschaft? Was der Monetarismus? Wer war Adam Smith, und wofür steht der Keynesianismus? Dank des Unterrichts erlangten wir außerdem ein sehr gutes Verständnis der aktuellen Wirtschaftspolitik. Plötzlich begriff ich, was abends in den Nachrichten aus Politik und Wirtschaft thematisiert wurde. Ich entwickelte eine regelrechte Leidenschaft für Wirtschaftswissenschaften und begann Fachzeitungen zu lesen, was mir wiederum im Unterricht half. Hinzu kam, dass ich meine neue Klasse um ein Vielfaches angenehmer empfand als die ehemalige. Die Klassengemeinschaft und das Wir-Gefühl waren stärker ausgeprägt, außerdem gab es nicht so viele Möchtegern-Macker, die einen auf dicke Hose machten. Obwohl die Typen in Neukölln keinen Tag überlebt hätten.

Zum anderen war ich nicht länger der »Quoten-Kanake«, denn ein weiterer Türke zierte meine Klasse. Trotzdem wurde nicht er, sondern Mats, der Cousin meines ehemaligen Mitschülers Jan, zu einem sehr guten Freund. Er brachte so viel Empathie und Warmherzigkeit mit wie kein anderer meiner Mitschüler. Als ich das erste Mal bei ihm zu Hause war, fühlte ich mich direkt wie in einem türkischen Haushalt. Seine Mutter drängte mir sofort etwas zu Essen auf und überhäufte mich mit Kaiserschmarrn und Vanillesauce.

Bei mir daheim war die Stimmung ebenfalls bestens. Meine Mutter ritt auf einer Welle der Euphorie in Anbetracht meiner schulischen Leistungen. Denn die ersten Klausuren verliefen allesamt reibungslos, und ich bekam lauter Einsen und

Zweien. Jedes Mal rief ich als Erstes meine Mutter an, die sich am Telefon fast überschlug vor Glück. Seit meiner Genesung liefen zudem die Modeljobs besser und besser, ich musste somit weniger als Türsteher oder Security-Typ arbeiten. Das freute wiederum meine Mutter und verschaffte mir außerdem mehr Zeit für meine Lieblingsbeschäftigung: Sport. Wir spielten zu der Zeit auf der Rasenfläche im Freibad neben Fußball häufig eine Art American Football oder Rugby, wir hatten da unsere eigene kleine Variante ohne allzu starres Regelwerk erfunden. Da ich der Kräftigste und zugleich Schnellste unter den Jungs war, rannte ich meistens einfach durch und stieß jeden zur Seite. Ein Freund, der im Verein regelmäßig American Football spielte, bot mir nach einem unserer Spiele an, mal mit ihm zum Training zu gehen. Das hörte sich verlockend an, ich sagte also zu. Als ich an meinem ersten Trainingstag die Kabine betrat, stellte mich der Cheftrainer den anderen vor und fragte mich: »Was sind denn deine Stärken? Bist du schnell?« Schnell ist relativ, dachte ich. Ich wusste ja nicht, wie schnell die anderen waren. Also sagte ich: »Na ja, ich bin nicht langsam.«

Er stellte mich in der ersten Trainingseinheit daher als Runningback auf. Der Runningback ist im American Football derjenige, der hinter dem Quarterback steht und – sollte die Möglichkeit für einen Pass durch diesen nicht bestehen – den Ball in die Hand bekommt, um schnellstens loszurennen und möglichst viele Yards Raumgewinn zu erzielen. Ich stand im Trainingsspiel also hinter dem Quarterback. Der gab mir auch wie erwartet den Ball. Nur kannte ich die Laufwege überhaupt nicht! Ich rannte also einfach drauflos, vollkommen planlos. Ich rannte und rannte. Als hinge mein Leben davon ab. Ich überholte selbst diejenigen meiner Mitspieler, die in der Vorwärtsbewegung eigentlich vor mir bleiben sollten, um mich zu beschützen. Ohne jeglichen Schutz vor der gegnerischen Mannschaft rannte ich weiter und weiter und lief einen großen

Bogen um alle Verteidiger herum. Plötzlich sah ich einen von ihnen frontal auf mich zukommen.

Die Lehrbücher des American Football sowie der gesunde Menschenverstand sehen es an dieser Stelle vor, dass der Runningback dem Verteidiger ausweicht. Denn der Runningback ist nicht zuletzt deshalb so schnell, weil er nicht so viel wiegt wie ein Ochse. Hierin besteht der wesentliche Unterschied zu den Verteidigern. Sie weisen in der Regel nicht nur das Gewicht eines Ochsen auf, sondern auch denselben Schulabschluss. Da, wo bei anderen im Hirn das Schmerzzentrum sitzt, haben Verteidiger offenbar einen Klumpen Gelee. Aus diesem Grunde scheuen sie nicht die frontale Kollision.

Ein besonders prächtiges Exemplar dieser Gattung Ochse kam nun auf mich zugerannt. Doch dies war meine erste Trainingseinheit. Im erwähnten Lehrbuch des American Football war ich nie übers Inhaltsverzeichnis hinausgekommen, und den gesunden Menschenverstand hatte ich wie alle anderen hier auf dem Feld längst abgeschüttelt. Ich rannte also volle Kanne auf den Verteidiger zu. Er widmete mir, meine ich, noch einen ziemlich verdutzten Blick durch sein Helmgitter hindurch, bevor ich ihn brachial wegrammte. Das Gleiche machte ich mit einem zweiten Verteidiger und einem dritten. Mein Team schrie mir entgegen: »LAUF FORREEEEST, LAAAUUUUUF!«

Doch dann nahmen mich drei Verteidiger von verschiedenen Seiten in die Mangel, fällten mich und schlugen über mir ein. Da lag ich schließlich, begraben unter den Körpern dreier Ochsen – und grinste wie ein Honigkuchenpferd. Lange hatte ich nicht mehr einen solchen Spaß gehabt!

Etwa zur gleichen Zeit fing mein Freund Ugur mit Kampfsport an: Brazilian Jiu Jitsu (BJJ) und Mixed Martial Arts (MMA). Brazilian Jiu Jitsu ist, wie der Name vermuten lässt, eine Kampfsportart aus Brasilien. Ziel dabei ist, den Gegner zu Boden zu bringen, ihn dort zu kontrollieren und mit Hebel-

oder Würgetechniken zur Aufgabe zu zwingen. Im Ernstfall angewendet, sind die Techniken durchaus geeignet, dem Gegner den Arm zu brechen, ihm einen Bänderriss zuzufügen oder ihm die Schulter auszukugeln. Wenn all das nicht hilft, kann man ihn schlicht und ergreifend einfach so lange würgen, bis er ohnmächtig wird. Hocheffektiv und dabei nicht mal sonderlich kraftaufwendig.

MMA auf der anderen Seite ist ein Kampfstil, bei dem, wie der Name schon sagt, verschiedenste Kampfsportarten miteinander vermengt werden. Nahezu alles ist erlaubt – bis auf den Gebrauch von Stich, Schlag- oder Schusswaffen. So sieht es zumindest für das ungeübte Auge aus. In Wahrheit gibt es viele Regeln, doch das würde an dieser Stelle zu weit gehen.Die Kämpfe werden im Käfig ausgetragen. Mehr Adrenalin geht praktisch nicht. Ich beschloss, auch das mal auszuprobieren, und informierte mich, wer der beste MMA- und BJJ-Trainer Berlins war. Überall stieß ich auf den Namen Ulf Ehlert, ein ehemaliger BJJ-Europameister. Also stattete ich der Kampfschule, an der er unterrichtete, einen Besuch ab: dem Spitfire Gym. Als ich dem ersten Training beiwohnte, war ich extrem überrascht. Das Ganze hatte sehr viel mehr mit Strategie, mentaler Stärke und Selbstkontrolle zu tun, als ich vermutet hatte. Zuvor hatte ich es für mehr oder minder sinnfreies Rumgeprügel hinter Gittern gehalten.

Ich wärmte mich mit den anderen Teilnehmern des BJJ-Kurses auf, dann zeigte uns Ulf Ehlert die erste Bewegungstechnik. Wir machten sie nach. Als wir diese Technik einigermaßen verinnerlicht hatten, entwickelte der Trainer sie weiter. So übten wir Schritt für Schritt. Es war natürlich alles Neuland für mich, aber sehr interessant. Und trotzdem konnte ich mir nicht vorstellen, im Ernstfall jemals auf BJJ zurückzugreifen. Aufgrund meiner Neuköllner Vergangenheit war ich schließlich bereits Weltmeister im DOSUV: Drauflosprügeln-ohne-Sinn-und-Verstand. Zum Abschluss der Trainingseinheit sollten wir noch zwanzig Minuten lang kämpfen oder, wie es beim BJJ genannt wird: »rollen«. Mein Gegner: eine 1,55 Meter große Frau. Als der Trainer die Paarung bekanntgab, schaute ich ihn mit fragenden Augen an. Ich wog ungefähr 98 Kilo, bei einem Körperfettanteil von rund acht Prozent. Das meiste an mir waren also Muskeln. Ich hatte wirklich Angst, die kleine Frau zu zerquetschen. Doch der Trainer nickte nur, und schon ging's los.

Ich griff mir als Erstes ihr Handgelenk. Was für ein zartes Wesen, dachte ich noch – da zog sie sich bereits an mich heran und knallte mir ihre Kniekehle an den Hals. Bevor ich verstand, was mit mir geschah, würgte sie mich auch schon mit dem sogenannten Triangel Choke, mit ihren Beinen und meiner eigenen Schulter also. Ich fühlte mich wie ein kleiner Schuljunge, der mit seiner eigenen Hose verprügelt wird. Die kleine Frau würgte unaufhörlich weiter. Es war mein erster Tag, ich wusste daher noch nicht, dass man »tappen« muss, um den anderen zum Aufhören zu bewegen. Mit diesem Klopfen auf den Boden signalisiert man seinem Gegner, dass man aufgibt. Sie würgte also weiter, als gäbe es kein Morgen. Wie ich schließlich wieder zu mir kam, schlug ich die Augen auf und sah die Hallendecke über mir. Ich lag rücklings auf der Matte und hörte das Lachen der anderen Kämpfer. »Alter«, dachte ich, »das muss ich lernen!«

Daraufhin ging ich regelmäßig in die Kampfschule. Das Publikum dort war allerdings nicht ganz ohne. Insbesondere in meinem ersten Jahr wurde die Kampfschule massiv von radikalen religiösen Fanatikern heimgesucht, die unbedingt bei uns trainieren wollten, vielleicht um sich für den Dschihad fit zu machen oder so. Oder besser gesagt: das, was sie für den Dschihad hielten. Keine Ahnung. Irgendwann jedenfalls hatten wir von denen sechs oder sieben Leute im Laden stehen. Zu Beginn hielten wir sie einfach für Muslime, die ihren Glauben zwar relativ streng auslebten, jedem anderen aber die Freiheit gönnten, es selbst damit zu halten, wie man wollte. So, wie Muslime es eigentlich tun sollten und ich es auch in der Moschee gelernt hatte. Doch schnell zeigten die Typen ihr wahres Gesicht. Dass sie Frauen nicht die Hand gaben, fiel ja noch in den Bereich dessen, was sich mit viel gutem Willen tolerieren ließ. Dann allerdings verließen die Typen plötzlich die Matte, sobald eine Frau diese betrat. Oder gingen sogar aus dem Raum. Das war für alle Beteiligten eine Nummer zu heftig und führte zu vielen Diskussionen. Auf der Matte muss jeder von jedem respektiert werden. Egal, wie aggressiv der Sport erscheinen mag oder mitunter auch wird, der gegenseitige Respekt ist unabdingbar!

Wir bemühten uns, sachlich zu bleiben und versuchten, den kulturellen und religiösen Spagat irgendwie hinzubekommen. In der Hoffnung, dass die Wahabiten etwas von unserem Spirit und unserer Lebensweise in sich aufnehmen und eventuell sogar übernehmen würden, gaben wir uns beste Mühe, alle bei Laune zu halten und Kompromisse zu finden. Doch die Rechnung ging nicht auf. Die Jungs machten unbeirrt weiter wie vorher und waren quasi nicht therapierbar. Als einer von ihnen uns dann sogar das Hören von Musik während des Trainings verbieten wollte und anderen Muslimen aus dem Gym ihre Meinung aufzwangen, dass Gott Hände und Füße hätte wie ein Mensch, war endgültig Feierabend. Es musste eine Strategie gefunden werden, wie wir den unliebsamen Haufen wieder loswerden würden. Wir zogen alle nur denkbaren Register. Bei Zahlungsverzug des Mitgliedbeitrags wurde unmittelbar abgemahnt und ein Trainingsverbot ausgesprochen. Dies entpuppte sich als durchaus probates Mittel: Ironischerweise hielten sie sich für die Hüter der Moral, doch bei der Zahlungsmoral haperte es gewaltig. Dabei findet der Koran hierzu überaus deutliche Worte: »Und haltet die Verträge ein. Wahrlich, über die Verträge wird dereinst Rechenschaft abgelegt werden.« (Al-Isra' 17, Ayah 34)

Speziell von dieser Koranstelle aber wollten die Jungs nichts hören. Ihre offenen Rechnungen hielten sie nicht im Geringsten davon ab, in die Kampfschule zu kommen, zu diskutieren und trainieren zu wollen. Sprachen wir sie darauf an, dass es doch ihre Pflicht als Muslim sei, Verträge einzuhalten, meinten sie nur selbstgefällig, dass damit ja wohl nicht die Mitgliedsverträge einer Kampfsportschule gemeint seien. Auf die Frage, welche Art von Vertrag denn stattdessen gemeint sei, erhielten wir nur ein Achselzucken. Wir betonten im Nachgang solcher Debatten wiederholt, dass vor ihrer Fortsetzung des Trainings von ihnen zuerst die ausstehende Rechnung zu begleichen sei, und verwiesen sie dann freundlich der Räumlichkeiten. Das ist der Vorteil einer Kampfsportschule. Wer hier auf Widerstand stößt, findet den Weg zur Tür meist ganz alleine.

Die säumigen Rechnungen gab die Kampfschule an ein Inkasso-Büro. Und schon kam der eine oder andere der Brüder nicht mehr zu uns. Später erfuhren wir von eben diesem Inkasso-Büro, dass bei vielen der Jungs nichts zu holen war: Sie lebten längst von der Sozialhilfe und mussten regelmäßig eine Vermögenserklärung abgeben. Früher hieß es: Wer nichts wird, wird Wirt. Heute kann man fast sagen: Wer nichts ist, wird Extremist.

Einige andere der Jungs zahlten ihre Beiträge dagegen mittlerweile regulär. Sie loszuwerden entpuppte sich somit als deutlich diffiziler. Wir setzten uns daher zusammen (ich gehörte mittlerweile schon zum engsten Kreis des Gyms) und suchten nach einer Lösung, denn die Jungs verbreiteten mehr und mehr negative und spaltende Propaganda. Plötzlich meinte einer: »Ich hab's!« Er sprang auf und steuerte auf die gegenüberliegende Seite der Trainingshalle zu, wo gerade eine Gruppe bärtiger Männer trainierte. Wir liefen ihm hinterher. »Sag schon, was ist dir eingefallen?«

»Ganz einfach«, sagte er, »wenn du ein Problem mit Schädlingen hast, dann gehst du zum Schädlingsbekämpfer. Wenn du ein Problem mit Mäusen hast, dann gehst du zum Katzenverkäufer. Und wenn du ein Problem mit Wahabiten hast …«

Wir begriffen: »… dann gehst du zum Schiiten!«

Gemeinsam steuerten wir also die bärtigen Männer auf der gegenüberliegenden Seite der Halle an. Sie würden uns sicher helfen, denn die Wahabiten als ultrakonservative Strömung im sunnitischen Islam und die Schiiten haben bekanntlich große Probleme miteinander.

Wir traten also auf die Schiiten zu und erklärten ihnen unser Problem. Sie hatten tatsächlich eine Lösung parat: Während der nächsten Trainingsstunde positionierten sie sich in unmittelbare Nähe zu den Wahabiten und stimmten ihre Glaubenslieder an. Den Wahabiten gefiel das überhaupt nicht! Und dass der Rest der Trainierenden das Schauspiel nur mit einem Schmunzeln zur Kenntnis nahm, verunsicherte sie zusätzlich. Noch während des Trainings knickten einige von ihnen ein und verschwanden auf Nimmerwiedersehen. Nun waren es nur noch zwei. Der eine von ihnen verließ uns am Ende, weil ihm die Musik in der Trainingshalle zu viel mit dem Teufel zu schaffen hatte, auch er bezahlte seine Gebühren jedoch artig bis Vertragsende. Der andere ließ sich von einem Arzt für sportunfähig erklären und kam somit früher aus seinem Vertrag raus. Uns war es egal. Wir freuten uns, dass wir diesen unliebsamen Haufen endlich komplett los waren.

Doch dies war beileibe nicht mein einziges Aufeinandertreffen mit religiösen Fanatikern. Denn eines sollte allen Europäern klar sein, an erster Stelle sind es die Muslime, die ein Problem mit religiösen Fanatikern haben, die den Ruf ihrer oder anderer Religionen zerstören. Wichtig dabei ist nur, die Schuld nicht auf die Religion selbst zu schieben, sondern auf die sehr wenigen Wirrköpfe, die dies veranstalten. Die Sache im Gym blieb jedenfalls nicht mein einziges Aufeinandertreffen mit religiösen Fanatikern. Eines Abends hing ich mit einem Dutzend meiner Freunde, darunter Andi, Leroy und mein Bruder, in einem Park ab. Wir sprachen über Fußball, und einige der Jungs tranken ein wenig. Auf dem Rückweg vom Park fuhren wir mit der U-Bahn. Wenige Stationen, nachdem wir eingestiegen waren, sagte Ertan zu Serdar etwas auf Türkisch, das so viel heißt wie: »Wenn du Gott liebst, dann sag mir die Wahrheit.« Plötzlich schrie von irgendwo einer: »NIMM NIE WIEDER GOTTES NAMEN IN DEINEN MUND, DU HUUUUND!« Alles verstummte. Wir verstanden gar nicht, was los war und blickten in die Richtung, aus der das Geschrei gekommen war. Am anderen Ende des Waggons saßen zwei junge Männer in islamischen Gewändern und starrten uns feindselig an.

»Was?«, erwiderte Ertan, und einer der Männer schrie erneut: »NIMM NIE WIEDER DEN NAMEN GOTTES IN DEINEN MUND, WENN LEICHT BEKLEIDETE NUTTEN NEBEN DIR SITZEN!« Wir sahen uns um, um zu begreifen, was er meinte. In einer Sitzgruppe hinter uns hockten ein paar Blondinen im Minirock, die vermutlich aus einem Club am Kurfürstendamm kamen oder in einen anderen Club wollten. Einige unserer Jungs standen sofort auf und gingen auf den Kerl zu, allen voran Ertan. Der Schreihals erhob sich ebenfalls und zog sein Messer. Das kam unerwartet. Er sah eigentlich recht harmlos aus in seinem Gewand, sein Kollege ebenso. Und die islamische Bekleidung, wie die beiden sie trugen, weckte in mir in der Regel eher positive Gefühle. Ich fand sie schön, da ich sie aus der Moschee kannte. Zum Gebet hatte ich mich selbst einige Male so gekleidet. Doch dieser Typ hier hatte ganz einfach einen Dachschaden. Und wenn er das Messer nicht schnellstmöglich wieder einsteckte, würden meine Jungs seinem Dach noch einige weitere Schäden zufügen, so viel war sicher.

Da ich dem Typen von uns allen am nächsten saß, stellte ich mich mit dem Gesicht zu ihm in den Gang und hielt mich an zwei vertikalen Haltestangen fest. So konnten Ertan und die

Jungs weder zu ihm, noch er zu ihnen. Wäre er mir mit seinem Messer zu nahegekommen, hätte ich ihn versucht, wegzutreten. Dennoch versuchten Andi und Leroy, mich nach hinten zu ziehen, um mich zu schützen, während Ertan zu ihm wollte und mich gleichzeitig nach vorne schob. Jeder dieser Schubser hätte für mich mit einer Klinge in der Lunge enden können. Als wir in die nächste Station einfuhren, zogen Andi und Leroy mich deshalb nach draußen auf den Bahnsteig. Doch der Kerl folgte uns, woraufhin ihm Andi einen gezielten Schlag gegen die Schläfe verpasste, um ihn vorübergehend auszuschalten. Jedem normalen Menschen wären nach diesem Schlag die Lichter ausgegangen. Aber so ein echter Extremist, der steckt offenbar einiges weg. Er stürmte jedenfalls erneut hinter uns her. Ich erinnerte mich, wie ich von Ulf im Spitfire Gym gelernt hatte, wie ich eine Person fixieren konnte, die mit einem Messer bewaffnet ist. Genau so griff ich mir den Kerl, entwaffnete ihn und zog ihn hinter mir die Treppen zur Straße hoch. Ich hielt ihn fest umklammert, um zu verhindern, dass die Jungs auf ihn einprügelten. Die Versuchung war groß, doch sie sollten ihr widerstehen. Dieser Psycho war den Rückfall nicht wert, vor allem nicht für Andi und Leroy, die endlich einen guten Weg eingeschlagen hatten.

Auf einmal schrie der Psycho los: »AAAAAAHHHHHH, AAAAAAAAAAHHHHHHHH, HILF MIR, SIE ZU ZERSCHMETTERN!« Langsam wurde mir mulmig. Der Kerl hatte wirklich einen richtig schweren Schaden. Ich tastete ihn ab. Am Ende trug er noch einen Sprengstoffgürtel bei sich! Bei seinem Verhalten war das nicht vollkommen abwegig. Während ich den Kerl nun trotz massiver Gegenwehr abzutasten versuchte, überlegte ich kurz, seinen Kopf einfach gegen die Wand zu knallen. Damit endlich Ruhe herrschte. Doch irgendetwas in mir wollte ihm nichts tun. Auch sein Verhalten musste einen Grund haben, kein Mensch kommt so verwirrt zur Welt. Er tat mir beinahe leid. Gleichzeitig ließ er aber auch nicht locker und wehrte sich ohne Unterlass, als ich ihn weiter im Schwitzkasten die Treppen hochzog. Als wir schließlich oben auf der Straße angelangt waren, würgte ich ihn und fixierte ihn am Boden. Sein Freund, der uns nach oben gefolgt war, schrie mich an: »WAS TUST DU DA? IHR SEID ZU ZEHNT, ER IST ALLEINE!«

»Ich rette gerade sein Leben, du Vollidiot«, erwiderte ich. Das war nicht übertrieben. Die Jungs um Ertan hätten hundertprozentig Kleinholz aus ihm gemacht, hätte ich ihn nicht in meine private kleine Sicherheitsverwahrung genommen, während mein Bruder, Andi und Leroy den Rest unserer Gruppe davon abhielten, den Typen zu einem Fall für die Intensivstation zu machen. Irgendwann beruhigte er sich schließlich und versprach mir, niemandem etwas zu tun. Ich ließ ihn daraufhin los, und er ging auf Ertan und Andi zu.

»Ich habe versprochen, dass ich euch beiden heute nichts tue. Auf mein Wort ist Verlass. Doch wenn ich euch irgendwann wiedersehe, ich schwöre bei meiner Seele, dann werde ich euer Leben nehmen.«

Dann richtete er sein Wort an mich: »Auch du bist kein bisschen besser. Du hast dich angepasst! Du bist ein Ungläubiger.«

Ich erwiderte: »Wer bist du, dass du über andere Menschen richtest? Allah sagt im Koran, ermorde einen Unschuldigen, und du hast die ganze Welt ermordet. Rette einen Menschen, und du hast die ganze Menschheit gerettet.«

»Ich habe das Recht, sein Leben zu nehmen«, sagte er vollkommen unbeeindruckt. »Im Koran steht, tötet sie, wo immer ihr sie ausfindig macht.«

»Dann hast du leider überhaupt nicht verstanden, dass der Koran in seinem geschichtlichen Kontext verstanden werden muss.« Plötzlich war Rhetorik gefragt, nicht Brazilian Jiu Jitsu. »Nachdem die Muslime nämlich aus ihrer Heimat vertrieben, boykottiert, ermordet und missbraucht worden waren, ohne sich auch nur einmal zu wehren, waren diese Worte als Signal zu verstehen, dass sie sich nun zur Wehr setzen sollten«, erklärte ich. »Außerdem hast du es bedauerlicherweise versäumt, die Sure komplett zu rezitieren. Denn dieselbe Sure sagt: ›Kämpfe im Namen Allahs gegen die, die gegen dich kämpfen, aber sei dabei nicht feindselig. Gott liebt keine Feindseligkeiten.‹ Und später heißt es: ›Wenn sie dann aufhören – Gott ist voller Vergebung und Barmherzigkeit.‹«

Ohne eine weitere Erwiderung drehte er sich um und ging. Ich wandte mich an Andi: »Solltest du ihm jemals wieder begegnen, renn einfach weg. Du hast eine Familie.«

»Du hast recht«, sagte Andi. »Ich werde wegrennen. Aber sollte er mich einholen, ramme ich ihm mein Messer in den Kopf. Der meint es ernst mit dem, was er sagt.«

Gott sei Dank haben wir den Psychopaten nie wieder gesehen. Aber so habe ich am eigenen Leibe erfahren, was Gehirnwäsche mit Menschen anrichten kann. Eine friedliche Religion, aus der ich so viel Kraft schöpfte, die auf Nächstenliebe, Treue, Loyalität, Aufrichtigkeit und Bescheidenheit durch die Hingabe zu Gott basiert, so zu fanatisieren, dass so etwas Kontroverses dabei herauskommt. Schwarze Schafe gibt es in der Tat überall.

Im Gegensatz zu derlei Auseinandersetzungen, egal ob in der Kampfsportschule oder auf der Straße, war es in der Schule geradezu idyllisch. Ich hatte immer mehr Spaß am Unterricht und musste kaum noch für eine Klausur lernen, da ich bereits während der Stunden den Lernstoff nur so aufsaugte. Als die ersten Halbjahresnoten eintrudelten, war ich mehr als zufrieden: In den für meinen Abiturschnitt relevanten Kursen hatte ich eine Zwei Plus in Geographie, der Rest bestand ausschließlich aus Einsen. Ich hatte mir vorher ein genaues Bild davon gemacht, was ich ins Abitur einbringen würde und was nicht.

Somit konnte ich die Kurse, die abiturrelevant waren, ernster nehmen als jene, die ich nur zum Spaß belegt hatte. Wohlgemerkt, »zum Spaß«. Dass ich diese Worte im Zusammenhang mit Schule jemals auch nur denken würde, war vor nicht allzu langer Zeit noch völlig unvorstellbar gewesen. Ich hätte es nie zugegeben, doch in den Ferien vermisste ich tatsächlich den Unterricht. Bis dahin ein total fremdes Gefühl für mich.

Doch Schule war inzwischen zur problemfreien Zone geworden. Das einzige Problem, das mich umtrieb, war ein Luxusproblem: Der Wirtschaftsunterricht bereitete mir eine so große Freude, dass meine Zukunftspläne ins Wanken gerieten. Sollte ich wirklich Medizin studieren? Nur, weil man es als Arzt oder Anwalt in den Augen der anderen »geschafft hat«? Die Wirtschaftswissenschaften machten mir unheimlich Spaß, und gemäß der weisen Worte von Herrn Schluckebier gab es ja praktisch keinen besseren Antrieb. Bis zur endgültigen Entscheidung blieb mir zum Glück noch Zeit. Ich konzentrierte mich also vorerst auf die Gegenwart, und diese war mehr als erquicklich: Mein Notenschnitt lag inzwischen bei 1,1.

Meine Mutter schäumte über vor Glück. Nach jeder schulischen Errungenschaft rief ich immer noch als Allererstes sie an. Ich wollte ihr so viel Freude bereiten, wie es nur irgend ging. Erst vor wenigen Monaten hatte sie mir bei unserem abendlichen Mokka einen Artikel aus der *BZ* gezeigt, in dem die besten Abiturienten Berlins porträtiert worden waren. »Yiğit, guck mal …«, hatte sie gesagt, »Abitur mit 1,0.« Ich verstand natürlich, was sie mir damit sagen wollte. Doch meine Antwort lautete: »Anne, denk nicht mal im Traum daran. Das ist leider unmöglich.« In der Zwischenzeit hatten mich meine eigenen schulischen Leistungen allerdings Lügen gestraft. Plötzlich war es tatsächlich möglich und der Traum meiner Mutter nicht länger nur ein Luftschloss. Mein neues Ziel lautete also: Abitur mit 1,0! Auch wenn mir die Nachkommastelle einiges abverlangen würde. Von einer Fünf auf eine Vier zu kommen, ist verhältnismäßig einfach. Statt zum Fußballplatz oder zur Schlägerei geht man zur Schule. Und ist körperlich anwesend. Damit ergibt sich eine Vier häufig schon von allein. Von der Vier auf eine Drei zu kommen, ist auch noch relativ unproblematisch: Statt mit dem Handy rumzudaddeln oder irgendeinen Blödsinn anzustellen, hält man die Klappe und hört zu. Wer von der Drei auf eine Zwei klettern möchte, hebt dann einfach öfter den Arm und beteiligt sich mündlich, so gut es geht. Hauptsache, man ist irgendwie aktiv, ohne dabei destruktiv zu sein. An den meisten Berliner Schulen wäre das mehr als genug, wobei die Kant-Oberschule sehr vieles anders machte und auch die Benotung etwas härter ausfiel. Wirklich qualitativ hochwertig muss die mündliche Beteiligung in der Regel erst sein, wenn man von der Zwei auf eine Eins gelangen will. Selbst das ist aber, die nötige Grundintelligenz vorausgesetzt, noch relativ leicht machbar. Wenn man seine Hausaufgaben macht.

Die Nachkommastelle aber – sie verlangt einem alles ab. Nur wer noch seine letzten Reserven an Kraft und Motivation zu mobilisieren in der Lage ist, hat eine reelle Chance. Erst recht an einer Einrichtung wie der Kant-Oberschule. Was es hier braucht, sind Fleiß, Disziplin, Intelligenz, Ehrgeiz. Und möglichst noch einen Rivalen. Zum Glück hatte ich Dominik Deckert. Er war genau das, was man sich unter einem Streber vorstellt: blond, dünn und von seinen Eltern mit so wenig Freigang gesegnet, dass seine Haut weiß war wie das Papier der Schulbücher, die er jeden Abend mit ins Bett nahm.

Dominik war natürlich erheblich jünger als ich, dafür aber ziemlich auf Zack. Genau wie ich zog er in Erwägung, nach dem Abitur Medizin zu studieren. Seine Noten würden sicher kein Hindernis darstellen. Bevor ich an die Kant-Oberschule kam, war stets er der Jahrgangsbeste gewesen. Die unangefochtene Nummer eins. Diese Zeiten waren nun allerdings vorbei, und sein Platz an der Sonne drohte in meinem Schatten zu verschwinden. Es war sicher nicht leicht für ihn, so kurz vorm Ziel auf einen ernsthaften Kontrahenten zu treffen. Doch hielt sich mein Mitleid in Grenzen. Es war ein fairer Wettbewerb. Wir gaben beide unser Bestes und pushten uns gegenseitig. Ich hatte nicht das Geringste gegen ihn persönlich, er stand nur einfach zwischen mir und meinem großen Ziel: das beste Abitur der Schule seit ihrer Gründung und die glücklichste Mutter auf diesem Planeten.

Alles drehte sich jetzt nur noch um dieses Unterfangen. Mein soziales Leben kam dabei zwangsläufig zu kurz. Meine Freunde aus der Rathenaustraße sah ich fast gar nicht mehr. Die meisten saßen im Gefängnis. Zwar telefonierte ich manchmal mit dem einen oder anderen, doch viel Zeit blieb aufgrund der Schule und der Nebenjobs nicht. Hinzu kam, dass ich zum Schulsprecher gewählt worden war. Auch dafür ging Zeit drauf, obschon es sich dabei natürlich nicht um einen Fulltime-Job handelte, sondern eher um ein repräsentatives Amt – wie das des Bundespräsidenten: Ohne wirklich für die Geschicke des Landes bzw. die der Schule verantwortlich zu sein, bringt es einem trotzdem eine gewisse Popularität. Und so kamen kurz nach der Wahl tatsächlich einige der Siebt- und Achtklässlerinnen auf mich zugerannt und verlangten ein Autogramm. Von einem Schulsprecher! Mädchen in diesem Alter sind wirklich anfällig für Schwärmereien. Hätte die Schulleitung Merchandising-Artikel produzieren lassen, wie T-Shirts mit meinem Konterfei oder Armbänder mit meinem Namen, in den unteren Jahrgängen hätten sie wahrscheinlich reißenden Absatz gefunden. So aber wurde die Chance auf Mehreinnahmen leichtfertig verspielt. Vielleicht hätte ich mich selbst darum kümmern sollen. Dann wären auch die Nebenjobs nicht mehr vonnöten gewesen. Da schrieb ich ohnehin Verluste, rein betriebswirtschaftlich gesehen. Denn meine Nachhilfeschüler stammten zum Teil aus finanziell sehr schwachen Familien, weshalb ich ihnen die Nachhilfe gratis gab. Ich wusste, wie sie aufwuchsen. Wenn niemand ihnen half, wären sie vollkommen auf sich allein gestellt, und ihre Chancen auf ein gutes Leben würden mit jedem verbockten Schuljahr geringer.

Die Gratis-Nachhilfe bot ihnen zumindest eine stützende Hand. Was sie daraus machten, blieb natürlich allein ihre Sache. Doch ich war der beste Beleg dafür, dass das Verhältnis zu Schule und Unterricht sich jederzeit nachhaltig ändern kann – wenn man nur die entsprechenden Erfolgserlebnisse hat. So konnte ich es auch dieses Mal nach den Ferien kaum erwarten, dass endlich das zweite Halbjahr startete. Als die Klausuren anstanden, war ich wieder hochmotiviert. In Mathe brachte ich den meisten Mitschülern den Stoff ohnehin in den Pausen bei, das Fach sollte also kein Problem darstellen. Die Stochastik beherrschte ich fast im Schlaf. Nur stellte sich bei mir nach dem erfolgreichen ersten Halbjahr und dem neuen großen Ziel ein gewisser Erfolgsdruck ein, den ich bei der Matheklausur zum ersten Mal mächtig spürte. Sicher, den Druck machte ich mir selbst. Nur wurde er durch dieses Wissen nicht unbedingt kleiner. Im Gegenteil, er entwickelte sich sogar zur regelrechten Klausurangst. Plötzlich empfand ich Panik, wenn ich in der Prüfung saß und auf das Startkommando durch den Lehrer wartete. Als die Matheklausur losging, drehte ich das Aufgabenblatt um – und verstand nur Bahnhof. Ich schaute nach links, alle schrieben. Ich schaute nach rechts, alle schrieben. Bestimmt eine geschlagene Viertelstunde lang schaute ich einfach nur auf mein Blatt Papier vor mir. Und schrieb rein gar nichts.

Ich bat den Lehrer darum, aufs Klo gehen zu dürfen, wusch dort mein Gesicht und versuchte, mich zu beruhigen. Ich sagte mir, dass ich bereits sehr viel erreicht hatte. Überhaupt an dieser Schule zu sein, im Unterricht zu bestehen und tatsächlich das Abitur zu machen, all das war bereits ein Riesenerfolg. Jene, die mich zur Hauptschule geschickt und den Glauben an mich aufgegeben hatten, waren längst eines Besseren belehrt worden. Ich hatte niemandem mehr etwas zu beweisen.

Als ich danach in die Klasse zurückkehrte, war ich deutlich entspannter. Ich nahm mir die Klausurblätter, und alles lief wie geschmiert. Die nächste Eins Plus war gepflückt. Dennoch wurde die latente Klausurangst von da an zu einem ständigen Begleiter. Irgendwie gelang es mir am Ende meistens dennoch, sie nach dem Abklingen der ersten kleinen Panikschübe ins Positive umzuwandeln und den Adrenalinschub für eine noch bessere Konzentration zu nutzen. Das lief während sämtlicher Klausuren des zweiten Halbjahres so.

Als das Zeugnis kam, war mein Schnitt eine glatte Eins. Selbst mein Vater begann nun, damit zu prahlen, dass sein Sohn Arzt wird. Und gleichzeitig 160 Kilo beim Bankdrücken stemmt. – Er hatte schon immer einen leichten Hang zur Prahlerei.

Kapitel 18

Wurzelschmerzen

Aus meiner Gangzeit kannte ich Nedim – genannt »Neo« –, der schon damals als Streetworker arbeitete. Er war bei Outreach tätig, einem Jugendförderverein für Heranwachsende in Neukölln. Ich beschloss, mich dort ehrenamtlich zu engagieren. Mir war aufgrund meines eigenen Werdegangs klar geworden, dass man eine Menge dieser Heranwachsenden retten konnte, wenn man ihnen nur den entscheidenden Schubser in die richtige Richtung gab. Der Schlüssel war es, ihnen eine Perspektive aufzuzeigen und sie auf diese Weise zu motivieren. Genau das wurde bei Outreach gemacht. Es gab zum Beispiel Museumsbesuche mit anschließenden Fußballturnieren, zusätzlich wurde den Kindern bei den Hausaufgaben geholfen. Wir coachten sie und fungierten als Mentoren. Im Endeffekt versuchte ich, genau das mit ihnen zu machen, was Herr Schluckebier und Herr Euler mit mir gemacht beziehungsweise in mir ausgelöst hatten.

Außerdem besuchte ich meine früheren Schulen, um ab und an mal nach dem Rechten zu sehen. An der Wilhelm-Hausenstein-Schule, wo ich meinen erweiterten Hauptschulabschluss nachgeholt hatte, präsentierte mich meine frühere Lehrerin Frau Kumap jedes Mal stolz den Kollegen. »Kennst du noch Yiğit? Der macht jetzt Abitur!«, sagte sie mit einem stolzen Grinsen. Bei einer dieser Vorstellungen stutzte ein Lehrer, nahm seine Brille ab, putzte sie und sagte daraufhin staunend, als würde Elvis Presley persönlich vor ihm stehen: »Wir müssen eine Statue von dir hier aufstellen!« Es war in der Tat so, dass die wenigsten der dortigen Schüler den erweiterten Hauptschulabschluss erwarben, irgendwas lief in Neukölln einfach schief. Ich hatte den Eindruck, dass es nicht zuletzt an Information und Aufklärung mangelte. So verabredete ich mit Frau Kumap, dass ich zu Beginn des neuen Schuljahres einen kleinen Vortrag darüber halten würde, welche Wege den Schülern denn überhaupt offen standen.

An einem anderen Tag besuchte ich die Max-Planck-Oberschule – und war entsetzt. Mittlerweile tummelten sich dort beinahe ausschließlich Schüler ausländischer Herkunft. Die Schule kam mir fast vor wie ein Ghetto. Den nächsten Schock bekam ich, als ich mich mit einem meiner ehemaligen Lehrer im Pausenhof unterhielt. Er sagte: »Schau sie dir an. Sie werden alle in der Gosse landen.« Während er das sagte, lächelte er. Als wäre dies nicht weiter schlimm. Getreu dem Motto: So ist es halt, was will man machen? Eine derartige Aussage aus dem Mund eines Pädagogen zu hören, erschreckte mich zutiefst und rief eine regelrechte Wut in mir hervor. Mir lag die Zukunft dieser Jungs und Mädchen wirklich am Herzen, schließlich war ich immer noch einer von ihnen. Hier lagen meine Wurzeln und die meiner Freunde. Keiner von uns war dazu bestimmt, »in der Gosse zu landen«! Das beste Beispiel waren Andi und Leroy. Beide hatten sich nach vielen Gesprächen entschlossen, ihre Abschlüsse nachzuholen. Und es machte ihnen mittlerweile richtig Spaß. Sie brachten Ordnung in ihr Leben. Leroy hatte bereits zwei Kinder und war mit einer Türkin verheiratet. Zwar war diese Verbindung primär deshalb zustande gekommen, weil die beiden von der ersten Schwangerschaft gewissermaßen überrumpelt worden waren. Auch sollte die Ehe nicht lange halten. Doch an den Kindern und der damit einhergehenden Verantwortung änderte das nichts. Dieser Aufgabe stellte sich Leroy, versuchte mit aller Kraft, das Beste aus seinen Möglichkeiten zu machen und schaffte es auch. Der eigenen Vergangenheit zum Trotz und im Gegensatz zu seinem eigenen Vater war er stets für seine Kinder da und erzog sie zu wunderbaren kleinen Engeln.

Andi fand derweil Halt im Islam. Er hörte auf, in Geschäfte einzubrechen und andere Straftaten zu begehen. Immerhin kannte ihn die gesamte Neuköllner Polizei mittlerweile beim Namen und sprach ihn im Vorbeigehen sogar mit »Hey, Andi« an. Andere nannten ihn seit dem berüchtigten Messerstich während der Massenverfolgung durch die Friedrich-Engels-Straße weiterhin schlicht »Stecher-Andi«. Zwischen seinem 14. und 18. Lebensjahr hatte er allein 18 Anzeigen wegen gefährlicher Körperverletzung angesammelt. Mit 17 ist er von zu Hause weg und zuerst von Freund zu Freund gezogen, weil er kein Geld besaß. Zwar hatte er zwei Mal eine Ausbildung zum Tischler begonnen, war jedoch beide Male rausgeflogen, nachdem er sich erneut mit irgendwem geprügelt hatte. Geld für eine eigene Wohnung besaß er somit keines. Obwohl er sich in der glücklichen Situation befunden hatte, weder Steuern noch Sozialversicherungsbeiträge zahlen zu müssen, da seine Einkünfte vorrangig dem Verkauf von Marihuana sowie Einbrüchen entstammten. Um die Gastfreundschaft seiner Kumpels nicht überzustrapazieren, ging er auf Empfehlung seiner Bewährungshelferin schließlich in eine Kriseneinrichtung, wo er mit Junkies und anderen Chaoten rund zwei Monate zusammenlebte. Danach bekam er eine eigene Wohnung zugewiesen. Mit 18 fing er nochmals eine Ausbildung zum Fachlageristen an, flog jedoch erneut raus, weil er Scheiße baute.

Die Vergangenheit haftete Leroy und Andi also nach wie vor an, wenn auch auf unterschiedliche Weise, und generell würde es für sie immer ein harter Kampf bleiben – ein Kampf gegen die alten Reflexe, gegen ihre Vergangenheit, gegen Vorurteile,

Ausgrenzung, Frust und all die Schwierigkeiten, die sich daraus ergaben. Dennoch waren sie nun auf dem besten Weg, ihre Abschlüsse nachzuholen und ihr Abitur anzutreten.

Ich war da natürlich schon weiter. Mir fehlte nur noch ein Jahr, und die Erfüllung meiner Träume war zum Greifen nah, wie mir bei der Abiturverleihung des Jahrgangs über mir schlagartig bewusst wurde. Ich hatte zusammen mit einigen anderen die Moderation der Veranstaltung übernommen. Schließlich war ich seit der Podiumsdiskussion mit dem Buchautor bühnenerprobt und hatte keine Angst mehr vor Publikum. Am Ende der Verleihung wurden die drei besten Abiturienten ausgezeichnet. Der Beste hatte einen Notenschnitt von 1,4 hingelegt. Die 1,0 hatte auch er nicht knacken können. Als ich ihm auf der Bühne gratulierte, lächelte ich aus tiefstem Herzen. Dass er so ein gutes Abi hingelegt hatte, freute mich für ihn. Noch verzückter war ich allerdings von der Vier hinter dem Komma. Die glatte Eins blieb somit unangetastet. Und wartete nur darauf, von mir gepflückt zu werden. Mir, dem Quoten-Kanaken!

Niemand hatte an der Kant-Oberschule bisher ein Abi mit einer glatten Eins geschafft. Ich wollte der Erste sein, dem dieses Kunststück gelang. Herr Schluckebier war stets der Meinung, ich hätte das Zeug dazu – und inzwischen glaubte ich es sogar selbst. Auch die anderen Lehrer hielten mittlerweile große Stücke auf mich, wie mir nach der Lehrerkonferenz von einem der Teilnehmer zugetragen wurde. Alle wussten nur Gutes über mich zu berichten. Mit Ausnahme meiner Englischlehrerin, Frau Gerdes. Sie habe mich angeblich in den Beschreibungen der anderen Lehrer kaum wiedererkannt. Zugegeben, vollkommen zu Recht. Ich hatte nicht vor, meine Englischnote mit in den Abi-Schnitt einzubringen, daher verhielt ich mich im Vergleich zu den relevanten Kursen bei ihr entsprechend passiv. Effektiv Lernen heißt eben Priorisieren. Trotzdem wollte ich nicht, dass Frau Gerdes mein Verhalten in ihrem Unterricht persönlich nahm, ich erläuterte ihr also den Hintergrund. Zudem legte ich im letzten Semester in Englisch wenigstens eine kleine Schippe drauf. In meiner ursprünglichen Planung hatte Englisch nie eine besondere Rolle gespielt. Würde ich tatsächlich nach dem Abitur Medizin studieren, gäbe es Wichtigeres. Da ich aber mittlerweile immer häufiger mit dem Gedanken spielte, vielleicht doch Wirtschaftswissenschaften zu studieren, sah die Sache schon ganz anders aus. Ohne solide Englischkenntnisse würden mir viele der entsprechenden Personalabteilungen direkt zeigen, wo der Maurer das Loch gelassen hat. Zumal ich auf dem Arbeitsmarkt für Wirtschaftsabsolventen in Wettbewerb stand zu solchen, die vermutlich bereits zwischen Kindergarten und der Einschulung das erste Praktikum in einer angelsächsischen Rating-Agentur gemacht hatten. Mit »You can say you to me« würde ich da nicht weit kommen. Sprachkenntnisse, Durchsetzungsvermögen und Kompetenz – diese drei Dinge sollte man mindestens mitbringen, will man in der Wirtschaftswelt bestehen. Außerdem von großem Nutzen ist eine Sensibilität für kulturelle Unterschiede, das gilt heute mehr denn je aufgrund unserer hochgradig globalisierten Märkte. Diesbezüglich gab es natürlich keine bessere Schule als die Straßen Neuköllns. Anfangs war mir das gar nicht bewusst. Es erschien mir vollkommen normal, dass Vijay aus Indien und Khaled aus dem Libanon kamen und folglich einen komplett unterschiedlichen kulturellen Background hatten. Erst auf der Kant-Oberschule wurde mir klar, dass nicht jeder über einen derart reichen Erfahrungsschatz verfügte und entsprechend feinfühlig mit diesen Aspekten umgehen konnte. Wer immer nur unter seinesgleichen vor sich hin dümpelt, bis er irgendwann raus muss in die Welt, wird es zuerst einmal schwer haben. Und das liegt mitnichten an den möglicherweise mangelnden Sprachkenntnissen. Nichtsdestotrotz würde ich in

Englisch selbstverständlich mehr Gas geben müssen, um nicht direkt an der ersten der drei Kernkriterien für einen Job in der Wirtschaft – Sprachkenntnisse, Durchsetzungsvermögen und Kompetenz – zu scheitern. Die anderen beiden bereiteten mir keine Kopfschmerzen: Das Durchsetzungsvermögen brachte ich aus der Rathenaustraße mit, und für die nötige Kompetenz sorgte Herr Schluckebier. Zumindest legte sein Unterricht den entscheidenden Grundstein.

Seine Klausuren waren so komplex, dass selbst Mats und ich, die wir beide sehr stark in seinem Kurs waren, mit unseren Handys alles heimlich und unerlaubterweise aufzeichneten, was er im Unterricht so von sich gab. Vor den Arbeiten hörten wir uns diese Aufzeichnungen dann gemeinsam an. Immer wieder lauschten wir den Memos und lachten uns schlapp über sein Talent, selbst komplizierteste Sachverhalte verständlich und noch dazu humorvoll darzustellen. Seiner Interpretation zufolge seien die Kommunisten beispielsweise so etwas wie Kellerasseln gewesen, die beschlossen hätten, den Kapitalisten den Kopf abzuschlagen. Damit sie nicht länger Kellerasseln wären. »Sondern eher so etwas wie Hunde.« Unbezahlbar!

Er lehrte uns eben auch, wie wichtig kulturelle Sensibilität sei, also das Wissen um Sitten und Kulturunterschiede ferner Länder, in denen man Geschäftsbeziehungen aufbauen will: »Als ich einmal dienstlich in Thailand war und mit meinen Geschäftspartnern alles Geschäftliche geklärt hatte, wollten die Herren noch irgendwohin fahren. Also fuhren wir in eine Bar. Es dauerte einige Zeit, bis ich begriff: Wir sind in einem Bordell gelandet. Das war anscheinend vollkommen normal, dass man nach einem erfolgreichen Abschluss erst mal solcher Art Vergnügungen nachging. So wartete ich einfach draußen, bis sie fertig waren. Unserem Geschäft hat es nicht geschadet!«

Herr Schluckebier hatte sich für mich zu einem richtigen

Vorbild entwickelt. Natürlich war ich noch weit davon entfernt, dieselben Erfolge vorweisen zu können wie er. Die einzigen Geschäftspartner, die ich hatte, waren meine Nachhilfeschüler. Wenigstens brachten mir einige von ihnen gutes Geld ein. Andere betreute ich nach wie vor gratis. Nicht zuletzt aufgrund dieser Mischung fiel mir immer wieder auf, wie groß der Unterschied zwischen den öffentlichen und einigen privaten Schulen war. In nahezu allen öffentlichen Schulen spielte sich der Unterricht auf einem viel niedrigeren Niveau ab, insbesondere in Mathe und den Naturwissenschaften. In den geisteswissenschaftlichen Fächern und den Fremdsprachen war die Kluft spürbar kleiner. Selbst bei uns an der Kant-Oberschule ging es speziell in Spanisch mittlerweile extrem gemütlich zu. Herr Angel, unser Lehrer, hätte eigentlich bereits seit Jahren sein Rentnerdasein genießen können, doch uns zuliebe hatte er noch zwei Jahre drangehängt.

Im Wirtschaftskurs bei Herrn Schluckebier stießen die meisten indessen langsam, aber sicher an ihre Grenzen. Die Luft wurde immer dünner. Wir bekamen unsere Klausuren wieder, und Erol hörte seine Note: eine glatte Sechs. »Was? Sechs? Warum?«, wollte er wissen. Erol war eigentlich recht stark im Unterricht, hatte die Klausur aber anscheinend komplett verhauen. Dass es keine Eins werden würde, dürfte ihn nicht gänzlich unerwartet getroffen haben. Dennoch fragte er wieder und wieder mit konsterniertem Gesichtsausdruck: »Eine Sechs? Warum?«

Herr Schluckebier wurde wütend: »Erol, wenn du mich noch ein einziges Mal fragst, weshalb du diese Note bekommen hast, wirst du es bitter bereuen, das verspreche ich dir. Du weißt ganz genau, warum!« Wir waren gespannt. Denn weder kannten wir den Grund für diese Benotung, noch hegten wir Zweifel daran, dass Erol es selbst bei einer suboptimalen Vorbereitung mindestens auf eine Vier gebracht hätte. Dazu war er im Unterricht einfach zu gut. Und er setzte auch schon wieder zum nächsten Protest an: »Ich weiß wirklich nicht, wieso. Habe ich die Aufgabenstellung falsch verstanden?«

Herr Schluckebier kramte stumm in seiner Tasche und holte eine Ausgabe der *Frankfurter Allgemeinen Zeitung* heraus. »Du hast den gesamten Artikel hier abgeschrieben!« Er zeigte mit der Zeitung auf Erol. »Verkauf mich nicht für blöd, denn das macht mich noch wütender! Ich habe deine Arbeit korrigiert und sofort gewusst, dass ich das irgendwo schon mal gelesen hatte.« Der Artikel, um den es ging, entsprach wirklich aufs Wort genau den Klausurantworten von Erol. Dass der Autor bei einem Abiturienten abgeschrieben hatte, war eher unwahrscheinlich. Auf der anderen Seite hatte Erol den Artikel mit Sicherheit nicht vor der Arbeit aufs Wort genau auswendig gelernt. Es gab folglich nur eine Erklärung: Er hatte während der Klausur sein Smartphone konsultiert.

Danach war die Klausur von Lena dran: »Lena, sieben Punkte.«

»Waaaas?« Lena drohte dasselbe Theater aufzuführen wie Erol.

»Jetzt gib Ruhe, sonst hast du nur noch sechs Punkte.«

Das hätte Herr Schluckebier selbstverständlich nicht getan, doch war er bei der insgesamt enttäuschenden Leistung nicht zu weiteren Diskussionen aufgelegt. Ich hielt mich aus dem Ganzen raus. Ich hatte wieder eine Eins Plus, was mich im Grunde so wenig überraschte wie Herrn Schluckebier. Er hielt große Stücke auf mich, und ich revanchierte mich dafür mit entsprechend guten Leistungen.

Damit hatte ich nicht nur insgesamt wieder eine Nasenspitze Vorsprung vor Dominik, sondern sogar vor mir selbst. Denn ich schloss die komplette letzte Klausurphase erneut ein bisschen besser ab als die davor. Auf dem Zeugnis hatte ich am Ende einen Notenschnitt von 0,9. Nie zuvor hatte ich auch nur geahnt, dass man einen besseren Schnitt als 1,0 erreichen konnte. Natürlich aber erhält man im Abitur Notenpunkte von Null bis 15. Statt ganzzahlige Noten von Eins bis Sechs. Somit lässt sich umgerechnet theoretisch tatsächlich ein Notenschnitt von 0,67 erzielen. Dazu musste man allerdings alle Semester- und Abi-Prüfungen mit 1+ absolvieren.

So oder so, mein Zeugnisschnitt von 0,9 bedeutete einen riesengroßen Schritt auf dem Weg zu meinem großen Ziel: ein Abi mit 1,0. Als Dominik von meinem Notenschnitt Wind bekam, wurde er sichtlich nervös. Nach jeder Klausur kam er nun angewatschelt, um mich zu fragen, was ich für eine Note hatte.

»Dominik«, sagte ich, »das ist doch kein Wettbewerb. Wenn du immer nur auf die Noten schielst, entgeht dir doch der Genuss. Nimm den Kunstunterricht. Natürlich hilft es der Note, wenn man weiß, dass die Fensteröffnungen der Hagia Sophia so konzipiert sind, dass sie entstehende Risse von der Kuppel ins Leere laufen lassen, bevor sie zur Gefahr für das Gesamtkonstrukt werden. Doch was bedeutet eine Schulnote schon im Vergleich zu der ewigen Demut, die einen in Anbetracht dieses architektonischen Geniestreiches staunend erfasst?« Ich wollte ihn selbstverständlich nur provozieren. Er fand darauf keine Antwort und zog mürrisch von dannen. Ich war mittlerweile sehr geübt darin, mir unliebsame Genossen einfach dadurch vom Hals zu schaffen, dass ich sie kurz, aber kräftig volltextete.

Und sollte das mal nicht funktionieren, blieb mir ja immer noch der Kampfsport. Dort lief es nämlich zunehmend besser, und ich entwickelte ein stetig wachsendes Gefühl für die Technik. Ich gewann mittlerweile sogar die eine oder andere Meisterschaft, was ich vorrangig unserem Trainer Ulf zu verdanken hatte. Der Kerl war einfach ein Genie, was die Vermittlung betraf, ganz zu schweigen von seinen kämpferischen Fähigkeiten. Gleichzeitig begriff ich immer mehr, dass BJJ zwar offiziell als Kampfsport gilt, vor allem aber die effektivste Methode der Selbstverteidigung darstellt, die man sich nur wünschen kann. Eben deshalb greifen heutzutage Kampfsportler aller Art zu dieser Technik, um ein allumfassendes kämpferisches Können zu erlangen. Denn auch ein Kickboxer mit zwanzigjähriger Kampferfahrung möchte ungern gegen jemanden verlieren, der erst seit einem Jahr BJJ macht, nur weil er am Boden nicht weiß, wie er den Frischling unter Kontrolle bekommen soll. Im Stand ist der Kickboxer in seinem Element und verfügt über ein großes Arsenal an schlagkräftigen Argumenten. Jedoch enden die meisten Kämpfe, die keinen sportlichen Anlass haben, sehr schnell auf dem Boden, wie jeder weiß, der sich mal auf der Straße geprügelt hat. Auch gibt es dort keinen Schiedsrichter, der einen auszählt, während der Gegner artig in der Warteschleife verweilt. Rickson Gracie, der Sohn des Entwicklers des BJJ, sagte passendenderweise mal: »Wenn ich dich am Boden habe, sind wir in meinem Ozean. Ich bin der weiße Hai. Und die meisten Menschen wissen nicht, wie man schwimmt.« Dem ist nichts hinzuzufügen.

Ich beschloss daher, meinen zukünftigen Kindern ebenfalls BJJ beizubringen. Es geht bei diesem Sport keineswegs darum, Leute zu vermöbeln oder anderen Kampfsportlern zu zeigen, wie chancenlos sie sind. Vielmehr lernt man, einen Gegner so auf dem Boden zu fixieren, dass er einem nicht mehr gefährlich werden kann. Und ist die betreffende Person erst mal fixiert, kann man im Grunde einfach so lange gemeinsam auf dem Boden verharren, bis Hilfe naht. So wird es zum Beispiel Kindern beim BJJ beigebracht. Als Erwachsener erhält man natürlich das ein oder andere an Bonuswissen, etwa wie man eine Schulter auskugelt, einen Arm bricht oder die Muskulatur so quetscht, dass dem anderen die Sinne schwinden vor Schmerzen.

Als wir damals mit dem Spitfire Gym in Magdeburg bei der mitteldeutschen Meisterschaft waren, holten sehr viele von uns Gold in ihrer Gewichtsklasse, darunter auch ich. Wir fuhren daraufhin zurück nach Berlin und gingen noch in einem Club feiern. Die Freundin eines unserer Teammitglieder wurde von ein paar Typen angequatscht. Einer von ihnen prahlte, dass er Kampfsportler sei. Die Freundin unseres Kollegen fragte ihn: »Acht, echt? Was machst du denn?«

»MMA«, antwortete er. »Im Spitfire Gym.«

»Guck an, was für ein Zufall! Mein Freund ist einer der Trainer dort. Dann kennt ihr euch ja sicher.«

»Aääh, nein, sicher nicht. Ich war in letzter Zeit nicht mehr so oft dort. Muss jetzt aber auch los, habe morgen früh einen wichtigen Termin. Man sieht sich.«

Lügen haben kurze Beine. Hätte er doch lieber einen anderen Sport ausgesucht, um damit anzugeben, American Football zum Beispiel. Das dürfte die meisten nicht weniger beeindrucken. Ich selbst spielte es jedoch kaum noch, weil mir die Zeit fehlte. Allerdings vermittelte ich über Outreach weiterhin Jugendliche an das Team der Berlin Bears. Es stellte sich dabei regelmäßig heraus, wie viele talentierte Sportler auf den Straßen von Neukölln herumirrten. Und offenbar nur darauf warteten, endlich irgendwo die ersehnte Anerkennung zu erhalten. Denn genau darum geht es im Kern: Respekt und Anerkennung. Wer dies in ausreichendem Maße von seinem unmittelbaren Umfeld erfährt, aber auch von der Gesellschaft, der wird es eher schaffen. Wer hingegen systematisch ausgegrenzt oder gar für minderwertig erklärt wird, der sucht sich zwangsläufig andere Wege. Und die wenigsten davon sind in unserem Rechtssystem kartographiert.

Kapitel 19

Endspurt

Im letzten Semester hörte ich mit dem Kampfsport auf. Ich widmete meine Zeit stattdessen komplett der Schule und der Jugendarbeit bei Outreach. Da das aktuelle Semester sehr kurz war, musste ich entsprechend früh mit dem Lernen für die Prüfungen beginnen. Das hatte ich mir fest vorgenommen. Während der Vorbereitung auf die Geschichtsklausur, es war schon weit nach Mitternacht, rief mich jedoch plötzlich Atila an. Ein Junge, der zwar zu Outreach ging, aber auch weiterhin mit der Hertzberg Gang abhing, nicht unbedingt der optimale Einfluss. Atila fragte mich, ob wir uns kurz treffen könnten, es sei wichtig. Er könne nicht nach Hause. Ich rief Neo an, einen der leitenden Erzieher bei Outreach, und machte mich auf den Weg. Keine Stunde später stand Atila vor uns.

»Also, was ist los?«, fragte Neo.

»Nun, wie soll ich anfangen … Ich sitze tief in der Scheiße und kann nicht heim.«

»So weit waren wir ja am Telefon schon«, hakte ich direkt ein, »vielleicht spulst du also vor zu dem Teil, wo wir den Grund erfahren.«

»Ich habe meinem Vater gesagt, dass ich mit Freunden ins Tropical Island fahre.«

»Tropical Island?«, fragte Neo.

»Ja, dieses Riesenzelt«, erklärte Atila. »Ist aufgebaut wie eine Kugel. Die haben da so eine tropische Insel reingebaut. Es sieht aus, als hätte einer *Lost* und *Under the Dome* zusammengemischt und einen Themenpark draus gemacht. Da drin sind um die dreißig Grad. Aber sobald man den Kopf hebt, guckt man halt entweder auf die Innenseite der Kuppel oder auf irgendwelche Fototapeten. Der Wellness-Bereich ist allerdings echt abgefahren …«

»Atila, ich bin mir sicher, sie haben dort für jeden Hauttyp das perfekte Peeling. Doch wir haben gleich zwei Uhr«, sagte ich. »Wenn's dich also nicht allzu sehr stört, würde ich den Part, wo du dich für deine Gesichtskompresse nicht entscheiden kannst zwischen Mango- und Kiwi-Soufflé, gerne ebenfalls überspringen. Oder zumindest nach hinten schieben. Vielleicht machst du auch einfach ein Facebook-Posting dazu. Dann wissen alle Bescheid. Aber könnten wir bis dahin auf den Grund dafür zurückkommen, warum du nicht nach Hause kannst?«

»Was für Soufflé? Ich war überhaupt nicht im Tropical Island.«

»Okay.« Langsam wurde ich wirklich ungeduldig. »Deinem Vater hast du gesagt, du fährst, bist aber nicht gefahren. Sinneswandel sind ja durchaus menschlich. Ich wollte jetzt eigentlich schlafen, bin aber hierhergefahren. Nur als Beispiel.«

»Ja, stattdessen war ich mit meinen Jungs in der Disko. Und wir haben uns ziemlich die Kante gegeben.«

»Nur Alkohol oder war sonst noch was im Spiel?«, wollte Neo wissen.

»Nein, nur Alk. Aber ein Freund meines Vaters hat mich gesehen.«

»In der Disko?«

»Nein, im Tropical Island!«, erwiderte Atila sarkastisch. »Er lag beim Peeling neben mir. Hat die Mango-Suppe genommen. – Klar in der Disko!«

»Vorsicht, Freundchen!«, sagte ich. »Erstens: Wenn ich Gags hören will, guck ich mir 'ne Show von Murat Topal an. Zweitens: Es ist ein Mango-*Soufflé*. Mit Suppe kann man keine Gesichtskompresse machen.«

»Ein Freund deines Vaters hat dich also betrunken in der Disko gesehen. Und jetzt hast du Schiss, nach Hause zu gehen«, fasste Neo zusammen.

»Genau«, sagte Atila.

»Wäre es nicht möglich, dass er dich überhaupt nicht erkannt hat?«

»Theoretisch.«

»Und selbst wenn, besteht nicht die Chance, dass er deinem Vater einfach nichts sagt?«

»Theoretisch.«

»Und praktisch?«, schaltete ich mich ein.

»Hat mein Vater mir 'ne SMS geschrieben.«

»In der was steht?«

»Dass ich sofort nach Hause kommen soll. Es wird knallen.«

»Damit sind keine Sektkorken gemeint, vermute ich.«

»Nein.«

Ich fragte mich, wie zur Hölle dieser 14-Jährige überhaupt in die Disko reingekommen war. Aber in dem Moment gab es Wichtigeres.

»Und wie können wir dir jetzt helfen?«, fragte Neo.

»Ich bitte euch, trefft euch mit meinem Vater. Sagt ihm, dass eine Verwechslung vorliegen muss, da ich mit euch im Tropical Island war. Ansonsten bin ich wirklich dran!«

Wir sollten seinem Vater also ins Gesicht lügen. Das gefiel uns nicht sonderlich. Auf der anderen Seite wäre die volle Wahrheit und nichts als die Wahrheit für Atila vermutlich übel ausgegangen. Ich bot ihm also Folgendes an: Unter der Bedingung, dass er umgehend aufhörte, mit den Jungs der Hertzberg Gang abzuhängen, und sich stattdessen um seine Noten im kommenden Halbjahr kümmerte, würden wir ihm helfen.

»Wir wollen dein Zeugnis sehen!«, erklärte ich ihm. »Als

Gegenleistung helfen wir dir bei deinem Problem, sodass dir nichts passiert. Aber solltest du *keinen* großen Bogen um den Hertzbergplatz machen und sich deine Noten sowie deine Fehlzeiten nicht bedeutend verbessern, schwöre ich dir, ich gehe persönlich zu deinem Vater, beichte ihm alles und reinige mein Gewissen.«

»Abgemacht«, sagte er.

»Ich würde dann jetzt heimgehen und für meine Geschichtsklausur lernen.«

»Ist in Ordnung.«

Ich schüttelte den Kopf und ging zur Tür. »Eine Frage noch …«, ich hatte die Türklinke bereits in der Hand, »… kann man im Tropical Island übernachten?«

Atila überlegte. »Soweit ich weiß, schon.«

Am nächsten Morgen schrieb ich meine Geschichtsklausur. Direkt nach der Schule ging ich zu Outreach, wo Neo und Atila bereits auf mich warteten. Atila hatte die Nacht in der Jugendeinrichtung verbracht. Wir sagten ihm, dass er nun nach Hause gehen und seinem Vater sagen solle, er sei mit uns im Tropical Island gewesen und habe dort übernachtet. Nicht die glaubwürdigste aller Erklärungen, zugegeben, aber das Beste, was wir hatten. Dann sollte er uns anrufen und als Zeugen dazuholen.

Als wir schließlich bei ihm daheim eintrafen, war von Atila keine Spur. Sein Vater und seine Schwester saßen hingegen am Küchentisch. Wie sich schnell herausstellte, sprach der Vater kein Wort Deutsch und wir nicht ausreichend Arabisch. Die Schwester fungierte also als Dolmetscherin. Zunächst ließen wir sie die Frage übersetzen, wo denn das Problem liege. Atila sei gestern Abend mit uns im Tropical Island gewesen, als er uns plötzlich mitteilte, dass er sofort nach Hause müsse. Wir hatten aber eine Übernachtung gebucht und konnten nicht einfach heimfahren.

Der Vater sagte etwas auf Arabisch, und die Tochter dolmetschte: »Wann genau habt ihr euch getroffen? Wann seid ihr dort angekommen? Und wann seid ihr wieder aufgebrochen?« Wieder brabbelte der Vater etwas auf Arabisch. »Und welche Farbe hat Atilas Badehose?«, fragte die Tochter.

Ich kam mir vor wie in einer Folge *Law and Order*. Er hatte uns erwischt. Über die Frage von Atilas Badehose hatten wir zugebenermaßen nicht nachgedacht. Doch wir ließen uns nichts anmerken. Da der Mann kein Deutsch sprach, mimte ich, als hätte ich Atilas Schwester nicht verstanden und bat sie auf Deutsch, ihm genau das mitzuteilen, was Atila ihm bereits selber gesagt hatte. Ich schaute ihr tief in die Augen und hoffte, sie würde mitspielen. Sie zögerte. Dann wendete sie sich auf Arabisch an ihren Vater und erzählte die Version von Atila noch mal, so als sei es unsere. Unsere Blicke wanderten rüber zu ihm. Wir waren gespannt.

Er hörte zu, blickte uns skeptisch an. Sein Hand ging hoch zum Bart und bearbeitete diesen, als müsse er das Haar nach der Wahrheit durchkämmen. Eine gefühlte Ewigkeit später zuckten seine Mundwinkel kurz nach oben, dann stand er auf. Unsere Blicke wanderten zurück zu seiner Tochter.

»Alles okay«, sagte sie, »möchtet ihr einen Kaffee?«

Schwein gehabt. »Gerne.« Dankend nahmen wir den Kaffee an und schütteten ihn runter. »Nur schnell raus hier«, dachte ich, »bevor er noch wissen will, welche Farbe Atilas Badelatschen haben.«

Draußen vor der Wohnung sagte Neo zu mir: »Ich glaub, ich hab mir die Speiseröhre verbrüht. Wenn ich Atila jemals wieder mit den Hertzbergern rumhängen sehe, lass ich ihn die Hühnerbrühe meiner Mutter trinken, kaum dass sie den Topf vom Herd gezogen hat.«

Ich ging heim und setzte mich zurück an meinen Schreibtisch. Die Geschichtsklausur war erst der Anfang der Klausurphase, weitere Prüfungen würden folgen, und ich durfte keine von ihnen versemmeln, wollte ich mein großes Ziel erreichen. Am Ende absolvierte ich nahezu alle Klausuren des Semesters mit einer Eins oder sogar einer Eins Plus. Ich war also im Soll.

Zur Mitte des Semesters kam der Oberstufenkoordinator in die Klasse. Der Grund war Englisch. Zu Beginn der zwölften Klasse hatte er mir gesagt, dass ich meine Englischnote nicht ins Abitur einbringen müsse, sofern ich Spanisch einbrachte. Das war die Regel: Eine Fremdsprache muss in den Notendurchschnitt einfließen, doch es muss nicht zwangsläufig Englisch sein. Hauptsache, man belegt das entsprechende Fach mindestens zwei Semester. Aus diesem Grund hatte ich mich im Englisch-Unterricht, wie bereits erwähnt, nie sonderlich verausgabt, er würde ja keine Auswirkung auf meinen Abiturschnitt haben. Erst als bei mir die Idee mit den Wirtschaftswissenschaften aufkam, wandelte sich diese Haltung, und ich strengte mich mehr an. Nun jedenfalls stand der Oberstufenkoordinator Herr Klatt vor uns und sagte: »Ich muss euch etwas mitteilen. Der Senat hat rückwirkend entschieden, dass jeder Schüler mindestens zwei Semester der Englischnote ins Abitur einbringen muss.« Die meisten meiner Mitschüler entspannten sich merklich, sie hatten mit sonst was gerechnet, als plötzlich der Oberstufenkoordinator in der Klasse auftauchte. Englisch hätten sie so oder so in ihre Abiturnote eingebracht, für sie änderte sich also nichts. Das sah bei mir ganz anders aus!

Nervös hing ich an den Lippen von Herrn Klatt. Er würde uns nun sicher eine Lösung präsentieren. Andernfalls hätte ich ein ernsthaftes Problem. Er fuhr fort: »Bisher war der Paragraph nicht eindeutig, doch nun wurde das geändert.« – »Das können die doch nicht einfach so machen!«, dachte ich. Mein gesamter Plan wäre damit hinfällig. Ich hatte nur Einsen auf dem Zeugnis, bis auf zwei Ausnahmen: Geographie, wo ich die Jahrhundert-Präsentation zum geografischen Gürtel und den

Ökozonen der Erde völlig umsonst angefertigt hatte, und eben Englisch. Hier hatte ich in den letzten drei Semestern jeweils nur eine glatte Drei gehabt. Noch immer wartete ich auf die Lösung von Herrn Klatt, irgendeine Sonder- oder Übergangsregelung. Stattdessen sagte er: »Ich wünsche noch einen schönen Tag!« Das war's. Dann verließ er die Klasse.

Es war die reinste Katastrophe. Zumal es bedeuten würde, dass ich die zwei Kurse Darstellendes Spiel, die ich jeweils mit Eins Minus absolviert hatte, nicht einbringen konnte, da ich sie mit den Englischnoten tauschen musste. Die unzähligen Male, die ich freitags nach dem Sportunterricht noch bis 18 Uhr in der Schule verweilt hatte, um Darstellendes Spiel zu besuchen – völlig umsonst!

Doch es ließ sich nicht ändern. Ich musste nun in dem verbleibenden halben Semester meine Englischnote irgendwie verbessern. Am Ende bekam ich immerhin noch eine Zwei und konnte den Schaden wenigstens minimieren. Dennoch verlor ich durch die rückwirkende Entscheidung des Senats viele Punkte. Also rechnete ich mir kurz vor den finalen Abiturprüfungen aus, wie ich in diesen abschneiden müsste, um den angestrebten Schnitt von 1,0 zu bekommen. Das Ergebnis: Ich würde bei jeder Prüfung eine Eins Minus brauchen. Das war sportlich.

Kapitel 20

Zieleinlauf

Meine erste Prüfungskomponente war Wirtschaft, die zweite Deutsch, die dritte Kunst (schriftlich) und die vierte Mathe (mündlich). Die fünfte Prüfungskomponente war eine Präsentation in Wirtschaftswissenschaften und Politikwissenschaften über die soziale Marktwirtschaft. In dem damaligen Jahr steckte Europa bereits tief in der Eurokrise, und so war die mir gestellte Leitfrage für die Präsentation, ob die Krise auch dann hätte entstehen können, wenn in Europa einheitlich eine Soziale Marktwirtschaft existierte. Die Präsentation bereitete mir keine Sorgen, die konnte ich ja in Ruhe vorbereiten.

Bei den anderen Prüfungen war ich dagegen wie gewohnt ziemlich nervös. Bei der mündlichen Mathe-Prüfung suchte mich sogar eine regelrechte Panik heim, da ich große Schwierigkeiten mit einer bestimmten Aufgabe hatte. Doch ich fand schließlich den Lösungsweg, und so legte sich meine Aufregung wieder. Für die Wirtschaftsprüfung lernte ich erneut mit Mats. Gegen Abend ging ich nach Hause und saß kurz noch mit meinem Vater zusammen. Meine Mutter war gerade bei ihren Eltern in der Türkei. Als mein Vater ins Bett ging, entschied ich mich kurzerhand, schnell einen Film zurückzubringen, bevor ich einen weiteren Tag dafür bezahlen müsste. Als ich von der Videothek zurückkam, wollte ich die Wohnungstür öffnen und griff in meine Hosentasche, stellte aber fest, dass ich den Schlüssel beim Verlassen der Wohnung offenbar vergessen hatte. Ich klingelte. Keine Reaktion. Ich klingelte erneut. Wieder nichts. Ich schnappte mir mein Handy und rief daheim an. Ich hörte, wie drinnen das Telefon klingelte. Ansonsten herrschte jenseits der Tür absolute Stille.

Das Problem lag auf der Hand: Mein Vater sah nicht nur aus wie ein Bär, er schlief auch genauso fest wie einer. Kein Telefon und keine Türklingel der Welt würden ihn wecken. Doch in acht Stunden stand meine Abiturprüfung in Wirtschaftswissenschaften an. Was sollte ich tun? Zuhause kam ich nicht rein. Schlafen musste ich dennoch. Ich rief Mats an. Er lud mich ein, bei ihm zu übernachten. Also ging ich zurück zu ihm. Zum Einschlafen hörten wir uns noch einmal die Sprachmemos an, die wir heimlich im Unterricht von Herrn Schluckebier aufgenommen hatten. Am nächsten Morgen nahm ich von Mats alles mit, was ich zum Schreiben der Prüfung brauchte, und wir gingen zur Schule. – Die Prüfung hätte nicht besser laufen können. Wer weiß, vielleicht war es die letzte Schluckebier-Hörbuch-Session, die den entscheidenden Unterschied machte, und das Schicksal hatte es genau so gewollt.

Im Deutsch-Leistungskurs bestand die Prüfung aus mehreren Aufgaben, von denen wir uns eine aussuchen konnten. Zur Auswahl standen: Lyrik, Romantik, Nachkriegsliteratur und Bertolt Brecht. Ich hatte im vorherigen Semester bereits eine Arbeit zu E.T.A. Hoffmanns *Der Goldne Topf* geschrieben, und Herr Euler war davon so begeistert gewesen, dass er meinte, man müsse die Arbeit drucken und publizieren lassen. Er gab mir im letzten Semester eine Eins Plus im Zeugnis. Es war das allererste Mal, dass er einem seiner Schüler diese Note gab, wie er mir erzählte. Zusammen mit Herrn Schluckebier stellte er den wichtigsten Lehrer für mich dar, gewissermaßen einen Mentor, ich war daher sehr bewegt und stolz. Jedenfalls kannte ich *Den Goldnen Topf* noch immer wie meine Westentasche, und wählte in der Deutsch-LK-Prüfung deswegen das Thema

Romantik. Auch wenn es zweifellos das schwerste Thema war und tatsächlich jeder andere die Finger davon ließ.

Schließlich hatte ich alle Prüfungen hinter mich gebracht und erwartete sehnsüchtig die Noten. Ich freute mich unendlich auf den Tag, an dem ich hoffentlich als Jahrgangsbester aufgerufen werden würde. Der Tag, an dem meine Mutter erfahren würde, dass ihre Träume durch mich noch übertroffen worden waren. Am Tag der Notenverkündung ging ich vorzeitig ins Büro des Oberstufenkoordinators. »Herr Klatt, entschuldigen Sie bitte die Störung. Aber ich muss es einfach wissen. Habe ich die Einser-Marke geknackt?«

»Geknackt?« Er blickte mich mit großen Augen an. »Weit übertroffen, würde ich sagen. Dein Schnitt müsste irgendwo bei 0,8 oder 0,9 liegen.«

Ich hatte es geschafft!

»Was will der Kanake hier?«, hatten sie hinter meinem Rücken gefragt, als ich vor Jahren zur Kant-Oberschule gewechselt war. »Nun, genau *das* will der Kanake hier«, dachte ich triumphierend, während ich mit einem fetten Grinsen im Gesicht das Büro des Oberstufenkoordinators verließ. »Euren High Score knacken!« Später im Klassenraum verkündete Frau Schatz die Ergebnisse der einzelnen Abiturprüfungen. Ich hatte drei glatte Einsen und eine Eins Plus in Mathe sowie der Präsentation. Die Klasse applaudierte, als mein Durchschnitt verkündet wurde. Auch mein Rivale Dominik Deckert schaffte die Eins – wenn auch mit 35 Notenpunkten weniger als ich. Mats machte sich über ihn lustig: »Tja, Dominik, der Zweite ist und bleibt eben leider der erste Verlierer!«

Direkt nach der Stunde versammelten wir uns vor der Schule, einige machten kleine Sektflaschen auf. Dann sah ich etwas, das mich fast annähernd so freute wie meine Abiturnote: Jene meiner Klassenkameraden, die sich eine dieser kleinen Sektflaschen mit zur Schule genommen hatten, öffneten diese jetzt – und boten ihren Mitschülern den ersten Schluck an! Etwas, das sie bei mir gesehen haben mussten, denn genau so handhabte ich es bei jedem Getränk. Der Kanake hatte ein bisschen »Neuköllner Wärme« in Steglitz verbreitet! Es war nur eine Kleinigkeit, doch sie verdeutlichte, was es heißt, voneinander zu lernen. An diesem Tag und in diesem Moment war das Beste aus beiden Welten vereint. Hoffnung und Herzlichkeit.

Ich fuhr zur Arbeitsstätte meiner Mutter, um ihr das Ergebnis meiner Prüfungen mitzuteilen. Sie arbeitete in einem Brautmodegeschäft am Ku'damm und galt als eine der besten Schneiderinnen für Brautmode in Deutschland. Als ich ihr von meinem Erfolg erzählte, brach sie in Tränen aus vor Glück. Sämtliche ihrer Kolleginnen kamen herbeigeeilt und gratulierten uns. Der Chef meiner Mutter bot mir an, mir einen Anzug aus seinem Geschäft zum Einkaufspreis aussuchen zu dürfen. Von Fotos wusste ich, dass ich an meinem ersten Geburtstag einen von meiner Mutter genähten Smoking getragen hatte. Sogar mit Fliege. Der Gentleman unter den Babys, so hatte ich ausgesehen. Doch danach hatte ich nie wieder einen Smoking besessen. Ich nahm das Angebot des Chefs also dankend an und suchte mir ein besonders schönes Exemplar aus. Wenigstes der Anzug sollte tadellos aussehen – etwas, das ich zu dem Zeitpunkt von meiner Haarpracht nicht unbedingt behaupten konnte. Denn ich hatte durch den ganzen Stress bereits an mehreren Stellen auf dem Hinterkopf und in der Bartregion kreisrunden Haarausfall bekommen. In mir wuchs die Angst, mir würde dasselbe passieren wie meinem Freund Hamit aus der Rathenaustraße. Der arme Junge hatte ebenfalls an kreisrundem Haarausfall gelitten, zuerst nur an einer Stelle, und anschließend am gesamten Körper. Schlussendlich war ihm jedes einzelne Haar ausgefallen. Erst nach acht oder neun Jahren wuchsen ihm die Haare plötzlich wieder nach. Erst grau, und dann wieder dunkel.

Nachdem der Smoking ausgesucht war, ging ich nach Hause und schrieb Özcan Mutlu. Den Bundestagsabgeordneten hatte ich vor einiger Zeit kennengelernt, als ich den Neuköllner Rekord im Fünf-Kilometer-Lauf gewonnen hatte. Da er sich selbst immer wieder an Neuköllner Schulen engagierte, stand er mir hin und wieder beratend zur Seite und beobachtete meinen Werdegang. Auch er sollte erfahren, was ich erreicht hatte. Später gab er mir eine schriftliche Referenz für verschiedene Stipendien und Unis.

Als schließlich der große Tag der Abiturverleihung kam, war der Trubel riesig. Kamerateams begleiteten das Event, und mehrere türkische Nachrichtensender erzählten die Geschichte des Berliner Jungen, dem eine Karriere als Ein-Euro-Jobber vorausgesagt worden war und der nun das beste Abitur seit der Gründung der privaten Kant-Oberschule hingelegt hatte. Und nicht nur das: Wie ein Vertreter des Schulsenats mir mitteilte, war mein Abitur in diesem Jahr darüber hinaus das beste der gesamten Stadt, beziehungsweise des Bundeslandes. Außerdem sei in keinem anderen deutschen Bundesland diese Punktzahl erreicht worden. Was der Senatsvertreter an der Stelle (vielleicht bewusst) unerwähnt ließ: Die Struktur des Abiturs ist von Bundesland zu Bundesland verschieden. Ein Vergleich der Abiturleistungen hinkt somit ein wenig. Trotzdem freute ich mich natürlich immens über diese Anerkennung.

Stellvertretend für die Abiturienten der Kant-Oberschule hielt ich auf der Veranstaltung eine Rede. Meine Eltern, die selbstverständlich ebenfalls gekommen waren, verstanden kein Wort. Doch sie strahlten wie die Sonne. Mein Bruder war anwesend, und auch meine Schwester war eigens aus Hamburg angereist.

»Liebe Eltern, Freunde und Angehörige«, begann ich die Ansprache, »liebes Kollegium der Kant-Oberschule und liebe Mitschüler und Mitschülerinnen, zuallererst möchte ich Ihnen im Namen aller heutigen Absolventen für Ihr zahlreiches Kommen danken.

Genau wie 37 weitere Schüler, die hier versammelt sind –, habe auch ich einen großen Grund zur Freude: Denn mit dem heutigen Tag schließen wir ein Kapitel, welches uns mehr als die Hälfte unserer bisherigen Lebenszeit begleitet hat. Doch es wäre naiv anzunehmen, dass die Schule jetzt endgültig aus ist! Wenn wir als Schüler der privaten Kant-Oberschule nämlich eines gelehrt bekommen haben, dann das: Vor allem außerhalb des Schulgebäudes muss man stets dazulernen. Und das ist jetzt keine Anspielung, Herr Schluckebier, auf Ihre endlosen Hausaufgaben!«

Das Publikum lachte. Ich sah zu meinen Eltern. Meine Mutter wischte sich beinahe im Sekundentakt die Glückstränen aus den Augenwinkeln.

»Die Schulzeit war sehr abwechslungsreich, und dank vieler außerschulischer Aktivitäten war die Zeit nie monoton. Von Wirtschaftsexkursionen an die Europäische Zentralbank in Frankfurt bis hin zu versteckten Trinkspielen in Mallorca war alles dabei. Aber auch in den unterschiedlichsten Unterrichtskursen erlebte der eine oder andere Schüler Dinge, über die er noch in vielen Jahren schmunzeln wird. Schlussendlich sind es nämlich meistens die kleinen Dinge, an die man sich am liebsten zurückerinnert.

Liebe Gäste, solche Exkursionen machen allerdings so einige Schulen in Berlin. Und auch an anderen Schulen geschehen viele Dinge, an die man sich noch Jahre danach gerne erinnert. Allerdings gab es über die Jahre, an denen ich an der Kant-Oberschule war, einen gravierenden Unterschied zu anderen Schulen … Nein, ich meine nicht die monatliche Schulgebühr. Ich meine das große Interesse vieler Lehrer am Erfolg der Schüler. Sowohl auf der Unterrichtsebene als auch in anderen Lebensbereichen. Ob bei Unklarheiten im Prüfungsstoff oder bei familiären Problemen, immer stießen wir auf offene Ohren. Ein besonderer Dank gilt in dieser Hinsicht Frau Schatz, die in allen Belangen hinter uns stand und stets für uns da war. Selbst wenn wir ihr ab und zu mal auf die Nerven gegangen sind.

Und um dieses Engagement nicht unbeachtet zu lassen, liebe Gäste, bitte ich sie, zu Ehren der tollen Lehrer, die die private Kant-Oberschule zu bieten hat, noch mal um einen kräftigen Applaus.«

Das Publikum klatschte. Ich glaubte, aus der Ecke, in der meine Eltern saßen, ein besonders vehementes Klatschen zu hören. Vermutlich dachten sie, der Applaus gelte ihrem Sohn.

»Der Vater der Aufklärung, welchem diese Schule Ihren Namen verdankt, hat einmal gesagt: ›Hab Mut, dich deines eigenen Verstandes, ohne Leitung eines anderen, zu bedienen.‹ Das ist manchmal leichter gesagt als getan, denn hierzu gehört sicherlich eine gewisse Reife. Doch wenn man sich diese Fähigkeit erst zu eigen gemacht hat, erkennt man, dass man nie wirklich auslernen kann. Schließlich schreitet schon die eigene Selbstfindungsphase ein ganzes Leben unaufhörlich weiter. Ein Leben lang können wir nun leider nicht von unseren Lehrern begleitet werden. Doch deswegen haben uns eben diese Lehrer zu einem bestmöglichen Start verholfen, weshalb nun viele von uns bereit sind, sich der nächsten Etappe zu stellen. Ein Start, nachdem die meisten von uns in der Lage sind, unser Drumherum kritisch zu betrachten. Ein Start, der uns genug Antrieb geben wird, um mit den Problemen des Alltags, die sicher nicht kleiner werden, zurechtzukommen. Dieser Start, liebe Gäste, heißt Selbstständigkeit und ist, wie uns allen klar sein sollte, nicht nur das Fundament von Erfolg, sondern auch von Immanuel Kants Bild einer aufgeklärten Person. Nur wer selbstständig denkt, denkt auch um die Ecke, und nur wer selbstständig betrachtet, betrachtet das ganze Bild. Auf diese Weise wurden meine 37 Mitschüler und auch ich gelehrt.

Allerdings war der Weg alles andere als einfach. Weder für die Schüler, die dem Klausuren-Marathon oft nur schwer standhielten, noch für die Lehrer, die auch mal am späten Abend von uns angerufen wurden, um offene Fragen zu klären. Da man solch ein Engagement nur selten findet, werden sicherlich viele von Ihnen nicht nur als Lehrer in Erinnerung bleiben. Und einige von uns hoffentlich nicht nur als Schüler.

Doch auch wenn die Trennung schmerzt, ist man irgendwie erleichtert, wenn man die Knechtschaft des Schulsystems hinter sich lassen kann.

In diesem Sinne danke ich Ihnen allen für Ihre ungeteilte Aufmerksamkeit und gratuliere allen Angehörigen der heutigen Absolventen.«

Am Ende der Veranstaltung wurden die Abiturienten nacheinander nach vorne gerufen. Als die gesamte Gruppe Platz genommen hatte, ging es daran, die drei Leistungsträger auszuzeichnen. Zuerst wurde Nicole aufgerufen. Sie hatte einen Notenschnitt von 1,3. Dann kam Dominik Deckert mit Platz 2. Und abschließend war ich dran.

Als Frau Fürst, die Schuldirektorin, meinen Namen aufrufen wollte, brach in einer Ecke des Raums bereits frenetischer Jubel aus, noch bevor sie bei meinem Nachnamen angelangt war und der Rest des Publikums ebenfalls zum Applaus ansetzen konnte. Meine Freunde aus alten Neuköllner Tagen waren gekommen. Versammelt standen sie da in der Ecke und jubelten so laut, dass ich fürchtete, die Decke könnte einstürzen. Es fehlte nicht viel, und sie hätten Pyros gezündet.

Der Applaus des Publikums endete erst nach einer geschlagenen Minute. Doch Mats' Mutter begann erneut zu klatschen, und alle schlossen sich ihr an. Ich sah zu meiner Mutter. Ihr Gesicht war tränennass und strahlte vor Freude.

Die anschließende Abiturfeier fand in einer Strandbar statt, wo Sand aufgeschüttet war und tropisches Ambiente ausstrahlte. Das Organisations-Team hatte ganze Arbeit geleistet. Wir tanzten gemeinsam mit Herrn Schluckebier und einigen anderen Lehrern. Eine Lehrerin fragte mich: »Und, Yiğit? Was kommt jetzt? Was möchtest du als Nächstes machen?« Frau Schatz rief dazwischen: »Medizin studieren will er!«

Ich lachte. »Das war der alte Plan. Mittlerweile habe ich mich jedoch entschieden, Wirtschaftswissenschaften zu studieren.«

»Ehrlich? Wie kommt man den von Medizin auf Wirtschaft? Ist das nicht ein bisschen gegensätzlich?«

»Wieso gegensätzlich?«, fragte ich.

»Na ja, als Arzt rettet man ja Menschen, während man in der Wirtschaft …«

Herr Schluckebier, der nicht unweit von uns stand und das Gespräch mithörte, schaltete sich ein und meinte mit einem Schmunzeln: »Ärzte bringen Menschen unter die Erde. Als Wirtschaftler sorgt man wenigstens dafür, dass die Leute Brot auf den Tisch kriegen.«

Später am Abend setzte sich Herr Euler zu mir, und wir unterhielten uns. »Yiğit, du warst ein wirklich ganz besonderer Schüler«, sagte er. »Und ich werde dich definitiv nicht vergessen. Lass uns weiterhin in Kontakt bleiben. Also, ich bin Karsten.« Er streckte seine Hand aus.

»Freut mich«, sagte ich. »Ich bin Yiğit.« Wir lachten.

»Bleib so, wie du bist!«, sagte er und griff mich freundschaftlich am Nacken, um mich zu umarmen. Ich war tief bewegt. Ihm und Herrn Schluckebier hatte ich unheimlich viel zu verdanken. Sie hatten immer an mich geglaubt. Ohne ihre Hilfe hätte ich es niemals gepackt. Diese beiden Menschen bedeuteten mir enorm viel, und es ehrte mich ungemein, was Herr Euler gesagt hatte.

Auch nach der Feier wollten die Ehrungen kein Ende nehmen. Einige Tage nach der Abiturverleihung rief *Der Tagesspie-*

gel bei mir an. Sie waren auf mich aufmerksam geworden und wollten einen Artikel über mich bringen. Wir trafen uns also zu einem Gespräch, und es wurde ein toller Artikel daraus. Das wiederum rief die *BZ* auf den Plan. Einer ihrer Reporter meldete sich bei mir und fragte, ob wir uns bei mir zu Hause treffen könnten. Meine erste Erfahrung mit der Presse war schließlich mehr als positiv verlaufen, ich hatte somit keine Einwände. Wenngleich es sich bei der *BZ* natürlich eher um ein Boulevardblatt handelt und man deswegen immer ein wenig auf der Hut sein muss. Doch als der Reporter bei uns in der Wohnung saß und mir einige Fragen stellte, lief alles normal. Zunächst. Dann sagte er:

»Super, vielen Dank so weit. Würdest du dir jetzt ein Muskelshirt anziehen?«

»Bitte?«

»Ein Muskelshirt. Und bring dabei vielleicht gleich dein Abiturzeugnis mit. Dann kannst du mit der linken Hand das Zeugnis hochhalten, während du beim rechten Arm den Bizeps anspannst und so eine Geste machst … du weißt schon, als hätte Arnold Schwarzenegger ein Jodel-Diplom ergattert.«

»Links mein Zeugnis hochhalten und rechts den Bizeps anspannen?«

»Genau.«

»Und warum sollte ich das tun?«

»Damit wir ein Foto machen können.«

Ich lehnte dankend ab – das Interview war damit beendet. Der Reporter verabschiedete sich enttäuscht und ging. Der Artikel wurde nie gedruckt. Ein Rekord-Abi allein war offenbar nicht hinreichend interessant, um es den *BZ*-Lesern zu präsentieren. Nicht ohne Bizeps. Ich fragte mich, worum sie wohl eine Frau gebeten hätten, wenn die so ein Abi hingelegt hätte? Dass sie mit der linken Hand das Zeugnis hochhält, während sie wie Marylin Monroe über dem Lüftungsschacht posiert? Daran gemessen waren die Aufmacher der türkischen Zeitungen geradezu intellektuell. Eine titelte beispielsweise »Der türkische Einstein«. Die *Hürriyet* brachte mich sogar auf ihrer Titelseite. Sie verlieh außerdem gemeinsam mit der damaligen Integrationsministerin Maria Böhmer zum fünfzigsten Jahrestag des Arbeiterabkommens zwischen der Bundesrepublik Deutschland und der Türkei einen Preis für gelungene Integration. Die Redaktion wusste, dass mein Vater sich für die Rechte von Türken hier in Deutschland einsetzte. Als sein Sohn zusätzlich noch die Titelseite der *Hürriyet* erklommen hatte, fanden sie, dass wir den Preis verdienten. Wir nahmen natürlich dankend an und fühlten uns unheimlich geehrt.

Den praktischsten Nutzen hatte allerdings das Geschenk, das der türkische Botschafter gemeinsam mit dem Generalkonsul in Berlin mir als bestem türkischstämmigen Abiturienten Deutschlands überreichte: ein iPad.

Endlich ein Tablet. *Texas Hold'em Poker*, ich komme!

Kapitel 21

Nachlese

Trotz meines Plans, Wirtschaftswissenschaften zu studieren, bewarb ich mich vorsichtshalber an der Berliner Charité und an der Universität Heidelberg für Medizin, falls ich meine Meinung ändern sollte. Beide Hochschulen nahmen mich an. Letzten Endes bin ich jedoch an der Freien Universität zu Berlin angekommen und studiere nun wie geplant Wirtschaft. Nach wie vor besuche ich regelmäßig meine ehemaligen Schulen und halte dort Vorträge oder nehme an Podiumsdiskussionen teil. Wenn die Kant-Oberschule mich braucht, egal wofür, bin ich ebenfalls zur Stelle. Ich habe dieser Schule und dem gesamten Kollegium unendlich viel zu verdanken. Bis heute kann ich sagen, diese Schule zu besuchen war die beste Entscheidung meines Lebens. Ich habe dort erfahren dürfen, welch unvorstellbare Kraft man entfalten kann, wenn Lehrer einem Perspektive und Motivation geben. Ich habe vermittelt bekommen, was Freude am Lernen bedeutet. Und wohin es einen bringt, wenn man diese Freude pflegt und sie eventuell sogar weitergibt. Es ist ein Geschenk fürs Leben. Ich werde ewig dankbar dafür sein.

Noch heute habe ich guten Kontakt zu Herrn Schluckebier und rufe ihn an, wenn ich einen weisen Ratschlag benötige. Leider ist Herr Euler sehr beschäftigt, und ich selbst ja auch, daher sehen wir uns leider viel zu selten. Wenigstens schreiben wir uns hin und wieder und wissen, dass die gemeinsame Zeit ihre Spuren hinterlassen hat.

Der Kampfsport im Spitfire Gym ist mittlerweile ein fester Bestandteil meines Lebens und dient als perfekter Ausgleich zum alltäglichen Stress. Es geht dort trotz aller Härte wirklich familiär zu. Außenstehende würden sich wahrscheinlich wundern.

Ohne die Unterstützung all dieser Menschen wäre es mir nicht gelungen, den Traum meiner Mutter wahr werden zu lassen und das Abitur zu machen. Es gibt nichts Wichtigeres für mich, als sie glücklich zu sehen. Sie ist heute eine der angesehensten Schneiderinnen Berlins und gehört zu den gefragtesten Spezialistinnen für Brautmode und Abendkleider in Deutschland. Bräute geben sich bei ihr regelrecht die Klinke in die Hand – fast wie bei Lothar Matthäus. Einige Kleider weltbekannter Moderatorinnen auf der Bambi-Verleihung stammen ebenso aus ihren Händen wie auch die Kleider der Damen, die bei der Fußballballweltmeisterschaft 2006 im Rahmen der Siegerehrung im Berliner Olympiastadion die Medaillen trugen.

Nachdem mein Bruder sein Billardqueue schließlich an den Nagel gehängt hatte, fing er als Versicherungskaufmann an, erkannte jedoch schnell, was er da tat, und hörte aus moralischen Gründen auf. Er machte eine Umschulung zum Informationselektroniker, da Mathematik und logisches Denken schon immer zu seinen großen Stärken zählten. Ich konnte mir diesbezüglich von ihm in jüngeren Jahren einiges abgucken. Heute arbeitet er als Verkäufer im Einzelhandel und bringt luxuriöse Anzüge an den Mann.

Mein Vater arbeitete nach seiner Zeit als Hotelfachmann viele Jahre als Lagerverwalter. In vierzig Jahren Arbeitszeit kam er weder jemals zu spät, noch fehlte er auch nur ein einziges Mal.

Mein alter Freund Leroy kümmert sich nach wie vor vorbildlich um seine zwei Kinder, holte den Mittleren Schulabschluss mit sehr guten Noten nach, ist komplett clean und geht ausgiebig seiner größten Stärke nach, nämlich dem Boxsport. Seinem Abitur steht nun ebenfalls nichts mehr im Weg. Andi schaffte seinen erweiterten Hauptschulabschluss und danach seine mittlere Reife. Mit etwa 23 begann er sein Abitur, brach es jedoch aus persönlichen Gründen ab und war anschließend mal hier, mal dort beschäftigt. Heute arbeitet er in einem Kiosk. Er versucht, aus jedem Moment das Beste zu machen, reflektiert sehr viel und sieht den Sinn des Lebens mittlerweile darin, Liebe und Respekt zu verbreiten.

Hakan, der sich bereits vom Gangleben distanzierte, als sein kleiner Bruder gestorben ist, musste aufgrund früherer Delikte dennoch ins Gefängnis. Er hörte während dieser Zeit endgültig auf, Scheiße zu bauen, und wurde schließlich ebenfalls zu einem friedliebenden Menschen. Heute hat er zwei Kinder und lebt weiterhin in Neukölln, wo er sich um seine Familie kümmert und für jeden da ist, der seine Hilfe benötigt.

Viele aus der R44-Gang gehen noch heute im Gefängnis ein und aus, während andere ein schon fast spießiges, bürgerliches Leben mit Frau und Kind führen. Doch wir alle mussten auf unterschiedlichste Art lernen, dass die Zeit voranschreitet und man irgendwie vorankommen muss. Die Dinge ändern sich, man muss nur selbst bestimmen, in welche Richtung sie gehen.

Ich für meinen Teil bereue die Zeit in der Rathenaustraße nicht grundsätzlich. Die Gewaltbereitschaft, mit der wir teilweise zur Tat schritten, ist durch nichts zu rechtfertigen. Und natürlich hatte ich enormes Glück, nicht im Gefängnis gelandet zu sein. Gleichzeitig habe ich auf der Straße einiges gelernt, was einem an keiner Hochschule der Welt vermittelt wird. Ich habe erfahren, was es heißt, auf die Schnauze zu fallen und immer wieder aufzustehen. Ich lernte, dass man vielen Menschen nicht vertrauen kann, es aber auch eine ganze Menge von ihnen gibt, die mein Leben lang hinter mir stehen werden. Ich weiß, was es heißt, meine Familie und Freunde und auch mich selbst zu beschützen, und behalte daher heute auch in gefährlichen Situationen eine ruhige Hand und einen klaren Kopf. Ich habe gelernt, dass man nicht vor seiner eigenen Courage zurückschrecken darf, vor allem dann nicht, wenn es die Zivilcourage ist, die erforderlich ist.

Ich habe Menschen gesehen, die aufgestiegen sind, und Menschen, die aufs Übelste abgerutscht sind. Nicht zuletzt habe ich erlebt, dass der Fall eines Menschen keinen Tiefpunkt kennt. Es kann endlos weiter bergab gehen. Aber – und das ist das Entscheidende – man kann dennoch zu jeder Zeit wieder aufstehen, die Ärmel hochkrempeln und zu sich selber sagen: »Du machst jetzt was aus dir!«

Das wäre dann muksmäuschenschlau.

Ende

„Herr Mülla er's Babo, er helft misch karass nach, ja?!"

Philipp Möller
ISCH HAB
GEISTERBLITZ
Neue Wortschätze
vom Schulhof
304 Seiten
ISBN 978-3-404-60782-2

„Nie wieder unterrichten!", denkt Ex-Lehrer Philipp Möller - bis er gebeten wird, dem 16-jährigen Khalim Nachhilfe zu geben. Dessen Schulabschluss steht auf der Kippe und schnell wird klar, warum: Der Junge bringt keinen geraden deutschen Satz zustande. Kein Wunder also, dass er auch außerhalb der Schule nie den richtigen Ton trifft. Wenn er sich etwa mit „Sch'eiße Khalim" vorstellt oder meint, „Na ihr Huren, s'los?" sei eine freundliche Begrüßung für seine Mitschülerinnen, kommt Philipp Möller ins Grübeln: Sprechen wir noch dieselbe Sprache, oder längst aneinander vorbei?

Bastei Lübbe